# 敢为天下先

## ——三年建成港科大

钱致榕 著  钟月岑 整理

生活·讀書·新知 三联书店

Copyright © 2024 by SDX Joint Publishing Company.
All Rights Reserved.
本作品版权由生活·读书·新知三联书店所有。
未经许可，不得翻印。

**图书在版编目（CIP）数据**

敢为天下先：三年建成港科大 /（美）钱致榕著；
钟月岑整理. -- 北京：生活·读书·新知三联书店，
2024. 8. -- ISBN 978-7-108-04297-2
Ⅰ. G649.286.58
中国国家版本馆 CIP 数据核字第 2024X3P354 号

| | |
|---|---|
| 特约编辑 | 刘净植 |
| 责任编辑 | 卫　纯 |
| 装帧设计 | 陈小娟 |
| 责任印制 | 宋　家 |

出版发行　生活·讀書·新知 三联书店
　　　　　（北京市东城区美术馆东街 22 号 100010）
网　　址　www.sdxjpc.com
经　　销　新华书店
印　　刷　三河市天润建兴印务有限公司
版　　次　2024 年 8 月北京第 1 版
　　　　　2024 年 8 月北京第 1 次印刷
开　　本　880 毫米 × 1230 毫米　1/32　印张 12.75
字　　数　296 千字　图 30 幅
印　　数　0,001-8,000 册
定　　价　69.00 元
（印装查询：01064002715；邮购查询：01084010542）

图书策划　话字文化

版权所有·侵权必究

△ 1991年10月2日香港科技大学正式开学上课，科大百年树人的工作开始第一篇章。本书就是叙述一群中国知识分子如何在短短三年中办成香港科大鲜为人知的真实故事

△ 1988年9月作者初到香港时的科大清水湾校址,面临清水湾四十度的斜坡上有五十公顷废弃军营用地。英国政府拟在此增加一营廓尔喀佣兵协守。1984年中英签订《关于香港问题的联合声明》,将该地改拨供创建香港科技大学用

△ 1989年初,发现即将动工的建筑设计,不能满足现代研究型大学的需要。受马会委托带领建筑师重新设计学术大楼。1991年9月1日重新设计后的学术大楼如期完工。10月2日准时开学,图中主楼由左至右(由北至南)为图书馆,及文、理、工、商学院。教员办公室都面对清水湾

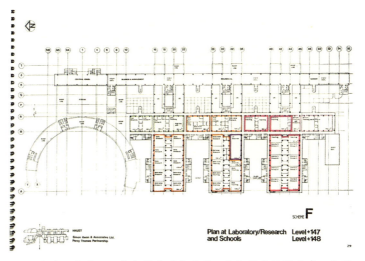

△ 设计过程中前后研究各式蓝图数千张，它们看来平淡无奇，却凝聚着创校系主任们的心血，使原来按照理工学院标准做的设计，变成符合研究型大学的设计。作者一共签字批准数百张蓝图，最后得以如期破土、完工

▽ 校园是陶冶师生的温床，所以必须反映科大办学的理念。科大的宿舍及学术大楼都是巨型充满棱角的建筑，亟须适当的园林设计，"软化"各处硬性的棱角。并且设计应该尽量和中国文化相连接

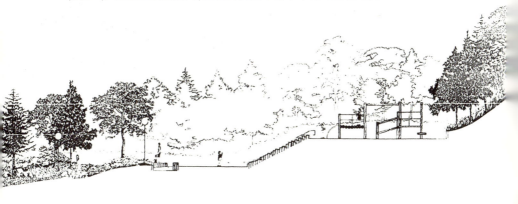

△ 设计校园时,尽量有效利用每一寸空间,同时设计一个令人心旷神怡的主楼。学术大楼底层到顶层的电扶梯,是师生每天早晚必经之地,我们花了很多心思把它设计成一个开放的空间,使早晚经过它时都是一种享受。图为由上往下看电扶梯空间

△ 从电扶梯看清水湾

△ 任何工作都需要付出代价，1988年作者在西欧研究中心研究Z粒子的L3高能物理实验，证实只有三种中微子，把标准模型理论推进一大步。后来建校工作加速，就缺席了两年。很多创校同人都做了类似的调整

△ 科大因为花了一年时间才争取到设立文学院，所以院长聘请较晚，但是我们不断地努力，罗致大师们来协助创院，可惜校长都没有谈成。图中宴请许倬云孙曼丽夫妇，希望他们来科大主持人文社会学院的创立

△ 1991年科大邀请书法大师黄苗子、画家郁风担任驻校大师一个月，他们在图书馆大厅举办书画展，很多理工科教授办公室，都挂上了他们的墨宝，营造了校园文化气氛。图中自左至右：时任化学系主任的尤乃亭、理学院代院长谢定裕、文学院代院长徐泓、作者、黄苗子、香港浸会学院理学院院长吴清辉、科大校长吴家玮、物理系主任陈显邦

▷ 1991年5月,精简高效率的学术副校长办公室,共有十二人负责全校四院十七系教学研究工作的规划与管理。后排由右而左依序为办公室主任张启祥、协理学术副校长刘信德、作者、副校长助理李咏梅。一个月后,协理副校长农唐诺由加拿大前来加入,完成了整个团队建构

△ 科大开学前后国内外来访客人不断,1991年9月14日,英国退休首相撒切尔夫人访问科大,步行参观校园各处。她看到临海的教员宿舍非常惊喜,连说她也要来科大教书。校董会主席钟士元(右一)、校长吴家玮和我当即拍板,我接着问她打算教什么课,她惊讶科大办事剑及履及,速度那么快

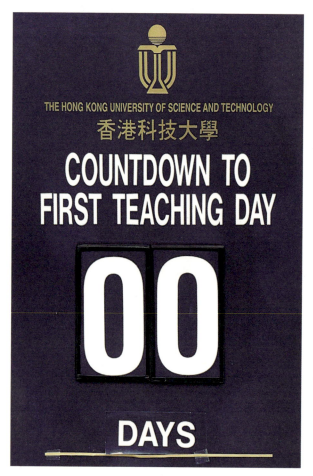

△ 在漫长的三年的创校过程中,为了保持团队的时间危机感,筹备处入口,及每一个电脑上都显示倒计时。1991年10月2日,倒计时为零,全校开学上课

△ 1991年10月10日,香港总督卫奕信主持香港科技大学开学典礼

△ 开学典礼上,在总督、校董、其他来宾等入场后,身为科大灵魂,来自世界各名校的五十六位教员,在所有人的注目下,鱼贯登台入座。这个突出的细致安排,使教授们深刻感受到:"科大是我的大学,我们是学校成败的核心,我要让她和我一起成长!"这种认知,是一个一流大学变成"名校"的主要动力

△ 一个研究型大学的创立，在学术界是一件一个世纪难见的大事，所以中外名校校长们云集祝贺。左起：复旦大学校长华中一、中国科技大学校长谷超豪、作者、南京大学校长曲钦岳、浙江大学校长路甬祥。这为日后科大校外的交流与合作，奠下良好基础

△▷ 作者告别科大，1992年2月21日全校创校教职员四十三人合办一个欢送餐会，邀请当时全校同人参加，感谢作者对创办科大的贡献。后来同人纷纷加入，并制成精美中国传统纪念册一本，表达他们的感谢，内附主办同人名单（右图）。他们对科大创校的贡献，值得后人感谢。他们临别的心意，作者深铭于心。黄苗子带领来宾在纪念册上题名为文留念（上图）

The following colleagues are sponsors of the dinner party held in the Staff Restaurant of the University on Friday, 21 February, 1992 in honour of Professor Chih-Yung Chien, founding Pro-Vice-Chancellor for Academic Affairs of the Hong Kong University of Science and Technology to show their appreciation for his outstanding contribution towards the establishment of the University.

1. Prof David J. Barber
2. Dr Donald M. Bodeker
3. Prof Yuk Shee Chan
4. Prof Donald C. Chang
5. Prof Hsin-Kang Chang
6. Mrs Min-Min Chang
7. Prof Jay Chung Chen
8. Prof Peter W. Cheung
9. Prof Hai-Sheng Ch'i
10. Dr Priscilla Ching Chung
11. Prof Maurice Craft
12. Prof Nelson Cue
13. Prof Peter N. Dobson
14. Prof Donald A. George
15. Prof Hiroyuki Hiraoka
16. Prof Din-Yu Hsieh
17. Prof Kong Hou
18. Mr Mike Hudson
19. Prof W. H. Kui
20. Dr William M. Ivey
21. Dr Gregory C.A. James
22. Prof Shain-Dow Kung
23. Dr Henry K. T. Liu
24. Prof Ruey-Wen Liu
25. Dr Surendra K. Mansingka
26. Mr Ian F.C. Macpherson
27. Mr Norman Ngai
28. Mr Wesley R. Niessen
29. Dr Ernest J. Scalberg
30. Prof Chih-Kang Shen
31. Prof Vincent Y. S. Shen
32. Prof Thomas E. Stelson
33. Prof Pin Tong
34. Mr William C. H. Tung
35. Mr Neal E. Wolfe
36. Dr Danny S. N. Wong
37. Prof George X. L. Wong
38. Prof Jeffrey T. F. Wong
39. Mr Luke S. K. Wong
40. Dr Raymond S. C. Wong
41. Prof Chia-Wei Woo
42. Mr Chi-Ying Yip
43. Prof Nai-Teng Yu

◁ 在正式庆祝科大开学之前，科大已经在10月2日开学上课，在开学日，作者在五层楼高的"马会大堂"为科大首届七百名学生做开学讲话，也是最后一次和他们谈话。希望他们体会创校团队的苦心

△ 欢送会上有很多感人场面。校长吴家玮也出现在欢送会上,三年的日夜合作,感慨万千,他抱着我哭道:"你走后我怎么办?我一定不容许任何人忘掉你的功劳。请你三个月之内不要发表任何对科大的评论,好吗?"

▷ 欢送会中同人纷纷自动发言。图为谢定裕，他是科大的元老，创设了一个大数学系，主持理学院很久，对科大办学理念贡献良多，真感谢他。在科大创校任务完成后，他退休定居美国南加州，不改当年的宏观卓见，用小说体写了几本科大旧事及他的一生，为我们这一代留下了记录

◁ 土木系主任沈志刚，建立了工学院最基础的土木系，感谢他！他退休后回到美国加州戴维斯市，我们在那里还畅谈科大建校往事

△ 计算机系主任沈运申与我合影。他是一位虔诚的基督徒。他的能力、热诚和学识,让他充分发挥了我从香港电讯争取到的T1专线的优势,很快地建设起一个强系,并且为科大建立香港第一个互联网公司,造福社会,也强化了科大

△ 化学系主任尤乃亭与我合影。科大要感谢他带来美国佐治亚理工学院化学院的经验,迅速建立起一个很强的化学系,并且还帮我把他们的常务副校长施德信拉到科大担任首届研发副校长,替校长解决一个三年未决的难题

▷ 化学系平冈弘之教授，书中提到他的夫人在欢乐的开学典礼后不幸逝世，后来我们成了好友。他退休后回到加州定居，在他去世前，我们曾相聚多次，畅谈科大旧事，及中日两国科研的发展

△ 计算机中心主任艾伟林在欢送会上对我说，三年前你交给我两个任务：创建20世纪第一个一人一机且全光纤网络的大学，并且训练出一个全香港人的管理团队，帮助科大永续发展。我都做到了！请你和我的团队合照一张，鼓励我们！图中是科大计算机通讯中心团队，艾伟林骄傲地坐在前面

△ 欢送会上黄苗子即席为文一篇，纪念与我因科大而相识又别离，深触人心

△ 大家采用中国文人习惯留下墨宝。生化系主任王子晖文，化学系主任尤乃亭书

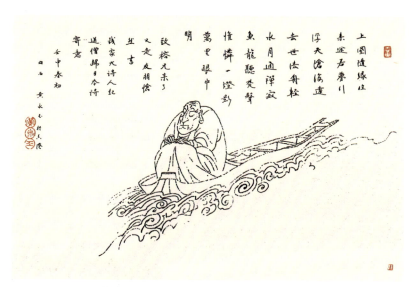

△ 黄苗子向画坛奇才黄永玉介绍了创建科大这群知识分子的理想，黄永玉很感动，慨允为科大校园贡献一座二十至四十米长的巨型创作。可惜因一些困扰未及实现。作者离港前向他辞行，他正在打越洋电话，一边通话，一边和我叙旧，一边即席完成上图的文图并茂的创作赠我留念。科大创校的理想在那时的确感动了好多人

△ 一个一流的大学必须永远往前看,往远看!愿科大同人共勉之

# 目 录

序　许倬云 …… 1

前言 …… 3

几点说明 …… 9

## 第一章　个人选择与初到香港 …… 13

我是如何进入香港科大的 …… 14

初次陪吴家玮招聘 …… 18

面谈理学院院长职位 …… 20

我要先去香港考察 …… 22

香港社会状况和即将面临的意识形态变化 …… 23

花三年的时间去香港，值得吗？ …… 25

一诺千金的晚宴 …… 28

## 第二章　首先完成学院系所建置 …… 35

创立科大的一些基本思维 …… 36

从商学院到工学院、理学院，文学院也是必须的 …… 38

香港第一所研究型大学必须一步到位 …… 41

一流大学要走在社会前面，先天下之忧而忧 …… 42

招收国际研究生问题有待解决 …… 43

去工业化趋势与大学本科基础教育之必要 …… 44

能不能设院不设系 …… 46

完成四个学院的院系架构设计 …… 47

拥有实权的院系应该是健全强壮的 …… 50

先聘一流的系主任，院长聘任伺机而动 …… 52

每个学院的任务 …… 53

以"人学分"衡量教学工作量 …… 55

向教育局争取六年科研设备费用 …… 58

教员职称升级问题的中外比较 …… 60

我们为什么不走 SCI 路线 …… 63

搞清楚知识结构就知道基础学科的重要 …… 65

## 第三章　意外介入基建设计 …… 67

美丽的清水湾提出的挑战 …… 68

一个错误的校园建筑设计 …… 69

临危受命负责全校学术大楼空间的设计 …… 70

"中国人就是这样的" …… 72

行政工作真烦人啊——钱氏舒压大法 …… 73

解决问题四部曲 …… 75

让马会知道设计方案不合适 …… 76
"钱教授不签字，不能破土" …… 78
让建筑设计师和我们同舟共济 …… 79
带领建筑师见识世界一流研究型大学 …… 80
系主任必须签字，营缮组长也要签字 …… 81
校长官邸的游泳池 …… 83
实验室设计的创新 …… 84
工作空间与实验室的安排 …… 85
每一个教员研究室都可以看到清水湾 …… 86
每个系选择六个邻居促进学术交流 …… 87
差点落空的海景办公室的承诺 …… 89
营造什么样的校园氛围 …… 93
每天走进学术楼都能享受清水湾 …… 95
最后的浪漫——校董会议厅的设计 …… 96
完善后勤设备设施 …… 97
撒切尔夫人访问科大校园 …… 100

## 第四章　提前建好四大学术服务中心 …… 102

做好教学与科研的后勤司令 …… 103
全光纤网络和电脑的校园 …… 104
计算机中心主任艾伟林的任务 …… 105
高锟的校园全光纤建议 …… 108

做别人没有做过的事是我们的特权 …… 110

一流的图书馆需要数字化与中文编目 …… 113

延请图书馆馆长周敏民 …… 114

充分利用科技设计典范现代化图书馆 …… 117

世界上第一个中文检目软件和科大的特藏 …… 120

教学服务中心请到班克礼 …… 121

实验室服务中心主任胡立人 …… 124

"老板，碰到麻烦了" …… 126

和仪器公司谈判六折互惠 …… 128

如何高效率使用精密仪器 …… 130

开学前一个月的冲刺 …… 131

## 第五章 行政系统的建立与助力 …… 133

拗口的职位头衔 …… 134

行政副校长麦法诚 …… 135

研发副校长施德信 …… 136

学术副校长办公室面临的问题 …… 137

效率顾问公司的调研和建议 …… 139

科大的秘书们能力很强 …… 141

和人事部门的磨合 …… 144

和财务处一旦定下规矩就要遵守 …… 147

预算拟定和审查的步骤 …… 148

人情的压力与廉政公署的效力 ⋯⋯ 151

与校董会延聘委员会的共识 ⋯⋯ 153

两位协理学术副校长 ⋯⋯ 155

有效沟通编织共同理想与共识 ⋯⋯ 159

提高效率的电脑开屏倒计时提醒 ⋯⋯ 162

建立科大的学术品控制度 ⋯⋯ 164

总督为科大办了一个酒会 ⋯⋯ 167

"能不能请校长退席" ⋯⋯ 168

员工得急病怎么办 ⋯⋯ 171

## 第六章 科学研究的规划、经费及募款 ⋯⋯ 173

启动科研的必要条件 ⋯⋯ 173

研究经费来源：当局拨款与企业捐款 ⋯⋯ 175

香港科研拨款委员会的成立 ⋯⋯ 177

开学前校长的募款策略和目标 ⋯⋯ 179

募款无进展怎么办 ⋯⋯ 181

大东电报局的一亿元港元捐款 ⋯⋯ 183

再捐一亿三千万港元——感谢马会 ⋯⋯ 186

## 第七章 聘人的酸甜苦辣 ⋯⋯ 190

拜山：不挖兄弟的墙脚 ⋯⋯ 190

杯酒泯千年恩仇 …… 192

三年创校面临的聘人困难 …… 194

香港高校的教授薪水 …… 196

做到不论国籍同工同酬 …… 199

留住人才要靠创校团队的努力 …… 200

港科大的教员职称制度 …… 201

教员职称升级审核制度 …… 202

感之以情、晓之以理的聘人面谈 …… 203

聘请尤乃亭和施德信的故事 …… 204

回归东方的平冈弘之教授 …… 206

聘请蒲慕明最终功亏一篑 …… 207

争取郑天佐输给了另一个对手 …… 210

孔宪铎的故事 …… 211

你愿意当一位受尊重的资深教授吗 …… 216

三顾纽约争取张立纲 …… 217

面试商学院人选的各路神人 …… 220

猎头公司能找到好的院长吗 …… 223

以身作则,认真做事 …… 224

## 第八章 我们建成科大了 …… 227

科大的建校理想是什么 …… 229

建立理想的教学科研环境 …… 229

健康完整的院系结构 ······ 231

共同编织出一个理想 ······ 232

各路人马先后抵达科大 ······ 233

理学院的院系建设最早完成 ······ 234

开学前突然加快的工学院建设 ······ 239

文学院的创建惊险无比 ······ 241

钱新祖与徐泓的聘任 ······ 245

文学院首任院长的辞职 ······ 246

商学院最难办 ······ 249

我们所记得的1991年 ······ 251

邀请五百位中学生参加奠基典礼 ······ 252

招生口试小故事 ······ 255

与内地联合培养研究生 ······ 257

用别具一格的开学典礼向教授致敬 ······ 258

"这是我们一生中最幸福的一天" ······ 261

## 第九章 我来为种树，我去花未开 ······ 263

"我毙了你" ······ 263

宇宙里到底有几种夸克 ······ 264

处变不惊的习惯是怎么养成的 ······ 266

在美国大学里教课 ······ 267

投入保钓运动 ······ 271

喜欢到处探索，使人生更丰盛 …… 275
我对孩子的教育 …… 276
孩子和学生都要放着养 …… 278
只有费米这种水平的人才能教通识课 …… 280
做科学实验筹划是很好的工作训练 …… 281
科学是文明，有用的是技术 …… 282
当手段变成目的，就发生问题 …… 284
不赚钱就不研发的恶果 …… 286
实验高能物理证明科学实用的辩证合一 …… 289
基础科学是培养人才最好的方法 …… 290
在美国国家科学基金会的工作经验 …… 291
估算的道理与本事 …… 295
何谓大师 …… 296
1990年的家庭会议 …… 297
校长觉得受到挑战 …… 300
要加快制度化，不能人亡政息 …… 305
功成身退，该走了 …… 306
人生没什么不能放下 …… 308

## 第十章　和中外大学校长们交流的心得 …… 312

耶鲁校长格里斯沃：
"基础学科是培养一流人才的唯一办法" …… 312

耶鲁学院院长塔夫脱:"不懂人文就不是人" …… 314

工学院训练工程师还是总工程师 …… 317

哈佛校长博克:
"真理不靠死记硬背,靠越辩越明" …… 319

逼退约翰斯·霍普金斯大学校长事件 …… 322

约翰斯·霍普金斯大学校长穆勒:
"了解学校,要掌握预算" …… 327

从麻省理工到加州理工:为人文教育取经 …… 329

加州大学校长的忠告:
"校长工作是个压力锅,需要有舒压之道" …… 331

访问牛津和剑桥:难以复制的精英教育制度 …… 333

与其他大学的交流带来的启发 …… 338

和南京大学校长们难忘的交流与合作 …… 340

佩服华中工学院朱九思院长的高瞻远瞩,未雨绸缪 …… 344

教育部长何东昌:教育办不好,国家怎么办 …… 345

台湾清华大学的校长们 …… 347

"台湾经济奇迹的重要推手"——李国鼎的雄心 …… 351

希望培养高阶文官人才的何志钦 …… 354

思想活跃、很有创见的成大校长吴京 …… 355

## 第十一章 我的反思与结论 …… 357

不可复制的创校大环境 …… 357

掌握时代变化契机,拥有共识的团队 …… 359

校董会授权明确 ······ 360

默契合作、分工明确、彻底授权 ······ 361

形成联合阵线,改进科研生态 ······ 362

高度的责任感和做好后勤司令的服务精神 ······ 363

有远见地设计一个 21 世纪的校园 ······ 365

一切从培养学生出发 ······ 367

学术的未来在年轻人 ······ 368

教育是百年大计,规定必须制度化 ······ 368

**致谢** ······ 371

# 序

## 许倬云

港科大成立不过三纪,就能够在世界大学排名,尤其亚洲大学排名中,名列前茅。如此成就,确实可佩。

港科大之成功,是由于开创时,就有一个能干的创校班子。致榕和吴家玮合作无间。尤其因为致榕是台大、耶鲁毕业,他能够一开始就邀约高手,加盟港科大。这几位学者,都是当时学术界的重要人物。如数学方面的项氏昆仲,皆为高手。物以类聚,后来加入的几位也都是在数理生物等方面,有卓著成就的学人,则使得科大在数理方面,一开始就有一个强大的理科班底,足以吸引其他理工科目的同仁加盟。

我和港科大的缘分,也是因为致榕的建议,想约我加盟,阴错阳差,未能成行。然而,却因为致榕的关系,港科大自创校以来的诸项筹划和发展,我有相当程度的了解:如果没有致榕在领导班子中,也就不会有港科大的今天。

致榕是一位能力卓越、目光如炬的领导者。本书中,他将自己的经验公之于世,昇得学界内外的同仁及读者,了解创业之艰难。致榕以当事人的身份,娓娓道来,令人更有亲切的感觉。

恭喜致榕,你的大作,是一个很有历史价值的文献。

2024 年 5 月 24 日于匹兹堡

# 前言

这是香港科技大学创立的故事。

1986年,华人世界传出一个有关香港的消息,说香港当局打算1988年成立第三所大学,于六年后开学,并且是一所研究型大学。一年后又传出消息,说地点已经定在香港清水湾,命名为"香港科技大学",已经聘请旧金山州立大学的校长吴家玮为校长,并且创办时间缩短成三年,规划于1991年开学、1996年将达到七千名学生的规模。当时许多专家都不太相信,因为高教界的行家都知道,即使在美国,创办一所研究型大学也是一个巨大的工程,至少要十五年。所以一般内行人都认为三年不可能建成,有些香港留美的名学者更断言,目睹香港精英连续多年每年外流十多万人,香港科大不可能吸引国外一流学者逆流去香港效力。

但是1991年10月2日,香港科技大学居然在清水湾准时开学了,首期教员近百人,学生七百人中,其中三成为博士生。并且以后数年每年都持续吸引数百位高水平教授去香港,1996年、1999年达到原定的三千及七千名学生,一切都按照原定计划顺利进行。在这三年中,还推动香港当局成立了香港研究资助局(RGC, Research Grant Council),类似美国负责拨款支持基础研究的国家科学基金会(NSF, National Science Foundation),从此改变了香港的基础研究生态。开学时,港科大以少数创校教员,在激烈的公开外审竞争当中,从RGC得到的研究经费,居然超过香港其他高校的总和。由于RGC的申请都是送到国外由国际专家审查，这反映了 1991 年港科大开学时，创校教授们在国际学术界的地位。十年后，港科大名列亚洲名校前茅。如今在四百所世界有名的年轻大学里面，它的排名为第三名。它的理工商学院个别的排名比全校总排名更为靠前。商学院的 EMBA 曾经十年荣登第一（2007，2009—2013，2016—2018，2020），在香港，港科大毕业生的就业率一直独占鳌头。根据《时代高等教育》（Times Higher Education）的报道，2011 年——2022 年香港科技大学的世界排名（评比总数为一千五百多所世界大学）都在前七十名当中。[1]

这是怎么回事？要回答这个问题，就先要回答以下一连串的问题。什么是研究型大学？创办一个一流的研究型大学，到底有多难？要需时多久？当时香港正面临一个持续十几年的移民潮[2]，十年内流失了几十万精英，什么人那时会逆流去香港呢？这些少数创校学者，如何说服几百位国际知名学者放弃他们在海外二三十年的功业根基，毅然回去？回去以后他们如何凝聚共识，共同努力？

很多新的大学创校都很有成绩，可是过几年就后继乏力，常常是因为不少学者到了新环境，或因为不适应，或因为研究工作难以展开，甚至黯然离开，这就妨碍了后续的发展和招聘工作。港科大如何吸引并留下众多有成就的学者？香港那时没有捐款办学的传统，政府支持也很少，港科大是如何捐募创校时所需的研究设备费用的？

---

1 我将港科大 2011—2022 年在世界排名名次做成一个表格：

| 2011 | 2012 | 2013 | 2014 | 2015 | 2016 | 2017 | 2018 | 2019 | 2020 | 2021 | 2022 |
|------|------|------|------|------|------|------|------|------|------|------|------|
| 41   | 62   | 65   | 57   | 51   | 59   | 49   | 44   | 41   | 47   | 56   | 66   |

2 根据当时报道，港英当局负责移民事务的曾荫权（后来升任财长，2005 年当选为香港特区第二届特首）估计 1986—1990 五年中，香港流失二十万人（1997 年一年为六万人）(《大西洋月刊》，1991 年 4 月）。七八成的知识分子和管理人才都想移民。

科大创校时，实现了很多高教界的创举，他们有哪些卓见，如何做到的？新的大学往往面临生源困难，那时香港大学已经创立八十年，香港中文大学也创立三十年，港科大首届招生七百人，如何吸引一万余人报名？当时港大、港中大研究生在学生中占比约不到5%，香港学生没有念研究所的风气，港科大如何一开始就招到预计的30%硕博生，展开研究型大学的使命？三十年来，亚洲各国纷纷创立上百家新的大学，如雨后春笋，为什么港科大能够越战越勇、历久不衰？

港科大的创立，是创校时期一群志同道合的朋友们共创的伟业，在国际高教界被认为是一个奇迹，也是国内高教界朋友不断探讨的问题。曾经有三本书讲述科大最初几年的故事，作者都从个人经验出发，偏重于讲人的故事，特别是对1991年开学以后的故事，有相当完整的书写。但这些书对于开学前1988—1991那关键性三年筹办期实际上发生的事，未能娓娓道来。本书将聚焦于这关键性三年里港科大实际上遇到什么问题，如何寻求解决方案，最后采取什么行动，如何为以后三十年的发展打下基础，得到什么结果，等等问题。笔者以第一人称的叙事，希望能够回答前面的问题，向今天仍在面对同样挑战的同人们提供参考。

我于1988年9月1日第一个到港科大全职报到（那时吴家玮已经被认定为校长两年，不过还没去香港），立即卷入创校的工作，与同人们共织一个读书人的梦想，经过一千两百多个日夜的共同努力后，科大如期开学。为了避免在华人社会常常发生的人亡政息的现象，又花了一个学期，订定教员聘任提职等典章制度，协助成立了港科大全校教职工协同治校的权力机构——科大教务委员会（英文叫The Senate）。觉得创校任务完成，我在1992年3月1日，辞去创校学术副校长职务，离开香港回到美国巴尔的摩的约翰斯·霍普金斯大学执教。这三年半的时间是我人生难忘的一段疯狂忙碌的快乐时光。离职时，吴家玮遇到了续任上的困难，请求我短期内不要发表关于港科大创校的谈话，我决定让它沉淀一下，等自己退休后，把它整理出来，记录并感谢当时创校团队的共同努力。

2022年我终于退休，决定把当时我们想到的问题、凝聚的理念，和做的事情写下来。纪念当时愉快的合作，也供数百所想冲向一流的大学参考。

20世纪90年代以来，海峡两岸暨港、澳高校发生了前所未有的数量增加。譬如，香港从1991年港科大创校后的三所大学（港大、港中大、港科大）增加三倍到十所大学，台湾从八十多所高校，增加一倍到一百六十二所大学。增加最快的当然是内地，从1991年的一千零七十五所高校，增加到2021年的两千七百五十六所大学。这些巨量的增加，都是港科大建校以后的事情。由于科技和经济的发展，政府对高校的投资也大量增加。譬如，80年代，内地高校经费非常拮据，即使几个最有名的大学，年预算也很少超过一百万元。政府开始以各种方式，增加高校投资，期望提高中国高校在世界学术界的学术地位，先后有重点投资大学（十所）、211计划、985计划，和后来的双一流计划等。至今已经有二十五所大学年预算总额超过一百亿（其中五所年预算在一百亿到四百亿元之间），和四十年前比，增加一万倍！但是我们的大学教研质量，和人才培养的质量，提高了多少呢？目前由于盲目追求论文篇数，很多名校已经变成世界论文工厂，各专业变成一条条的论文生产线。论文篇数是上去了，但是教学和育人的工作，就相对地受到忽略。台湾也采取了类似的策略去提高研究声誉（五年五百亿计划，重点投资十所学校），发生了类似的问题。

大学是社会的缩影，大学里遇到的问题，常常反映了社会上的很多问题，不过大学既然成了现代社会人才培养的主要基地，社会就期望大学培养适当的文理兼备的人才，解决未来的问题。诸如从未来社会需要思考院系的设置、本科生及研究生的数目及比例，注重本科生的教育，避免过时及过窄的专业，培养前瞻性的人才，培养学生的各种能力而不是信息知识的填鸭，等等。三十年前，我们创建港科大时，已经遇见这些问题，科大创校团队，广泛借鉴了一百多所世界名校的实际经验，仔细思考了香港和内地社会的需要，定下了自己的方向，避免了很多错误。

父母最大的痛苦，就是眼看着孩子摔自己摔过的跟头！注意世界各国经济发展的学者，都惊讶发达国家中大部分的环保节能的错误，都会在每一个发展中国家里重演。办大学也是如此，如果我们能够仔细研究几所办得出色的大学的经验，了解他们如何预见社会的问题，如何编织自己的办学理念，及如何避免可以避免的错误，就可以在几千所大学中脱颖而出，完成对社会的责任。现在我们正面临从教育大国、科技大国，发展成教育强国、科技强国的挑战。所以如何办好大学，就是我们每一位从事大学教育的同人及家长的责任。希望港科大三十年前思考的细节及做法，能够有所借镜、有所帮助。

教育是百年大计，办一所研究型大学，尤其不容易，需要周密的思考和一个精英团队为一个共同理想合作无间的长期的努力。

谨以此书献给当年香港科大创校团队的挚友们，和后来前仆后继不断投入这伟业并将其发扬光大的学者们，他们有些已经仙逝，希望本书为他们的贡献留下记忆。

最后也想献给目前海峡两岸暨港、澳努力争办一流大学的朋友们，希望中国的大学不断进步，培养出更多出色的人才："今天是桃李芬芳，明天是社会栋梁！"

# 几点说明

　　一所研究型大学的创立，牵涉很多人，很多陌生的理念，很多国家，很多层次。把十五年的工作压缩到三年，很多事情都是急就章，不按逻辑发生，我们只有见招拆招，应付当时需要，上马再说。所以这个故事不容易讲清楚，更不容易讲全。即使我们把故事限于最初三年半（1988年9月1日—1992年3月1日）的创校时间段，仍然讲不全，并且有时必须跳来跳去，也许会令读者感到混乱。

　　譬如，按照逻辑的话，故事开始应该先谈理念，定下方针，决定院系结构以后，再从上到下逐步聘人：校长、副校长们、助理副校长们、院长、系主任、教授、校舍管理人员、服务中心员工……这应该也是正常创校的时间顺序，真是如此，做事就容易多了，叙述也通顺多了。可事实上不是这样的，凡是创过业的人都知道，事情从来不按逻辑发生，意外远多于意料，只知道"应该"，没什么用。只有按当时的意外情况，尽量调整，按照"可以"的较好办法去做，不能失去方向，不能降低标准，同时还要记住持续发展——因为教育是百年大计，几十年后才能见成果。所以"机会"一定是一个很大的因素，有时事情会倒着来，并且常常倒着发生。

　　我们事先预料到这种"混乱"的现象，所以我们在创校之初，花了很多时间探讨并凝聚我们办学的理念和理想的学术架构，用它们做我们的指针。然后看实际情况，见招拆招，兵来将挡，水来土掩。这样可以充分利用机会又不失去方向。此书有一个简单办法是完全按时序来写，可是那就会百马齐奔，杂乱无章，没有亲身经历的人将无法了解。

1992年3月1日以后，港科大不断发展，三十年后，才有今天的局面。不过因为后来我没有实际参与，所以没有资格报告。这里主要还是着重于在那关键性的创校三年期间（1988—1991），发生了些什么事，我们如何处理的，做了些什么事，遇到什么变化打了岔，我们如何应付，结果如何，又引起什么问题，又怎么对付，等等。这样可能更反映实际情况。

因为创校工作是一个高度合作的团队工作，很少是一个人做的，所以书中经常提到"我们"。"我们"到底是谁？"我们"最初是吴家玮和我，创校的第一年，很多人在世界各地为港科大努力，但是教授中只有我们两人在香港，我们时刻都在交换意见、订立原则。接着，"我们"可以是创校的团队，可以是我和某一群人（如所有院系主任、中心主任，等等），也可以是所有参与建校的教职员工（比如我们在三个月一次的全校汇报上凝聚共识等等）。一般要看上下文，我将尽量说清楚。可是为了保持本书的可读性，不会每次强调，就如，我们不用"他（她）们"，只用"他们"泛指第三人称多数，只要大致清楚就行。

顺便提一下，1997年回归以前的"香港当局"，其实是"港英当局"，由英国女王任命的总督代表她统治香港。不过在本书里我们用一般人说的"香港当局"，或者"当局"。实际上，那时香港的高等教育的拨款和管理，多半是透过一个大学教育资助委员会（UPGC, University-Polytechnic Grants Committee，后来理工学院都改成大学后，就叫UGC）。大家常常把他们也看成"政府"的一部分。

还有，"香港科技大学"是学校的全名，但是当时大家都简称它为"科大"。后来海峡两岸暨港、澳遍设科技大学，才把香港的科大改称为"港科大"，以有别于"中科大""深科大""澳科大""台科大"等等。本书是讲 1988—1992 年的故事，所以按当时称呼简称为"科大"，偶尔为了避免混淆，称港科大。

# 第一章　个人选择与初到香港

港科大的建立已经成为一个神话，居然用三年的时间把一个世界级的大学建立起来。首先是这件事怎么做到的？然后又怎么贯彻他们的教育理念？它基本的宗旨是什么？

香港当局在尤德总督（1982—1986）时就开始推动高等教育，1986年他突然去世后，继任的总督卫奕信（1987—1992）是位汉学家，继续这项工作。到了1987、1988年，港英当局预判到香港会面临一个经济转型的危机。那时候香港经济在发展，港英当局就在想往后怎么走。当时香港有两所公立大学（香港大学成立于1911年；香港中文大学成立于1963年）和一个公立理工学院（香港理工学院成立于1972年），以及当局补助的私立学院（浸会大学、岭南大学及珠海大学）。香港的企业界认为香港理工学院对20世纪七八十年代的经济贡献非常大，但是已经不能满足香港企业的发展，所以需要第二所理工学院。香港理工学院是一所很特别的学校，它和一般的大学不太一样，理工学院（Polytechnic）在英国是一个很普遍的制度，和德国的技术大学有些类似。他们注重实际工业技术，教师很多没有博士学位，但是有丰富的工业经验。学生来源跟香港大学一样，中学读七年，七年后用英文考进大学。三年毕业出来以后，港大的毕业生会进公务员系统；理工学院的毕业生只有一部分的人拿学位，他们直接进企业界。香港企业界的人认为香港理工学院需要扩张，但原有校址扩张不了，所以想在九龙建一所跟香港理工学院一样的新学校，命名为"城市理工学院"。为了实现这一愿望,1982年香港当局把香港理工学院董事会的全部成员任命为新的"城市理工学院筹备委员会"。1984年开学,1994年改名为"城市大学"。

成立第二个理工学院以后,那时以钟士元爵士为首的一些香港精英们,觉得除了满足原有企业界的需要之外,香港还需要新型的人才,引领香港度过转型期。他们开始推动成立一个新型的研究型大学,培养新的人才。港英当局就集合了一群精英,成立了"第三间大学筹备委员会",以钟士元为主席,张鉴泉等数位副主席,开始筹备。很快,他们就了解需要有当过大学校长的学者参加,便邀请了吴家玮参加筹备委员会。家玮参与筹备委员会及后来任命他为港科大校长是很重要的,因为那时香港社会精英不了解什么是"研究型大学"。虽然家玮在美国没有管理过研究型大学,但他在研究型大学教过十几年书以后,出任旧金山州立大学(加州一所很好的以教学为主的州立大学)校长,那时他是美国第一位华裔校长。他有完整的系主任—学院院长—大学校长的大学行政经验,并且一再主张华裔学者应该积极从事高校行政工作。

## 我是如何进入香港科大的

我参与香港科大的创立是很偶然的,这要从我和吴家玮的渊源开始说起。

我和吴家玮早年成长背景很不一样,但是后来却变成默契极深的合作伙伴。他1937年生于上海,"二战"后去香港,在有名的培正中学毕业后,去美国肯塔基州的一个小而精的文理学院乔治城学院念物理,然后在圣路易市的华盛顿大学获得理论物理博士,专攻多体物理理论。我在1939年抗战重庆大轰炸时,生在大后方的四川,经历战火，战后去台北，在有名的师大附中完成中学教育，在台湾大学完成大学教育，学工（电机）两年，再转物理。毕业后服兵役，在重炮兵团里当了一年少尉军官，然后去耶鲁大学念完博士，专攻高能物理实验。

20世纪60年代，在美国从事物理研究的华人不过一百来人，大部分是从台湾去的，都是我在台大的先后同学，也有少数是从香港去的。每年1月、5月，美国物理学会在纽约和华盛顿开年会时，各领域的教授、研究生都会去，华人更是如此，因为不只可以听到各领域的最新发展，还可以和华人朋友会面，家玮和我虽然领域不同，但就这么认得了。那时见面，谈的不是物理就是中国。回头看，当时参会的那些人后来都是各大名校的教授。

1966年，我从耶鲁博士毕业，开车载着一家三口和全部家当从新英格兰的纽黑文横穿美洲大陆，去洛杉矶的加州大学洛杉矶分校（UCLA）开始我的教书生涯。途中特别拐了一下弯去圣路易市看望家玮一家，然后继续西行到洛杉矶。不久他也开车拉了个拖斗，带着一家五口到圣地亚哥的加州大学圣地亚哥分校（UCSD）开始他的教书生涯。以后几年，我们和在南加州教物理的另外几人（浦大邦、刘全生、沈庆春等）常常周末带了孩子，聚在一起野餐，谈物理，谈中国。这群人后来都分别为国内的大学做了很多事情。

那时正值内地"文革"热潮，没法做什么事。已经在美执教多年的物理学家沈君山和林多樑等人，常常回台湾教书，他们和当时的台湾中华书局联络好，编辑一套科普丛书，作者放弃稿费，中华书局答应把书价压低到一张电影票的价钱，目标是惠及中学生和中学老师们。他们两人带头写了两本，家玮跃跃欲试，提议和我合写一本。后来我们觉得功力不够，很难写好，所以决定翻译一本书。很快他找到那时门德尔森（K.Mendelssohn）刚出版的《低温物理：绝对零点之探究》

(*The Quest for Absolute Zero*)展开了我们第一次愉快的合作。

那是一本描述当年低温物理学家如何在实验室中排除万难接近绝对零度（零下273.15摄氏度）的故事，牵涉低温物理的理论和实验细节，内容接近家玮的本行。我在耶鲁念博士时，虽然专攻高能物理，但是出于好奇旁听了很多低温物理的学术报告。家玮是出色的理论家，我对实验比较熟悉。他的英文很好，下笔很快，可以立刻逐字翻译；我的中文较佳，习惯于先了解宏观问题再一段一段地翻译，以避免倒装句等英文式的中文。我们花了两年工余的时间完成了那本书的翻译工作。四十年后，有一次我访问台北的淡江大学，做了一场学术演讲。有一位年轻教授拿了一本当年我们翻译的书，要求我签名。他说他在中学时看到我们翻译的《低温物理：绝对零点之探究》，由于文字通畅易读，一口气读完，激起了他对物理的兴趣，那是一个温馨的经验。

到1979年，中国改革开放，经过十多年的停顿，大批的骨干学者亟须到国外进修。有一天家玮提议我们两个人成立"中国访问学者服务社"，还特别印了信笺，接受中科院和教育部的请求，为国内的学者在美国找到愿意资助并指导他们的有名教授，到美国进入资助者的实验室中，进修两年。由于我们两人共享对物理的热爱和对中国的关怀，我们默契极佳，一次电话就谈妥如何进行、如何分工，效率很高，很快各自帮助约一百位学者赴美进修。他接待的是中国科学院推荐的人，我接待的是从中国驻美大使馆教育参赞郭懿清那里不断送来的、教育部推荐的国内各大学的教授。学者们两年后回国，很多都成了他们在国内研究单位中推动科研的骨干。

我在加州大学洛杉矶分校当博士后时，家玮就主张华裔教授应积极参与美国大学行政工作，当系主任、院长、校长。当时我就感觉到，有朝一日，他想当校长。完成了博士后，他去芝加哥的西北大学执教。

我去巴尔的摩的约翰斯·霍普金斯大学执教。很快，他就把自己的主张付诸行动，不久他当了系主任，开始了他的行政生涯。再过几年，他回到加州大学圣地亚哥分校做院长，就更加鼓励别人走同样的路。每当他看到有招聘系主任或院长的消息，就会打电话给我，劝我去应征。我喜欢自由生活，对行政没兴趣，不愿意麻烦。他说没关系，他一直保存一份我的履历，他会帮我把履历丢进去。说实话，那时我在霍普金斯教课，家里有三个孩子，每周出差三次到芝加哥和加州做实验，自由自在，每年暑假开车带全家带学生去斯坦福大学做实验，忙得不亦乐乎。行政工作会使我失去自由，所以我不感兴趣。在霍普金斯大学曾经有两次被推上院长候选人的名单，我觉得院长做不了多少事，却必须放弃科研生涯，所以都谢绝了。不过家玮总是觉得担任行政工作可以发挥个人更多的能力，做更多的贡献。果然，他累积了系主任、院长的资历，后来旧金山大学招募校长，这虽然不是一所研究型大学，他还是争取就任校长。这种一以贯之的精神，令人佩服。

回想起来，几十年来，家玮拉我参与的工作，除了一个例外，我都爽快答应了，并且都很开心地做成。那个例外就是做生意。当中美建交以后，很多华侨都利用多年来在中外的知识和关系，成立公司，为中美贸易和交流做一些事。很多参与保钓运动的人都如此，有的做得还很不错。家玮也心动了，他拉了我和特拉华大学教物理的吴仙标等几个人，一起开一个公司。这次我没同意，因为我知道炒股经商，偶尔赚些钱并不难，可是要长期不赔，就得不断地天天注意市场细节，好久不管投资就很容易全部损失，我实在不感兴趣。所以我经常警告自己，炒股买房千万碰不得，因为基本上没兴趣和没耐心，常常一买就跌，等赔得吃不消卖掉时，立刻就涨，所以那次我坚决没参加。后来好像他做得蛮成功的，可是几年后他担任旧金山大学校长时，有人就把那公司拿出来寻事。所以后来我为自己定了一条规矩，只要在学校里教书，就不炒股、不买房、不开公司，免得分心惹麻烦。

## 初次陪吴家玮招聘

  1988年春天吴家玮来找我。他说他要到波士顿去，找哈佛大学的数学家丘成桐，还要为筹备中的港科大招聘商学院院长，要拖我一起去。那时候我并没有考虑去香港，不过还是陪他去波士顿的剑桥，到麻省理工看看跟我在日内瓦合作的朋友的工作，顺便了解吴家玮到底在做什么。

  不料首次的招聘之旅出师不利。先是在哈佛大学餐厅里，见到了丘成桐，我和他是初次见面，家玮和他都是香港培正中学出来的，都在美国念的本科，所以还算熟。问候以后，家玮说他已经接受了香港科技大学校长的职务，想请丘成桐回香港，并介绍其他的人，一起办一所研究型大学。没料到丘成桐立刻对家玮说："你疯了，香港不可能办好一所一流大学，精彩的教授不会回去的，回去的多半是在美国站不住脚的人。同时，即使你们办成了，香港一流学生也不会上你们的学校，因为一流的都去了英国，二流的到了美国，剩下的去港大和其他学校，怎么会去一个新的不知名的学校？"丘成桐很聪明并且非常自信，对中国也有感情，但讲话很直接，毫不留情面地把家玮教训了一顿。那时我跟香港毫无关系，并且也不了解香港，所以我打圆场说："成桐，我的确不了解香港的情况，所以才陪家玮来请教你。"他说："可是吴家玮是香港人啊，还是培正中学的，怎么也不了解呢？"那次我和家玮难兄难弟出师不利，家玮非常沮丧。我当然也不开心，可是觉得收获很大：这使我们了解，必须面对当时港人对香港的负面看法。

  接着家玮就在我们住的旅馆里面试一位申请商学院院长职位的人，半个多小时后，他气嘟嘟地回来了。我问怎么了，他说跟那人吵了一架。我说，你是校长，去招聘一个院长，怎么能跟人家争论起来呢？他说那个人对香港一点感情都没有！我说家玮啊，不能因为你要回香港当校长，就要求每个人都得对香港有感情啊。再怎么说，校长绝对不能和教授吵起来啊。现在好了，那人会对别人说，科大聘人，内部早有人选了，面试只是演戏走过场，以后就麻烦了。讲完我就想回巴尔的摩做我自己的事了，让他自己去思考一下。他说，慢点，你得帮我一个忙。换你去招聘他，帮我去问问他的情况。我说我怎么去招聘他，我和港科大没关系呀！他说，你就告诉他，你是理学院院长，代表科大面试他。我说，冒牌理学院院长去面试商学院院长，岂不更荒唐了？

但是后来我想，家玮出师不利，够沮丧了，需要为他打打气，看看问题卡在哪里，以免以后重复发生。到底相识二十多年，这个忙不能不帮，于是我就同意了。家玮问我打算咋办，我说反正我啥都不懂，啥都不是，就顺着他说的话问问题就是了，顺便学点东西。英谚说："碰到离谱的人，给他足够的绳子，他总会吊死自己。"（Give a fool enough rope and he will hang himself.）和人谈话，假如对方实在太离谱，我都奉行这个原则。

这位申请人来自香港，学经济，很年轻，刚刚升上正教授，想申请商学院院长的职务。我请教他商学院应该设立哪些系，他说经济系。我再问他还有什么系，结果他想了半天。我就觉得不对，显然他经验不多。我换了一个问题：信息科技重不重要呢？他回答说这是理工方面的东西，跟他没关系。我又问他既然有宏观经济，是不是也有微观经济呢？他在这个话题上谈了一阵子。我再问他有没有其他的经济学，他说没有了。我又请教他计量经济学是什么，他开始露马脚了。我一路顺着他的答案问问题，这样谈了四十分钟，最后他说他可能不适合当院长。我跟他说，显然他是一位蛮好的经济学家，但是要办一个商学院有很多学术性不是太高的科系，他可能不感兴趣。他可以考虑等科大建立以后，申请到科大的经济系来。最后他觉得自己原来的想法不周全，要求撤回他的申请。我便请他第二天吃早饭时直接告诉吴校长。

我认为一个名声未立的新学校在刚开始招聘的时候，一方面要坚持学术标准，另一方面对于我们认为不合格的人要特别小心，最好让他们自动退出，而不是由我们来否决，以免有流言说人事都是内定的。家玮问我为什么对方撤回申请，我说我跟他谈了，对方了解了情况，发现这不是他要的工作。所以他不会往外传话，说我们在这里面搞鬼。吴家玮说，奇怪，我一辈子搞行政工作，你居然比我在行。其实对经济我啥都不懂，只是在霍普金斯大学教书几十年，经常一起吃午饭的朋友里有一位政治经济学家，曾给撒切尔夫人做过几年顾问，建构她的经济政策，我们常常讨论一些经济学的问题。和那位候选人面谈时，我只是将心比心，最后他了解自己不合适，自动退出，如是而已。

## 面谈理学院院长职位

1988年5月，家玮打电话给我说他已接受港科大校长的任命，他们正在招聘理学院院长，他邀我加入。我说我不会讲广东话，去做什么？他说："没关系，香港都讲英文，我帮你先丢履历。"大概过了一个礼拜，他说："科大的招聘委员会要到旧金山来，你去跟他们谈谈好不好？"那时候我周末的时间都在加州斯坦福大学直线加速器实验室做实验，就答应去了。去旧金山的前一天晚上，我想到对港科大一无所知，需要了解一下是怎么一回事，可是网络上查不到这个学校。既然吴家玮已经参与筹备一年，并且当了校长，应该可以帮我了解概况。他家离旧金山机场不远，可是我电话打了一个晚上硬是没接通，所以第二天我就很轻松，一无所知地去应征了。

面谈前，一位名为麦法诚（Ian Francis Cluny Macpherson）的苏格兰人到我的旅馆接我，一起走到他们在旧金山的旅馆会面。他自我介绍是管总务的副校长，瘦瘦高高，个子至少一米八五，走路讲话慢慢吞吞的，一副典型的温文儒雅的英国绅士的样子。我们一边走一边聊，不过我发现他总跟不上，常常需要停下来等他。遴选委员们问我，如何在各地做实验的同时又兼顾在巴尔的摩的家庭生活和教学工作，如何和远在加州和日内瓦的学生及博士后保持联络，怎么和各国物理学家长期合作，以及在美国国家科学研究委员会工作的经验，高能物理研究经费如何做到公平地分配及有效地运用。他们也问我对美国研究型大学的看法，我说现在很多大学校长缺乏远见，精力都在募款和平衡预算上面，类似商人的思维，使本科生教育受到忽视，大学教育失去了灵魂。在这之前不久，我刚和几位美国大学校长（康奈尔大学、哈佛大学、密歇根大学、范德比尔特大学、霍普金斯大学、加州大学洛杉矶分校等）讨论过这些问题。遴选委员们不停地问，我就不停地回答。事后想想，不知他们接受了多少，总之，面谈之后就没消息了。我也忘了这件事，忙着和学生跟技工准备暑假在斯坦福的实验仪器。

1988年8月初的时候，麦法诚打电话给我，说董事会决定请我当理学院院长。他说假若你接受的话，我们就出飞机票让你直接上任。他说学校三年后就要开学，我说这不可能，在美国办一所研究型大学，至少也要十五年的时间。他说："我们香港人效率高，就三年。"我就觉得很奇怪了，这些人哪来的信心？我问他，美国这边还有几天就开学，你们怎么现在才找我？你们一定找过其他人，他们不肯去，所以才找我。我还问，校长是吴家玮，谁是学术副校长，我的顶头上司？他讲还没有人，两年来除了吴家玮之外只雇了他自己。将来总得有一个学术副校长，他说他们还在讨论，"说不定就是你"！

## 我要先去香港考察

突然，我发觉这次和以前不一样，需要认真考虑了。回想起来，虽然那时我觉得三年创立一所一流大学是不可能的，但是如果条件具备，三年创立一个理学院，我是有把握的。因为吴家玮告诉我，谢定裕、蒲慕明已经决定参加，我不知道他们是否已经决定去香港，但他们两人的学术成就和判断能力我都了解并且佩服。他们话都不多，但是学问宽博、思想细致，并且品位很高。数学和生物是理学院比较复杂的两个系，因为发展很快所以分支很多。他们两人如果去科大，我只需要担心物理系和化学系，把握就大多了。他们两人是属于诤友型的学者，不但把事情看得清楚，并且一定实话实说，如果我们将来能够共事，一定会受益不浅；如果我做错什么事，他们一定会直言相告，甚至事先警告，所以错也错不到哪里去。后来证明果然如此。因为有他们，我觉得只要争取到必要条件，三年办一个理学院是有可能的。问题是，香港能够创造出必要条件吗？

所以我对麦法诚说，好，我带我太太到香港去考察实际情况，再决定是否可能。他说不行，他们只能给自己的员工买飞机票，否则没有办法报销。我说我从来没去过香港，这个决定将会彻底改变我和家人三年的生活，我们不去看看怎么行呢？万一你们学校根本没希望，那我去做什么？他说希望总是有的，但这事儿麻烦了，他们招聘人从来没有人事先来看的，受聘的人答应来了，他们就寄飞机票，直接来上任。我说，这对我们而言是一件大事！他说这对他们也是如此。我说，这样吧，第一，我要看一下是否可能，因为我不想做出错误的决定；第二你们也该看一下，我是不是你们真正要找的人！

他问我需要他们做什么安排？我就列了一个单子，要参观一些中小学，要见教育局的人，要和校董们、和几个企业家谈谈。他说："啊呀，我们是请你来当理学院院长，你见那些人做什么？"我说，我需要知道香港的中学到底怎么样，可不可能办一所研究型大学，家长期待学生将来做什么事，另外社会是不是支持的。一大堆问题需要了解！他问："那你需要见总督吗？"我说："那你看着办！"

后来他又打电话回来，说你真的需要来一趟吗？我说，这样吧，我自己买飞机票去，虽然要花点钱，可是比浪费我三年的时间便宜。还有我要对得住我的家人，若是能够把这事儿做成的话，他们的牺牲才值得。他说，你能不能再给我三天时间，让我再去试试。最后他寄来了飞机票。

一年后我们相处熟了，他对我说："你走路的速度和问的问题都让我大开眼界，压力很大。"

## 香港社会状况和即将面临的意识形态变化

去香港之前的二十年，我一直在"创业"，每三五年就要创设新的实验、新的探测器。那个经验让我领悟出一点：看问题永远从宏观着眼，解决问题一定从微观着手。成败都在细节，细节都在暗中，尤其是无知和蒙昧。所以我到香港以后，第一件事就提醒自己，我对这个地方一无所知，要多看、多问、多思考。

我不会讲广东话，到店里、到街上跟当地人很难交谈还价，上层社会讲的英文有特有的香港口音，所以到处我都觉得蛮别扭的。不过很多大事还在思考之中，并且有些创校的事儿要等吴家玮来了以后，我们才能仔细商量。我先从小的地方着手，第一就先要想办法了解香港人。香港在我的脑海中，是鸦片战争以后留下来的历史产物，和大部分中国人一样，想到的都是国耻。但后来时局变化，香港有了非常突出的地位。总的来说，香港几十年的繁华都和内地有关。

我们了解到在香港其实有两个社会，一个是只占人口 5% 的上层人社会，还有一个是其他 95% 的普通人社会。那 5% 的人包括港英当局所有官员，包括了所有在香港所谓的外派人员（expat），都是外籍人士，享受的是另外一个精英阶层的待遇；上层还包括了二十多万的公务员，这些公务员里包括大学教员——当时只有两个大学，一个香港大学，一个中文大学。上层人士在香港的住屋费用非常贵，由工作单位提供（每月扣除 7% 的薪水）。其他 95% 的人靠自己买房子或是租房子。所以香港房屋的涨价，对 5% 的上层人来讲，是完全绝缘的，当房价涨的时候，他们并不会有其他 95% 的香港居民的切肤之痛。而他们被扣除的 7% 的薪水是绝对不够支付香港房租的。

改革开放十年来香港比较安定，所以发展就有很大变化。而在 1997 年之后的回归，又会引起很大的变化。当地人看到的是未来经济的转型，制造业都搬到东莞去了，香港以后就靠金融。我所注意到的是政治的转型：一百五十年来，由于香港是一个被殖民统治的地方，所以居民没有国家认同，对当局没有任何要求。可是当它回归祖国变成主权国家一部分的时候，政治上、意识形态上会有个觉醒。而香港的教育并没有为这变化做出准备，所以在这个时候，我们亟须办一所新的大学，不只在科技方面、经济方面，而且在政治上、文化意识转型上都得做准备。

到了香港之后，我见了教育局长、校董们，还有香港大东电报公司（后来改名香港电讯，Hong Kong Telecom，是香港最大的公司）和马会的负责人。我花了一个礼拜的时间，各处看看，发掘问题，寻找答案。为了了解香港人的居住问题，我看了看一般住宅区，还有山腰的富人住宅区。我还看了北角的老住宅，那些房子都比较破旧局促，在内地都不常见，一家子住在一套三十平方米的房间里。随着香港经济发展，房子就一路盖上山去。看完这些住宅，我心里就有数了，这是两个阶层的社会。教育局的人对我的探访行动不感兴趣,他们觉得多此一举。他们还觉得香港有港大就好了,最优秀的人才会到英国去、到美国去,其次的才留在港大,和丘成桐说的完全一样。

## 花三年的时间去香港,值得吗?

我们离开香港的前一天,我和今天已故的妻子苏君玮把整个问题分析了一下。我们都认为香港经济正在转型,政治也要转型,需要新的人才。香港人一向没有国家认同,从被殖民统治突然变成由主权国家管辖,社会一定会分化得很厉害,内部矛盾一定很大。在英国统治之下,绝大多数人都觉得不能反抗,没有人要求自由平等,但是一旦变成主权国家的一部分,就不是这样了。那时主张民主的华人接近英国的价值观,他们的理念是要把学生训练成英国绅士。我们觉得与其把香港学生训练成三等的英国绅士,不如培养成一等的中国人。所以我们认为那个时候在香港办科大是值得做的一件事。

香港人做事非常有效率,并且很引以为豪,认为三年一定办得成一所大学。筹备委员会原来决定要六年,但是被钟士元一句话压缩成三年。香港财政厅的秘书问,财政厅编备的基建预算要三年后才有,怎么办?在场的香港马会主席说,马会可以提供资金。当时在场的筹备委员们,包括吴家玮都没有反对,三年开学这件事就通过了。当时筹委会的委员们对什么叫研究型大学,并不清楚,遑论要多少年才能办成。对于在香港对外移民潮中从北美把六七十位知名学者和其家人连根拔起挖去香港的困难,并没有什么概念。可这的确是个了不起的工程。

多少年可以创办一所完整的研究型大学,当时我没把握。但是作为一个知识分子,觉得那是一件值得做的事,虽然没有人愿意承担风险、准备必要的牺牲去做成这件事。从 1975 年起，我就访问过国内的几十所大学，成为十多所大学的名誉教授，虽然自己从没做过行政工作，却经常对大学管理提出各式各样的建议。现在有机会按自己的理想从头创办一个理学院，好像应该抓住这个时代的机会，否则岂不是言行不一？孔子说的"学而时习之，不亦说乎"不就是这个意思？当时科大校董会想聘我三年，办一个一流的研究型的理学院。我有把握可以做到，如果其他学院落后，这个一流的理学院可以是未来大学的核心和灵魂，自有它的价值。

另外还有一个现实问题，不得不考虑，就是会不会有人事的干扰。我们经常看到好好一件事，因为各方认知的斗争，变得很复杂。我们要聘去香港的人，都是人中豪杰，打江山时并肩奋斗，没有问题，创校成功以后能够共安乐吗？我和家玮都是学物理的，虽然经验能力都很不一样，却有难得的默契，连我们自己都惊讶。但是到底是同行，将来创校成功后会不会就分手呢？

不少人都想过这点，可是我倒不担心。因为合同只是三年，如果他们能找到更优秀的人来接任，我求之不得，可以回去干我想做的事。目前看来没有人够疯狂敢接下这个挑战，而我有相当的把握可以三年办好理学院，任务完成以后，就不是我的问题了。当然这三年一定是日夜忙碌，将很少有机会顾家，就必须考虑，我的家庭能不能撑过这三年？

我和故妻苏君玮是小学同班，那时相知已经三十多年。台大毕业后她在新奥尔良的杜兰大学拿到心理学硕士，就转到耶鲁大学跟当时学习心理学泰斗尼尔斯·米勒（Neals E. Miller）教授学习。结婚后，我们两人都在各自的实验室忙于学习和研究工作，1965 年我们的大儿子其斌出世，生活更加忙碌。1966 年我们横跨北美搬去加州大学洛杉矶分校，她仍继续在心理系用小龙虾的神经系统研究学习心理学。两年后，我们的二儿子其凯出世，她辞去了研究工作，全职在家中教养我们的孩子。到霍普金斯大学后不久，老三其安出生，她就更加忙碌。我们对于她牺牲了博士学位和工作，在家造就了三位快乐出色又独立的孩子，一直感到深深的感激和内疚。

因为夫妻不宜长期分开，我们就必须考虑自己的家庭能不能撑过三年的聚少离多。1986年我们的老三其安离家去普林斯顿念大学，两个大的孩子早已离家去加州求学，家中空巢，君玮终于自由。我鼓励她放下家里的花园、菜园和在大学求学的三个孩子，去追求自己的梦想。我承诺她如果任何一个孩子有需要，我一定在二十四小时内赶到他们身边，使君玮可以无后顾之忧，全心追梦。她选择了去西藏做自然保护的工作，目标是筹到足够的慈善捐款做实验项目，同时花大量时间，试图说服国家把整个喜马拉雅山的北麓，成立一个"珠峰自然保护区"，总面积和海南岛相当，当时那个想法及规模在中国都是空前的。她每年大部分时间都在美国巴尔的摩和中国西藏之间奔走（一共跑了五十多次）。1988年，保护区正式成立，她的工作更加忙碌：筹款、培训，目标是培养足够的当地年轻女性负责保护区的工作。这个项目是和一位美国朋友丹尼尔·泰勒（Daniel Taylor）的基金会合作，泰勒负责募款，我支援在北京和西藏地方政府部门的联系沟通，实际的工作都由君玮负责。

那时我想，反正她一年有大半时间不在家里，如果我们从美国东岸搬到香港来，她就不需要每次绕大半个地球了。我在假日可以飞到西藏去支援她，她从西藏回来就直接在香港休息、采买，我们两个距离就近多了，可以帮助我们相聚。我们当时去看了香港的平民住宅，觉得这个社会太不公平了，应该要帮香港办所一流大学。然后这事情就定下来了。她还问要不要动员我们两人的亲人、朋友和同学一起去香港，我说一个都不要惊动他们（见第七章）。虽然还有很多细节需要安排，如科大的具体条件、分工和授权等，不过我俩抽出三年的时间去香港是值得的，也是可行的。

我俩都是偏向理想主义的人，她不计名利地决心成立一个大的喜马拉雅山北麓自然保护区，为后代保住珠峰北麓；我只花三年心血为香港办一所当时认为不可能的研究型大学，也不算离谱。所以当时我们就达成一个共识，分头为两个理想努力，尽量互相支援。如果孩子有需要，我负责照顾。说实话，她选择的挑战比我办所科大大多了。她想把海拔几千米、面积三万四千平方公里的珠峰北麓划为中国最大的自然保护区；而我只想在九龙清水湾的零点六平方公里的山坡地上，办一所研究型大学，难度是没法比的！她去西藏奔走五十多次，发动了从珠峰到中南海千百人的不断支持，保护区终于成立，并且达到永续发展的目的。数年后，她积劳成疾去世，一半骨灰葬在保护区海拔五千三百米的绒布德寺，长伴她心爱的喜马拉雅山北麓。老天保佑，我们两人的梦想都实现了，那是后话。

## 一诺千金的晚宴

离开香港前的那天晚上，科大校董会[1]请我们夫妇在富丽华酒店晚宴。我还记得那个圆桌可坐二十多人，仅次于我在北京人民大会堂看到的可以容纳四五十个人的大圆桌。那顿饭是由校董会副主席张鉴泉

---

1 香港科技大学校董会最初的成员包括：钟士元、张鉴泉、吴家玮、钱致榕、麦法诚、潘国濂、郑汉钧（Cheng Hon-kwan）、刘华生（Lau Wahsum）、陈迺强（Chan Nai-keong）、叶锡安（Ip Sik-on）、林李翘如（Alice Lam）、罗康瑞（Lo Hong-sui）、谭宗定（Tam Chung-ding）、唐骥千（Jack C. Tang）、麦蕴利（Gordon M. Macwhinnie）、P.G. Moore, Tam Chung-ding、Jack C. Tang、David J. Tedford。见港科大第一期年报（1988—1989）页35—36。

做东,他也是延聘委员会的主席。我注意到有二十来位董事在场,由张鉴泉主持。后来我到香港以后他是跟我对口的上级,我决定要雇的人都向他推荐,他再请董事会批准,后来我们合作很多。除了他之外,我和马会总裁华金斯将军(General Guy Watkins),以及大东电报局的总裁盖尔(Michael Gale)互动也很多,这些人对科大的成立影响很大,后面再细说。

那晚我们吃得、聊得都很开心,后来发现坐在我右边的君玮一直在桌下踢我,最后开始捏我了,我低声问她怎么回事。她说:"他们在期待你讲话。"我说:"有什么好讲的,我们还没谈细节呢!"她说,她的直觉是他们想知道我到底来不来科大,她鼓励我早点决定,不要耽误他们。按常规,定下这么大的事要谈判各种细节,至少一两个月后才可能达成共识。经过君玮的鼓励,我决定一反常规,节省时间,单刀直入,对他们实话实说。

我说:"谢谢你们的招待,这个礼拜让我们开始了解香港。我们既不会讲广东话,跟香港也没关系,对我来讲香港是帝国主义侵略中国的最后痕迹。但亲自来看了之后,我觉得香港人民真是勤劳,他们应该拥有最好的教育机会。面临香港未来的变化,你们想的是经济转型,我想的是政治转型,注重怎么把人培养出来。"我又说:"你们希望找人用三年时间在香港办一所研究型大学,大部分人会告诉你们非笨即疯,因为目前条件都不具备,是不可能的。我猜你们要先找一个理工学院院长,搞得好,将来就是副校长,对不对?可是我不喜欢行政工作,连系主任都没当过。你们都是商业界的人,一定懂得风险,让一个完全没干过学校行政的人来做这个职位,这个风险太大了点!

"我的看法是目前香港的确缺乏做科研的条件,连个科学基金会都没有。你们要办个研究型大学,但是到底什么叫研究型大学,你们现在说得清楚吗?过去两年香港当局对所有大学支持的科研经费总数是一年二百万美金。我在美国跟我的几位同事每年科研经费就有这么多。所以你们离那个目标远得很呢！不过你们的理想和决心让我佩服，我觉得值得做。香港要转型，会碰到很大的危机，不只是经济上要转型，科技要转型，意识形态也要转型，此类的问题会有一大堆，需要尽快培养出新的人才出来。

"所以我想唯一可以做的是，我们要找很多一流学者，这些一流人才多半已经在北美生根了二三十年了，他们功成名就，把他们连家人一百多人连根拔过来，将很不容易。唯一可以打动他们的，就是一个梦：我们到香港以后，可以按照我们的理想办一所一流的大学，实现自己的理想，也为中国做一点贡献，这是整个20世纪以来中国知识分子唯一的机会。这将是我们留给子孙后代的一件贵重的礼物（Legacy）。

"显然这是你们要的，不过这事要成功的话，你们必须得帮我的忙，什么意思呢？就是我看到这里有原始森林，你们想造一个大楼，我知道这个楼要怎么造，所需要的木材此地都有，你们得帮我把这些森林砍下来，帮我造电厂，帮我修路。问题是你们有没有这个决心呢？原来计划是要用六年，现在莫名其妙就要改为三年造起来，你们都说香港人办事快，可是这个礼拜我打听了一下，在香港生个娃娃还是要怀胎十月，没有三个月就生下来的。很多事情有它的规律，快也快不起来。你们在这种情况下，就算是给十五年，这个学校还是办不起来，到时候香港早已回归，也不需要你们操心了。

"科大必须三年之内办起来，并且要办得非常高规格。1991年开学，五年之后，全世界都知道这个学校，没人敢挡我们，否则的话就不值得办。我猜想你们一定找了很多有经验的人，当过副校长、当过院长、当过这个那个职位，他们大概都说香港条件不够，等你把路修好、这个弄好那个造好我再来。是不是？"

他们都尴尬地笑了。我接着说:"假如要这么快做成,就要高效率,要充分地授权,我们相互之间要了解得非常深,否则来不及的!并且你们要全力支持。你们都是香港的精英,并且是这个大学的筹备会的董事,如果你们能够答应,我就信任你们,立刻开始一起努力!"

张鉴泉立刻问:"你到底需要多少钱?"我说:"我没创办过大学,我怎么知道要多少钱,你们该问校长啊!不过我知道数目不会小的,我自己研究项目的经费现在是每年一百万元美金,将来不晓得科大需要多少。长期下去,必须说服当局成立一个科学基金会来支持,短期之内一定要靠你们帮忙募款支持。"

他们听完以后都呆了。张鉴泉坐在我左面,他说:"你的分析很有道理,不过这件事情太大,我没有办法代表整个董事会来说话,钟士元主席交给我的任务是一定要找你来,看来我一个人找不来,我想请每一个董事分别发言。"说实话,我没有准备讲这么多,这是前一天我一直打电话找吴家玮的原因,希望向知道情况的校长了解一下。譬如,他接任校长时,有没有坦率地向他们指出问题所在?有没有提出要求,他们如何反应?他们如果承诺,可信吗?可惜,到了关键时刻,我们又失联了。既然联系不上,开弓没有回头箭,箭在弦上不得不发,我就按自己的意思,老实说了。

张鉴泉实在让我佩服!我用通俗的例子,捅破了窗纸,谈了一大堆办研究型大学的问题,他立刻抓住重点,并且逼每一位校董当众表态。不知道的人,还以为我们两人在唱双簧呢!科大要感谢他!

第一个发言的是潘国濂(负责供应港九电力的中华电力公司的总经理),他说:"一定支持!"接着每人都表示支持。轮到马会总裁华金斯将军时,他静静地表态说:"我们会尽全力(We will do all we can)!"后面的董事们也纷纷表态支持。最后一位是大东电报局的总裁盖尔,他说得很特别:"我们别无选择(We have no choice)!"这话的背景就是他们的确已经花了很多时间找过一些人了。张鉴泉引出的每人的直接回答非常重要，因为这是每一个董事的公开承诺。

然后张鉴泉就说："我们一定要尽快建立相互的了解和信任。你讲得非常合理，我们一定要在1991年开学。"他接着问："你什么时候可以来？"我问君玮，君玮说你决定好了，我就说："下礼拜9月1日！"麦法诚连忙说："不行，不行，还没有办公室，任命程序也要一个月才能走完！"张鉴泉说："没问题，总可以解决的。"

我跟君玮回美国后，跟学校请假，很快把家里做了一些安排，君玮要去西藏创建珠峰自然保护区，孩子们都上大学了，我再次向她保证，只要孩子有事打电话，我二十四小时之内一定赶到，要她安心。

后来我告诉家玮晚餐的细节，我笑说我签了三年的卖身契。他说："啊，如果每一位院长都能做到这地步，科大研究经费就没问题了！"这次晚宴的结果让港科大后来得到大东电报局捐的T1专线光纤及一亿元捐款，还有马会的一亿三千万元。同时他们全力促成香港研究资助局（RGC）的成立（详见第六章）。过了一周，我来香港报到了。发现他们在香港花园道美国领事馆对面的圣约翰大厦租了办公楼的一层房间，里面有一个秘书。麦法诚和他的副手，以及董事会秘书凯瑟琳·赖（Catherine Lai）已经到任。他们为任职理学院院长的我聘了一位年轻秘书叫简·李（Jane Li）。一个月后，我的聘书下来了，吴家玮也到任，香港科技大学就热闹了起来。

事后回想，那个"一诺千金"的晚宴对后来科大的创立有一些决定性的影响。譬如，那次爽快的实话实说，建立了和校董们的互信，他们终于了解"研究型大学"所费不赀，需要董事会在各方面的全力支持。张鉴泉很智慧地要求每一位董事单独表态，并且有三位承诺会"全力支持"。当我们推动成立香港研究资助局时，他们在立法局大力支持，使这个科研基金机构在科大开学时，惠及所有香港的大学，改变了香港百年来大学的科研生态。后来科大募款工作踯躅不前时,当晚做出承诺的两位董事应我的要求挺身而出,史无前例地先后捐了两亿三千万元,使我们开学时研究工作顺利展开。

后来麦法诚谈到那次晚宴时说:"我以为香港很有效率,没想到你比我们更快!那天晚上事情进展之快,令我头晕!"然后他说:"如我那晚承诺的,我一定和你全力配合。只是请你偶尔走慢一点,让我赶上你!"我们两人都开心地笑了。后来总务部门与学术部门的全力配合,使创校工作不但如期完成,并且是开开心心地如期完成,大家对此都心存感激。

一年以后,我和张鉴泉谈到那场晚宴的事,他平静地说:"SY(Sir SY,钟士元爵士的简称)叫我负责把你拉到香港,我们原来没抱太大希望。不料你打开窗户说亮话,来了一个不平凡的即席'就职演说',捅穿了我们的困境,并且给我们指出一条生路,但是又不肯说需要多少经费,所以我只有逼每一位校董分别表态。显然你的即席演说说服了每一个人,也给了他们希望,所以每个人都表态支持。其实,只要他们之中两三个人竭尽财力,就没问题了。请你继续坚持你的理想,打开窗户说亮话、实话实说,我们需要那样的引领。"

我和他说,他是遴选委员会主席,我和他需要在聘人标准上尽快建立了解和互信,使急迫的聘任工作顺利展开。另外,成立香港研究资助局,我们要依赖他在立法局的力量。他说:"你赢得了我们的尊敬,我保证全力支持你。"他说,任何时候需要和他碰头,他一定安排我们十二小时内见面;如果需要什么,给他留言他就照办。后来三年半里,他的确做到了。他是那时香港的政坛新星,每周在报纸上都能看见他,非常忙碌。我们见面商量事情,多半是当天的半夜之后,或者次日 7 点早餐,都约在丽晶酒店一个固定的位子。

有一次他的几个儿子从英国回香港,他特地邀请我到他家相聚。

那真是一个很温馨的聚会，我们闲聊了一次，才知道他比我小两岁，在英国的帝国学院及伦敦大学获得学士及硕士学位，回香港从事纺织业很成功，成为商界领袖和政坛新星。他的视野和格局，以及他对香港的感情，令人感动。譬如那时香港人心不太稳，他提议港英当局在1989年办一次世界博览会，被立法局否决，他为此落泪。他对科大的功劳，真是不胜枚举，可惜我离开香港后一年，他就遽然去世了。我怀念那段和他一起披荆斩棘、见招拆招的快乐时光。

# 第二章  首先完成学院系所建置

从1988年9月1日直到1991年10月开学,这三年创校期间,我们必须完成四个任务:

第一,努力找寻一流的系主任和院长、成立院系,聘请一流教授。这背后一个极其重要却看不见的工作就是,仔细思考科大的理念,及合理的院系结构与设置,再由系主任做长短期发展规划。

第二,设计一栋适合一流研究型大学要求的学术大楼。这一点常常被忽略,等开学后发现不合适的地方,就太晚了。

第三,建立一流的学术"后勤"设备:计算机和光纤网络中心、图书馆、仪器设备中心、教学服务中心。

第四,注意学术软件的建设。持续发展,注重年轻人,建立强壮和谐的系;建立人学分制度分配教学资源(人学分制度本章后面详述),做长期的研究规划,以减少日后因资源分配产生的矛盾。孕育出良好的学术文化,使学者们能够各自安心工作同时不断交流。

1988年9月1日,我刚到香港科大报到的时候,董事会已经沿用英制校一级的行政结构,校长是吴家玮,下设三个副校长,一个管学术(教学科研)方面,一个管行政方面,一个管技术转移(后来改称研究发展)。前面两个很常见,第三个是因为董事会对技术转移寄予厚望,所以当时就专门成立一个技术转移部门,特设一位副校长负责,这个新的部门稍后再谈。我们面对的第一个压力就是聘教授。但是在那之前,我们必须先定位学院和学系的结构,以及它们和研究的关系。

当然整体最重要的还是学术（教学科研）方面。但我发现行政各个处和室各搞各的事情，对教务和科研缺乏了解，对图书馆、计算机中心之类的部门没有任何概念，他们管的只是校舍的硬件。比如说图书馆的管理跟他们没关系，我们要买仪器，他们只管审核，只管账务方面的事宜，其他的管理全是教务这边的事情。这个任务非常重，等于我们自己要设立一个管理结构。照理说总务处应该有专门负责采购的人，帮我们去买各式各样的东西，但他们的做法是外包请顾问公司来做，这个顾问公司来自英国，跟我们的关系不大，结果他们所采购的仪器跟我们的需求相距很远。突然发现这个问题的确非常严重，我跟吴家玮就经常把握机会讨论，最后归纳出现行管理体制有左手不知右手、分工不连贯、结果无法落地的症结。

于是家玮就和我讨论分工进行。他说，短期内，科大只有我们两个人，事情有那么多，我们就要决定我俩的分工权责，他负责对外，我负责对内。

对外，即凡是校外的一切事务，由吴家玮负责：董事会、当局、媒体、募款等。另外，他会粤语，学生事务由他管。

对内，凡是校内的事都是我负责。

表面上这很简单"公平"，但是实际上有点滑稽，因为我只是理学院院长，理学院的事我当然要负责，可是在此之外的其他事远远超越我的职责，即使我愿意做、能做，也是名不正、言不顺呀。他说，副校长、院长、系主任，他已经找了两年，只有我一人愿意去，先上路再说。

## 创立科大的一些基本思维

我立刻想到一大堆原则性的问题，比如：

什么是研究型大学？

为什么办科大？

要有哪些学院？

要不要设系，哪些系？

院系的职责，等等。

这些都决定以后，才能开始招聘。同时我们在和候选人交谈时，也不断讨论、微调这些思维，这样达成的共识就成了科大办学的理念。

首先来谈谈什么是研究型大学？

在"二战"以前，世界上的大学基本上都是通过教学为社会培养人才，也就是今天所谓教学型的大学。到19世纪60年代，由于科技发展迅速，产业分支细密，有些大学趋向专业型，以满足工业界短期的需要。等到"冷战"时期，科技竞赛开始，各国开始大量投资科研工作，助长了大学的科研工作。发展到20世纪末期，大学办学目的渐渐分成：研究型、教学型和专业型三类大学。其中研究型大学是以学术研究为主要办学目的的大学。

由于科研经费需求较大，所以这趋势早期是由名校（多半是公立大学，美日例外）利用当局的大量投资迅速增加科研工作，走向"研究型大学"之路。它们不只注重研究，也注意本科生独立思考、解决问题等重要能力的训练。许多研究型大学的本科课程通常是基础学术性的，而不是职业性的，可能不能为特定的职业提供人才，但是用人单位常常争用研究型大学毕业生，除了名校效应之外，他们的本科生受到良好的基础训练，比较适应未来未知的变化也是原因。

科大创校时的百位教员，都来自世界各地（北美为主）的研究型大学，他们累积了多年在五六十所著名研究型大学教学及科研的经验，对其规律和利弊了解较多。这些都帮助了科大的建立。譬如，有些研究型大学，过分强调科研，造成了价值观的扭曲，忽略了本科生教育；资深有经验的教授，常常避免教低年级学生的课，影响了本科人才培养。科大特别创立用人学分计算教学工作量,用它来分配师资资源,希望从制度扭转教学的颓势。

确定什么是研究型大学之后,我们需要决定对内的第一件事,我们的任务是什么?为什么办科大?很快地我们都同意这个学校是为香港办的,是立足香港放眼中国跟世界。主要目的是要为1997年香港回归后的社会,培养一批新的一流人才。

## 从商学院到工学院、理学院,文学院也是必须的

培养什么样的人才?董事会着眼的,还有香港当局所想到的,是经济转型的人才,他们了解到香港的制造业已经开始消失,都已经转到东莞、深圳去了。那时他们的希望是通过金融来拯救香港,所以他们在在关心的是商学院。我们花时间跟董事们谈,告诉他们其他学院也非常重要。我问他们,有人觉得工学院不重要,是因为我们不需要搞科技?他们的想法是用香港的资金、香港的人才管理,聘台湾的经理和内地的工人,然后利用内地的市场,这样就可以把香港建设起来。所以科大需要一流的商学院,为香港的未来培养一流的管理人才。

家玮说服了董事会:科技非常重要!原因是香港人至少要知道怎么样追踪科技!他们觉得内地赶不上香港,所以香港永远很独特。我指出香港地位之所以独特,是因为依托于内地的变化。我同意整个内地要超越香港是很难的,会是很多年之后的事,不过,只要内地这个十几亿人口里面,有一个城市超过了香港,香港的特殊地位就消失了。到那时候所有的资金可以直接进入内地,而不需要经过香港,因此香港单靠金融生存下去是不现实的。就这样地说服他们,还是要科技!并且我们商学院培养的管理人才,管的就是工厂里的人,所以我们必须要有一个一流的工学院。

关于工学院，我跟钟士元主席谈过，他当时信心满满说大家会抢着要来科大，因为香港薪水高，又会提供房子，等等。我说："钟爵士，香港这里的薪水不比美国高，你要找人来，一定要先织造一个梦想。"他问说，这梦想能实现吗？我说，要我去推动的话，一定先要有信心，假如我判断不行的话，绝不会说谎。他说他想用香港的资本、台湾的管理人才，在内地设厂，用内地的劳工跟市场行销全世界。我说，香港必须有人能判断哪个科技行业能投资，除非你要到美国去请人来做这种专业的判断，所以后来他同意学校要有一流的工学院。董事会倒不是反对要设立工学院，只是觉得那个不很重要。我们说服了他们。

培养一流的学生，一定要一流的教授。董事会了解工学院的学生入学第一二年一定要到理学院选数学、物理、化学、生物等基础学科，因此他们也就同意了科大需要一个一流的理学院。因为一流的工程师，必须有深厚的理科基础，并且未来还需要很多目前不能决定的新兴科系，都要从基础学科衍生出来。这一点他们很快就看出来了。

有了理学院之后，他们认为三个学院应该够了。我说还差一个文学院。有人问，文学有什么用处？它是赚不了钱的！我说文学不是赚钱的，文学是提供灵魂的，大学的灵魂主要在文理两个学院，大学的基本价值观都在这两个学院里，没有这两个学院的话，这个学校只是一个职业技能训练所，不可能是一个世界一流的大学，也不可能有任何学校愿意跟一个没有灵魂的大学来往，这样的学校没有存在价值。

他们回答说，已经成立了一个通识教育中心，并且已经雇了一位英国来的副校长担任教育中心主任。我告诉他们，三十年前我在耶鲁大学念书的时候，耶鲁大学校长就告诉我，他们没有设立教育学院，没有设立管理学院，就因为发现了这样做没有办法把一流的历史学家、心理学家、数学家吸引到教育学院、管理学院里去。好的教授喜欢去历史系、心理学系、数学系，才能不断发展。我刚和麻省理工、加州理工的校长专门讨论需不需要办及如何办文学院的问题（见第十章），他们两人都异口同声地说，没有好的文学院就不成其为大学，大学失去灵魂就不可能培养出一流人才。

所以我们设立文学院、理学院、工学院，必须把一流人才吸引进来，不能纯粹从功利着眼，而必须从人类知识结构、思想架构方面去着眼。一流大学都有一流的历史学家、一流的数学家、一流的社会学家……各式各样的一流学者都不肯到通识教育中心去，都要回到自己的窝！最后钟士元主席问我，你们有没有想到，成立文学院，万一没人报考怎么办？

这的确是很严重的一个在地的问题。香港大学已经有一百年的历史，中文大学也有三十多年历史了。香港的学生一般念文科的都是想当公务员，香港的公务员系统，百多年来都在港大校友的手里，所以本地人想当公务员的话，都是考港大和中大的文学院，不会来考香港科技大学的。我们来自外地，需要对当地的家庭和中小学教育有相当的了解。这就是为什么我们那时候想出一个原则，让所有的招聘人选来访问香港时候，第一件事就让他们去看中学，我们前后看了六十多所各式各样的中学，光我自己就看了二十多所中学。有人问我们办大学去看中学做什么？我说很重要的一点，我们办大学是为香港办的，我们的大学生都从香港中学出来，我们必须要了解香港中学是怎么回事。不只文学院要考虑招生的问题，同样理学院、商学院也要面对这个问题。

吴家玮原则上很同意文学院的重要，但是没有想到我会那么坚持。最后家玮建议我妥协一下。我坚持必须要有文学院的原因是：没有文学院的大学就失去灵魂，那样的学校我不感兴趣。创校伙伴谢定裕、蒲慕明等人也深有同感，认为应该坚持。最后我们的折中办法是，文学院要办，要有教授，招硕、博士生，但是不招本科生，这样就没有文学院本科生未来是否有招生困难的问题了。董事会就问，既然不招本科生的话，招聘教授做什么？答案很简单：他们招研究生，因为我们是研究型大学。同时即使我们没有文学院的本科生，可是所有其他学院的本科生必须要有人文的修养，没有人文修养，这些人将会没有灵魂，在社会上不会走远的，最后董事会同意了。

所以科大要建设一流的文学院、理学院、工学院和商学院，为回归后的香港培养转型创新人才。

## 香港第一所研究型大学必须一步到位

我们决定科大一开始就要是一所研究型大学，我们就需要考虑这所大学的层次问题。研究型大学一定要招博士生，而不只是硕士生。当时我做了一个调查，1988年中大跟港大的研究生数量是全校学生的5%，并且这5%里面，大部分是硕士生。我们定了个标准，就是创校一开始就招收博士生。董事会说，我们从本科生开始都还没有招上来呢，建议研究生是不是一步一步地招？先是学士、再是硕士、最后招博士，还有学科建设呢，是不是也一个一个来，先办商学院再办其他学院？

我跟家玮相当成功地说服了他们，我们说大学是个有机体，一个人不能先长了头，再长左手再长左腿，诞生时必须都有，然后慢慢同步成长。我们当时原则就是"一步到位"。董事会说，刚开始时博士是不是可以少招一点，像港大、中大那样研究生只有5%且大部分是硕士生？我们说，要办研究型大学，一开头就得是研究型大学的配置，研究型大学最重要的区别就是重视研究，研究工作需要博士生，所以这就不再讨论。当时教育局都已经定下来了每年招生总数：第一年招七百个学生，第二年是招两千个学生，一直到最后第五年是一万人的规模。学生规模可以一步一步地来，我们从七百个招起没有问题，如果我们要求多招的话，对学校会是很大一个负担，对我们教员负担也很大，同时有经费的问题。我们定好学校规模的成长计划，其实成长非常快，五年之内就已经全员到位。一切建校工作都按照这个成长规模规划。

还有一点非常重要的是平常的学校教授数目要跟学生成正比，这非常合理，可是在创业的时候必须是前端加重（front-end loaded），就是说创业时资深的人士占比必须比平常学校要多。举一个例子，再小的公司也需要成立董事会，需要有个董事长，董事长底下有个秘书；再小的公司也有总经理、副总经理，还需要财务科、购料科等部门，麻雀虽小五脏俱全，这个非常重要。每个部门就得有领导，领导显然都得是资深教授，所以刚开始的时候教授人数和学生人数的比例一定是比日常大学的比例要高的，否则办不起来。我觉得董事会对此有点顾虑，就赶紧列出一个表，心想他们一旦看了以后可以放心，知道我们说的有道理。董事们都是办过公司的，晓得这是很自然的一个现象，所以都同意了。

走到这里，科大确定了文学院、理学院、工学院和商学院的框架。1991年开学时研究生要占相当大的比例，董事会很快同意我们确定的30%的比例，这在当时的大学里是很高的。我们在海外延聘教授时，有人提议干脆像美国洛克菲勒大学一样，一上来只收研究生。但是我们认为在1991年的香港这一步行不通，因为经费负担太大。此外香港将来需要的人才不完全是博士，而是大量的本科生，这样才能够处理香港回归的经济转型跟意识形态转型问题。

## 一流大学要走在社会前面，先天下之忧而忧

起先董事会没听懂我们所说的意识形态转型的担忧是什么，我就

跟他们讲，因为香港是被殖民统治之地，所以很少有自由派人士在报纸媒体上谈自由民主，从来没有去争人权或维权，可是一旦它变成一个主权国家的一部分的时候，一定会有人开始争取这些东西。同时由于香港百年来都是英国的被殖民统治之地，香港人没有国家认同。港英当局不准香港人对中国政府效忠，也不要他们向英国政府效忠，否则香港人都要去英国怎么办？这些历史原因，使得大多数的香港人，没有国家认同的概念。这个问题怎么办？要尽快从中小学的教育和大学培养的人才着手。否则时间久了会很难处理。解决这个问题，是当初我们去香港办学的一个很大的原因。香港回归以后要社会安定的话，必须要妥善处理什么是自由、什么是民主、什么是国家、什么是责任、什么是法制，等等。这些都是一步一步来的，不是喊喊口号就行的事。

三十年后回头看，这个问题的严重性就很清楚了，所以当时我们在这点上的确有很大远见。一流的大学必须走在社会前面，先天下之忧而忧。

上面都是办大学的基本问题，如果不思考清楚达成共识，贸然上路，后来很可能造成混乱。科大很幸运的是，我们在启动工作之前，已经和董事会达成共识，决定了大方向，消除了后来任何可能的转折。这看起来很抽象，但是从头厘清了问题，是后来我们可以高速度向前冲的一大原因。

## 招收国际研究生问题有待解决

我们有了文、理、工、商四个学院，这个决定非常重要。据此，我们学校要有一个什么样的架构、什么样的教员、什么样的学术支撑结构都定下来了。香港科大建立有个很大的优势，即我们是从一张白纸开始的。不过,我们刚开始考虑的很多学校架构、哲学背景、思想背景等,说服了相关人员,但没有能说服教育局。教育局说我们可以招生,不过绝对不准招外国学生,也不准招内地的学生,尤其是不准招内地的研究生。我们调查的结果发现,一般香港人不愿意念研究所,因为他们接受本科教育后还是想当公务员,而无论在公务系统还是私人企业系统里,重要的是年资,学位是不算数的。有人在港大、中大念了硕士,再到当局做事,发现就吃亏了,因为他们的年资比当年大学同班同学少了两年,所以薪水怎么都上不去。

这是很大的问题。我跟家玮说,这个问题我们还有时间处理,不过必须得解决。我们跟教育局讲,要变成国际一流的大学,必须要有港外学生,港外学生最大一个来源就是内地,因为刚开始我们学校的资历和知名度不够,港外学生来源一定是最近的。家玮当时跟他们谈时有把握这一关一定能打通,教育局那边暂时没有谈拢就先搁置一边,以后再说。我们先定招收30%的研究生,并且有把握一定可以招到,不过需要额外努力就是了,这点后面再谈。学校办了快两年后,我们想出办法,直接找到了总督,解决了教育局这一关。

## 去工业化趋势与大学本科基础教育之必要

确定了以上基本原则之后,还要决定一件大事:院系的设置。我刚到香港的时候,家玮已经跟谢定裕、蒲慕明等创校的元老谈过。我们一起讨论的时候都有一个共识——现在大学教育设立的专业都太专、太狭窄了。

早在1971年的时候,我请教美国劳工部的一位专家,二十年后美国需要哪些专业的人才?他说不知道,因为过去一百年所做的所有人才需求预估都错了。不过他说,从统计数字和当时政策的趋势上,他有把握"到公元2000年的时候，美国基本不会生产任何东西"。到1988年时，这个当时惊人的预测已经基本成真，只是一般人还没注意。所以我预判，香港到了2000年的时候就不会生产什么产品了，整个经济架构在迅速变化。经济架构一变，需要的人才也会变，这个变化不只在商学院、工学院，所有学院都会变。既然我们有机会办一个新的学校，我们必须未雨绸缪，慎重考虑。

我在1988年去香港之前，又找到这位美国专家，跟他说我记得他1971年讲过，美国到2000年的时候不会生产任何东西。这是个不得了的预言，不生产的话，美国基本上就没有工厂，没有工厂就没有工人，它整个经济结构和人才结构全都会变。他在1971年的预测已经应验了，美国制造业已经慢慢消失，所以我对他的预测有信心。我问他，假如这样的话，大学教育分专业岂不就毫无意义了？他说，的确无意义。我问他还有什么可以告诉我的。他说，他还是不能预测二十年以后最好的专业是什么，不过他可以告诉我另一件事，就是我们必须要告诉所有的毕业生，尤其是本科生，他将来五十五岁不可能退休，所以在规划自己的职业生涯的时候，得准备好要工作到七十甚至于七十五岁，因为当初工作二十年、二十五年退休就能保证收入的那种退休制度全都会崩盘。一个人从二十多岁到七十多岁至少要工作五十年，同时美国的学生要准备好每三四年一定会改行、变换工作。那么他三五年以后所需要的新知识从哪里来？不可能每个人每过三五年以后都回到大学再念四年。我们在设立专业的时候，完全没有想到学生将来可能会面临三到五年时间专业知识就报废了！这个信息对我是一个巨大的冲击。我们创校的大部分人对这个问题一点就明，了解到未来可能遭遇的危机，所以我们在设立院系的时候很快就达成了共识，科大将注重通才教育——专业不能设置得非常狭窄。

1961年，我和耶鲁校长有过一次聊天（详见第十章），那次讨论使我明白了，教育一定要从基础学科着手，所有新的学科都是从基础学科衍生出来的，衍生的学科很难找到一流的人才。若干年以后衍生学科没有生命力，又要重新从基础学科开始。这个认知加强了我们架构学校的信念：关注基础学科，要设立文理工商学院。后来我们想，假如学科会改变那么快的话，或许我们可以考虑不要设系，干脆就是一个学院提供一个大方向。我们毕生都在做研究工作，我们晓得任何值得做的课题常常是跨专业的，比如说生物化学、生物物理，等等，而跨专业的学术研究在学校里很难展开。年轻教授假如在生物物理领域做出东西来的话，生物系不会接受，说那是物理领域；物理系也不接受，讲那是属于生物范畴的，所以年轻人常常避免做跨学科的课题。

## 能不能设院不设系

当我还在全世界各地跑的时候，曾访问过日本筑波大学，当时了解到这所大学就是不设系只设学院，所以我就跟校长吴家玮和一些董事提议：我们不设系如何？董事们讲得很清楚，你有把握你就做！但是你得保证学生将来有工作，将来才会有学生来考我们学校，还要保证我们是世界一流的研究型大学。我说我们假设要做研究的话，那不设系是对的，一设系就有限制了。如此讨论，董事们居然也同意了。这个时候他们告诉我：你是代学术副校长，理所应当学术的事情都由你来负责了。

我就问，总有事情是我们不能再改的了吧？他们说当然有了，学校名称和校长不会改了。另外校址也不能改了，当局给了六十公顷的土地，这是香港全年批准的全部土地，要换一块土地都是不可能的。后来我发现学校大楼设计也不能改，因为那个时候全世界招标的结果已经出来了，这个我们稍后再谈。董事会说除了这些之外其他都是我的事，这下责任大了。

那个时候，我心里还是七上八下的。大家都同意，不设系也蛮好的，我们就不需要找系主任了，找系主任是很伤脑筋的。最后是我自己心里觉得不笃定，想要实际去看看有哪几个大学是没有设系而运转得非常好的。于是，我便启程到筑波大学访问，筑波校长跟我讲，可惜你晚来了三个月，三个月前我们反复开会讨论，最后决定，我们还是设立系。我问为什么？你们做研究工作没有设系的话，不就方便多了？他说，没有系的确研究工作很方便，教员也很方便，可是他们遇到一个问题，他们理学院毕业的学生找工作时碰到麻烦。什么问题呢？比如，某科大毕业生去应聘的时候，毕业证书注明了学生是理学院毕业，偏重于数学。可是传统上企业界找人要找学物理的、学化学的、学数学的，说学生是理学院里面偏重数学的是不行的。作为一个公立学校，学校不能逃避学生就业这个任务。校长说他们已经努力了几年，没法克服这个问题。我告诉他我们不设系的想法，他说其实你们也可以设系，不过系的专业不要设得太细，把系设大一点，这和我们的想法不谋而合。后来我们做了一个很大的决定，就是设立学系。系都是基础学科。

## 完成四个学院的院系架构设计

首先理学院里设数学系，数学对各个领域都是必须的。成立数学系以后，有一位国际很有名的统计学家，建议我们设立统计系，若设立，他就来。系主任谢定裕找我和家玮讨论，我们觉得统计的确很重要，但是统计系太狭窄了，所以就把统计学包括在数学系里，不另设统计系。也有人建议我们成立应用数学系、流体力学系，我们都没有同意，而是把这些专业都放在数学系，所以数学系的规模相对就很大，比港大数学系大五倍。

要设物理系,物理是所有科学里的基础。我们要设立化学系,因为化学系和化工、材料制造业关系太紧密了。设立了生物系,就涵盖了生物、分子生物、生物物理等分支。唯一例外的是生物化学系。有人提出,未来生化技术发展得非常快,尤其是跟工学院会孕育出很多东西出来。常常生化系会发展得比生物系还要大。如果担心基础生物科学发展的话,生物系是需要设立的,同时也值得设立一个生化系。这个系不设在工学院,设在理学院。很多学校有了生物系以后,由于生化方面发展迅速,后来都加了生化系。有生化系的话,或者可以多找些优秀的人来。我们那时候的确找到一位很优秀的生物化学家王子晖。当初我们请蒲慕明规划整个生命科学的学术架构,我们讨论之后,他觉得从头设立一个生化系也是一个好主意。

接下来是工学院,很多人建议要成立信息技术系、环境科学系、材料科学系,等等,我们当初都没同意,觉得应该从基础学科开始。工程科学最基础的就是土木系(土木工程,Civil Engineering,从罗马时代就开始了,指所有非军事的工程),机械系是所有制造业之母,二百年前带动了一次工业革命。今天即使是最前沿的生化技术都离不了机械技术(比如很多学校设立的"生物医学机械工程系")。电机系也是一定要有的,它带动了二次工业革命(电气化),和三次工业革命(信息化)。还有化工系,化工是材料科学及制造业的重心。

另外还有一个问题,计算机的发展当时已经是明显趋势,我们要不要设立计算机系?我们调查了一下,那时候全世界最好的两个电机系,一个在加州大学伯克利分校,一个在伊利诺伊大学香槟分校,都是把计算机和电机放在一起。那个时候全世界大学设计算机系的还不太多,都是从电机系里衍生出来的。刚开始我们想,把这两个专业放在一起的话,学生毕业以后,对计算机的硬件跟软件都能掌握,将来就业路子宽一点。不过后来经过调查思考以后，我们估计计算机系将来发展的前景很大，可能会比电机系还大，所以值得把计算机分出来，单独设一个系。我记得在伊利诺伊大学香槟分校碰到了知名的信息科学专家刘炯朗（台湾"中研院"院士并曾任新竹的台湾清华大学校长）和他夫人，他也确认计算机发展前景很好，与电机系放在一起大概不实际，这样的话电机系很可能因此会庞大到有一百多个教员，会因为管理困难而分裂。加州大学伯克利分校的电机、计算机系主任也是这么说。伯克利校长田长霖也跟我说一个系不要太大，因为人与人之间的矛盾是随人数增加而增加的。一个系保持约三十位左右、顶多四十至五十位教员为宜。所以就像理学院破例有个生物化学系，我们工学院就破例专门成立了计算机系，因此工学院也有五个系。

商学院要成立哪些系呢？这个领域我们都不熟悉，但是家玮很感兴趣，所以我们花了很多时间，跟他跑遍美国最有名的商学院。我还到欧洲去，访问了位于法国巴黎和瑞士洛桑的欧洲最有名的两个管理学院，最终决定商学院要成立管理系、金融系、商业讯息系、会计系和经济系五个系。

经济系我们考虑了很久。设经济系有两个办法，一个是放在商学院，一个是放在文理学院。放在文理学院的理由，是因为经济学二百年前是社会科学的一部分，跟数学有很大的关系，又跟社会学和政治学有很深的联系，从学科发展来看，传统上经济系放在文理学院很合理。后来我们发现优秀的经济学家，尤其年轻一代，都想往商学院跑，原因是想跟商学院直接挂钩。有人分析还有一个很简单的原因，商学院的待遇通常比理学院高，尤其比数学系要高很多，水涨船高啊。虽然这不是一个充分的理由，但是将来会有一个现实问题，就是商学院包括经济系的教授，他们待遇会跟理学院数学系或社会科学的社会系不一样，同样重要的是，文理学院和商学院的文化也很不一样。起初我们想把他们的文化糅合起来，后来发现不可能，其他学校都没做到，我们大概也做不到。我们到过麻省理工大学的斯隆商学院，到西北大学、宾州大学、斯坦福大学、加州大学洛杉矶分校安德森商学院考察，请教过他们的院长，他们都觉得这是无法抗拒的大势所趋，于是我们就把经济系放在商学院。这样全校就有十五个系了。

前面说过，我们决定文学院不收本科生，那就没有必要设系了。我们设立的这个文学院是人文社会综合的人文社会学院，这是很理想的做法。为此我拜访了新竹的台湾清华大学，他们是一个理工很强的大学，决定成立人文社会学院。我和那时的李亦园院长谈了很久，吸取了他们很多的成败经验。

人文社会学院设两个部：人文学部和社会科学部。人文学部包括文史哲，社会科学部则是政治、社会、人类学等专业。这两个部的规模大小跟一个系差不多。结构上在院和系之间。总而括之，我们决定的科大的学术构架是有同等地位的文理工商四个学院，下设有十五个系跟两个学部，如果把学部也当作系的话，一共是十七个系。

## 拥有实权的院系应该是健全强壮的

每个大学都有院和系，但是它们的权责可以有很大的区别。简单说来，分别就是院长和系主任有没有人事权和财务权？内地的大学都设有院系，但是也有教务处、科研处、文科处、理科处、设备处等职能部门，所以院长如要聘人，要经过很多机构多方协调、层层批准，还很可能不准，因此很难发挥院系规划未来的功能。台湾从20世纪80年代以来，有人从美国回去大力推行"教授治校"，凡事都要选举、投票，院长系主任也很难发挥功能，影响很大。家玮在美国当过系主任、院长、校长，偏向于美国的有实权的院系。我见过各国的大学制度，也倾向于美国的职权院系，那种制度对创校来说，是必需的。英国那时经过了几年的调研，认为也必须改走那条路。建立实权院系这一点，我们科大的教授都有共识。简单说来，院长和系主任在预算拟定以后，有充分的财务权，不过要受财务处的报销审核；在院系的长期发展计划定了以后，系主任有相当大的人事权（当然他要遵守外审及内审程序），这样可以把院系的能量充分发挥出来。

不过实施起来，困难重重，因为权力和责任是相连的。实权的院系，院长和系主任的责任也大了很多。一位院长或系主任如果没有经验，或者不习惯拿出大量时间的话，一个院系的运转会变慢甚至瘫痪。好在大家的能力都很强，都是为了实现一个共同理念要把科大办好，所以即使没有经验也学得很快，经过一段磨合期以后，除了一个例外，很快地都上了轨道。

既然采取实权制，聘人的工作就授权给院长和系主任去做，这项工作既不可能也不应该全由我们校级管理层去做。一般都认为院长很重要，校长更重要。其实，校长、院长没几年就要换，有的很好，有的不怎么样，很难有一个学校连着二三十年都不断有出色的校长和院长。但是只要大部分的系都很健康和谐，都不断追求更高的学术标准，基本上他们就达到自治的状态，校长、副校长的水平就不是很重要了。所以我们从一开始就努力打造强壮的系的结构。譬如，我们提醒每位系主任，聘人不要忙着填满助理教授，那个办法太容易，而会有群龙无首的后遗症。鼓励系主任从资深的学术带队人聘起，再要求他们帮助年轻人的延聘，这有利于学术团队的形成。如果每个系都有两三位资深教授，他们的道德、学术都是一流，就大大促成了系文化的建立。遇到困难转折，他们能一言九鼎，稳定局面，从头建立系的共识及和谐，在三年首届任满时，一定要有至少三位一流的正教授上任。其中需要有一两位可以随时接任系主任，形成一个资深的团队，持续一个系的稳定成长。

在中国内地、中国台湾和美国的大学里，我们得到一个很重要的经验：一流的系主任，才可能找到一流的教授；二流的系主任，只能找到三流的教授；三流的系主任，找不到教授！系主任不行的话，就不可能罗致好的教授，所以找好的系主任变成第一要务。

## 先聘一流的系主任，院长聘任伺机而动

那时的中国学者里，有行政经验的人很少，当过系主任的人也不多，院长很难找。所以我们决定，如果没有适当人选，院长的聘任可以伺机而动。反正刚开始的时候，校这一级的领导肯定要管很多事情，我们在找系主任的过程中有可能碰到真正精彩的人，很有做院长的本事，等他把他的系建立好，显示出能力和兴趣，就请他做院长，这样其他的系主任也会佩服他。因为刚开始还没有学生，而聘人又是系里在负责，所以院一级的管理主要是总体规划工作，院长级别的职位暂时就都空缺。

我自己最初是董事会聘的理学院院长，但实际什么都做，因为那时科大严重缺乏人手。半年后代理学术副校长负责全校规划，等理学院建设大致有规模时，我就正式接任学术副校长，全力进行学术规划及校园和四大中心的建立。

接下来就要忙商学院、工学院及文学院的建设。工学院很大，对香港很重要，很不容易找人。因为工学院需要跟香港的企业连接，香港的人才那时候不多。海外学院派的人，不一定能跟香港企业连接，海外企业界薪水比学校高，我们要求两者兼顾就更困难了。

董事会很注重商学院，找人却非常难，因为那时香港留学生学商的虽然不少，可是他们比较现实，不容易用理想去打动他们冒险回流

香港，我和校长分头谈了二十多位都不成功。那时在台湾留美的管理学教授虽然没有理工多，但是也不少，有几位在美国任系主任多年，很有成就，我邀请了几位到香港和校长谈，可惜都没成功。最后家玮决定亲自代理商学院院长，全力进行商学院的规划和聘人的工作，让我有更多时间处理其他三个院、基建设计和四大中心的工作。他很注意遵守我们的聘人程序，也希望尽两人之力，找到最好的人选。我们相约，他找到合格的人选的时候，以代院长身份向我（副校长）推荐，当我同意时，再呈报给他（校长），再报董事会。主要的工作当然在第一步。

## 每个学院的任务

下面谈谈每个学院的任务为何。理学院比较简单，它是基础学科，要把学生教育成将来理工科的栋梁，学生不但能延伸出新的知识，还能够承担起未来社会科技转型的任务。由于理学院是基础学科，研究工作比工学院容易展开，所以在科大建立最初十年，继续建立自己的声誉时，理学院就比较容易突出。

工学院的挑战也很大。当时我跟工学院院长指出，你们的课程设置要针对未来的考验，即学生从港科大工学院毕业后，要能够同时应对四个地方的工程师执照考试：第一个是香港本地的，这应该没有问题；第二个是内地的，我们预期很多学生要到内地工作；第三个是英国的，要是光在香港能通过而在英国通不过的话，毕业生在香港的高级华人圈里将站不住脚；第四个是美国的，因为美国总体在产业方面前瞻性比较强，并且我们在外面的声誉好坏跟能否被美国学术同行认可有关系。所以在课程设置上就要面对这样的现实，不要等到学生毕业的时候发现他们缺乏某一方面的知识。工学院院长说，香港的标准还没定下来。我说,那更好,你可以跟其他大学的工学院联合起来,成立一个协会,专门审定标准就行了。这就是工学院的标准,要带动香港制造业的转型。

商学院的任务很清楚,就是主导香港经济的转型。

文学院没有本科生。当他们的教员听到不需要教本科生的时候都很开心,其实所有学院的教员很少有人真的喜欢教大一学生的。但是我告诉文学院的教员,你们有两个原因必须要教本科生的课:第一是我们学校决定实施通才教育的方针,要求学生的知识面很宽,学习能力非常强,毕业后能够应付未来的变化,对抗转型转行的压力,所以需要对学生人文素养的培育,这就要靠文学院;第二个原因就比较实在,在建校之初,我们就决定科大各系教员名额,是按教学工作量(人学分)分配的,文学院如果开了出色的本科生通识课,学生争相选课,就保障了文学院约五十人的教员名额,虽然他们没有自己的本科生。如果只靠文学院研究生,不可能设置这么多的教员名额。

我给文学院定五十个教员名额,人文部、社会科学部各二十五人。二十五个教员的文科系在美国大学里是很大的系。教员们教的课就是自己的博士生、硕士生,加上全校的本科学生的通识课。他们问,学生不来选通识课怎么办?我说,不会的,我们要求每位学生每一个学期必须到文学院来选课,如果教得不好,学生抗拒的话,才会出问题。文学院担心开课的数量负担太重,我指出科大的教学工作量不是按门数,而是按人学分计算,通识课班级较大,只要内容充实、教得好,学生都来选,人学分计算就赚便宜,教员不需要教很多门课。他们问,文学院的任务是什么?我说,希望五十位教授花三十年时间,从世界的视野整理中国文化和历史,中国人就不需要再仰赖《剑桥中国史》《哈佛中国史》了。有的人说,这样的事可以让内地去做,但内地有内地的难处;台湾,也难做到;香港的话,又太世俗化,一直没人把这个当成一个历史任务!不过这就为科大造就了机会。

## 以"人学分"衡量教学工作量

每个学院的任务陆续定下来了，接着就是要找系主任。找系主任时，候选人的第一个问题就是：你给我多少教员？所以很快我们就弄出一个公式。因为我们知道，通常在做教授或系主任工作的时候，大部分时间是花在说服系主任、说服院长上，诉说这工作多重要、这门课多重要，而不是从理性的观点来看资源分配。系主任和院长整天把时间花在争吵教员名额的多少上，是很无聊的一件事情。但如何避免？什么是一个理性的观点？很简单，我们这个公立学校主要培养人才，培养人才的主要手段是通过教学。我们就决定全校资源的分配要跟工作任务有关系，所以每个系、每个院的经费分配、教员名额的分配，都是根据系的教学工作量来计算的。教学工作量不以开课的门数计算，而是以实际教课选课的人的学分来计算。

这就是我们当初发明出来的"人学分制度"。如果 A 教授开了一门三个学分的通识课，一百个学生选的话，A 教授那学期就教了三百人学分。如果 B 教授开了一门三个学分博士班的课，有十个学生选，B 教授就挣到三十个人学分；各系主任据此就有一个客观衡量标准。而这个标准，忠实反映了科大的价值观：大学不是只有科研，教育学生，尤其本科生，很重要！我们建议各系主任每过几年跟系里教员们结算一次，大家的人学分数不能差太远；学术副校长每年和院长们结算一次，各院教员名额和教学资源跟他们全院教的人学分数，必须大致成比例。如果一位院长来争教员名额，我看到这个学院的人学分真是很多，就相应地增加名额。如果发现少了，就减少名额。资源的分配，必须忠实反映学校的价值观！

这个制度使得大家注意人学分，这是个工具。可以避免一般大学用教课门数来计算工作量，造成教授们都不愿意教重要的通识课和低年级的本科生基础课程的现象。通识课是最难教的，需要有较高学术成就的讲座教授来教；低年级的基础课程不好教，需要正教授来教，因为他们知识面非常广；到了博士班的课专业都比较狭窄，反而年轻学者努力准备也是可以教的。可是现实里，都是强势的教授去教授研究生小班的课，本科生大班课都交给博士后或是年轻的助理教授，他们在学术上还没有成熟很难教好，院长花再多的时间去对教授做说服工作都没有用，因为制度不合理啊！所以我们决定从治本开始，建立"人学分制度"。

那时我们理学院的资深学者有谢定裕（数学），有蒲慕明（生物），有吴家玮和我（物理），工学院也有人参加这个规划。我们一起在黑板上讨论，当时就立刻算出来，比如第一年当局要给我们七百个学生名额，希望其中有一百个是博士生。可以预料刚开始博士是很难招的，但六百个本科生是可以招到的。我们就去做调查，我们访问各个中学及企业界，接触社会各领域的需要，思考第一年这七百个学生该在各院系怎么分配！那个讨论中，没有什么争论，因为都从原则和数据出发，很快就有共识。这种理性的决定方式使我们在创校工作中很少争论，因此忙碌而和谐愉快。

分配好以后，这十七个系里每个系有多少学生就明确了。选课非常重要，选课的要求就反映了我们的教育理念，即通常所提的通才教育，我们要求每个学生修满一百二十个学分毕业，当中六十个学分是本系的所谓的专业课，剩下六十个学分里，有三十个学分是本院外系的，另外三十个学分是外院的。至于学生选哪门课，取决于已有课程的精彩与否，能否挑起学生的兴趣。如果哪门课教得没有内容或者不好的话，学生就不会选，系里就会紧张起来，因为迟早教员名额会受影响。这个方法成为制度，大家自然而然地就往我们想走的方向努力。

讲座教授和正教授会去教一年级的课，因为他们教一年的人学分，让他们在两三年里可以很轻松。不过他们也不可能常年这样专门教一年级的课，其他人也会想要教的。我们一开始就把这些机制设置好，让大家自然地往需要的方向走去。

如此这般，等到我们未来招进了七千个学生的时候，物理系有多少人，化学系有多少人，我们立刻就能算出来，每个系应该有多少教授，根据这个课程要求，我们可以算出在物理系是多少人学分，全校是多少人学分，比如说一千个教员，那么用人学分总数除以教员人数，就知道这个系应分到多少个教员。这个制度实行后我发现一个现象，我们开学一两年之后，很多系主任都会要求说，我们某门课非常重要，应该想办法开成一年级的课，让所有学院都来选——因为这样他可以保证教员名额。这就解决了我们平常头痛的事，我们不需要再去劝求教员教课了。

这是科大的一个优势，首先我们是从白纸开始建立一个大学，其次在创校的时候，参与其中的每个人都已有了二三十年的教学经验，加起来有好几千年的经验和理想聚集到一起！我们还有个优势：一切从理性思考出发，比较容易团结一致，省去无谓的争执。所以我们才能很快地在一年之内就确定要办四个学院十七个系，每个系大概需要多少教员，然后在此基础上接着分析未来怎么成长。如此把规划送上去，学校董事会很快就批准了。

大方向确定之后，就要找人了，这跟另外一个工作立刻结合起来。比如说我们确定下学校人事架构，再找系主任的时候，我立刻可以告诉系主任该找多少人，第一年多少人，第二年多少人，一直到第五年，他可以依此做规划。同时我们还做了一个决定，一个系里至少应该有二到四个专业，不能全是一个专业，因为一两个专业很难应付时代的变化，就会影响学术的长期发展。这是一个硬性的指标，因为系主任常觉得自己的专业最重要，会忽略其他的专业，我们不允许这样做。

## 向教育局争取六年科研设备费用

家玮很有远见，他在参加科大筹备委员会时，就开始找人为每个系写一个二十五字模型的教研计划。我上任后参考这二十五字，发展出每个系约二十五页的长期发展规划。在找人过程中，在院系一级的人选还没答应过来的时候，我们就先请他帮忙设计这个院或系，设计系里应该有哪些重要领域，然后做出长期规划，每一个系都有一个六年的教学规划。从全校七百个人开始一直增长到七千人的规模，怎么成长？几个领域当中哪个先上？这样规划不是期待到最后才发展，而是两三年之内所有领域要发展起来，这是一个硬性规定。这个六年草案，就成了我们延聘系主任或院长的讨论大纲。等他们上任后，第一个任务就是完成他们的六年计划，在定案前，我们也邀请那方面的国际专家参与讨论。

未来的系主任立刻就问我一个问题，有什么样的实验室？有什么样的设备？我的答案是，你告诉我要发展哪几个领域，会需要什么样的设备，校长负责去找钱。吴家玮想到一个很好的办法，让我们去找教育局要钱。教育局的人那时候都担心我们会漫天喊价，我们解释说，我们不可能比别的学校要的钱多，钱多的话你们吃不消的。但我们能不能这样提要求？就拿香港大学最近十年给各个系购买仪器的费用总数为准。教育局说他们的研究工作做得不够多，但你们是要建研究型大学？我们说，是啊！可是我们一上来要很多钱的话，你又不好过的，所以就把港大那十年的总数算出来，我们就以此为标准做计划。比如说是一亿美金的话，我就打一个一亿美金的报告给教育局，作为我们创校前六年的设备费用，你们要一次批准，然后分六年拨给我们，有了这个保证,我就可以开始统筹规划,有效地运用这笔经费。我就可以告诉招聘对象:两年之后请你来,你来的话我可以给你多少设备费用,钱都在这儿。有了这个六年规划,我们延聘的谈判就很务实,比较容易成功。

教育局答应了,总督那儿也敲定了。家玮就说,我们光是这样做的话,其他学校一定会反对,我们要保护科大和教育局。他建议我们把计划送到港外去审查,外审可以免去学术副校长办公室的压力。评审人的选择要满足两个条件:内行和公正。评审人应该由教育局决定,我们可以提供一些建议专家名单,比如说我建议二十位专家,供他们挑选五位,这样的话就不会有护航作弊的可能。最后教育局选了五位专家到香港来评审。家玮行政经验丰富,他决定我们要针对五位评审委员的专业,找五位科大教员来准备我们的报告。但我们那时候的教员到任的只有两人,我们就在确定可能来的人选里挑选了五位,负责准备这个报告。这五个人的报告是中规中矩的,是有关十七个系需要的设备。最后评审委员们花了一个星期审查完毕。这个审查报告有几个要点:第一科大这些人有见解,他们的建议很有道理;第二他们提出设备的需求,是针对实际研究工作的,不是随便要的;唯一一点,就是他们所要的钱可能少了,真是要达到世界一流研究型大学的标准的话,可能过几年还要再投钱进去。于是报告就批准了。有了这个保证,虽然经费相当于港大的水平,但是由于是一次性批准,我就能以学校的身份对外要供应商大打折扣,对内共同定下购买及使用规则,促进设备分享,大大提高每一件重大设备的使用效率,使一块钱的设备能发挥好几块钱的功用(见第三章)。同时我们可以完成科大每个系具体的发展计划,使每一个系能更快地聘到卓越的教授,有计划地发展学术。

接下来就要解决硬件配置问题。我们有工学院、理学院,需要设备。在教学方面，我们希望是采用多媒体的教学方式，而不是传统的课堂方式，老师只照本宣科。我们之前在国外教书的过程里，其实也想在课堂上多放些影片，多放些幻灯片，可是由于太花时间并且设备经常出问题，所以常常一学期用一两次多媒体就放弃了。还遇到过有些教员因为没有图书、没有设备，聘到学校过了两三年都不能做研究工作的情况。所以当时我就做了一个决定（校长吴家玮也看到这问题）：我作为学术副校长责无旁贷地需要担起所有教员教学跟研究工作的后勤司令的工作，我要负责照顾他们这些需要。科研工作的经费和设备，是一个沉重的问题，我另辟一章专门谈它（见第六章）。

## 教员职称升级问题的中外比较

在学科建设之前，要先想一下这个学校的结构是什么？有人觉得英国剑桥大学很棒，所以要从书院办起，但是这不可能。英国书院从十二三世纪就成立起来了，那时候还没有学科。剑桥大学、牛津大学都是先有了书院，过了好几百年才有学科的。所以没办法照抄剑桥的经验，他们的三一书院院产比校产还多。不过全校都混在一起也不行，还是要有个院，教员要有归属感。还有一个就是要不要有系？系的建立其实是发展科学研究的障碍，今天值得研究的课题都是跨领域的。

对照起来，我觉得内地大学的一大难处就是当初拼命设系。20世纪80年代的综合性大学只有文学院跟理学院，没有工科的学院。后来教育部规定大学至少要有五个学院，所以学校就一定要搞出五个院来。院下面又要设一定数量的系，越分越细，山头一旦成立是很难撤的。每一级又有书记，一层一层地重叠下来，做事很难灵活。所以我觉得结构是越扁平越好，不能扁平的话最好宽大一点，让年轻教员能在里面游走。我为什么关心年轻教员？因为一个系的未来怎么样，看看年纪大的教授怎么对待年轻教授就知道。假如他们爱护年轻教授，这个系将来就有希望。后来我体会到，假如不是这样的话，年轻教授还没等职称升级就跑了。

像我在美国任教的霍普金斯大学大概有一半的教授没有长聘职位，我们每个学期都要针对这些人的表现讨论一次，或是减轻他们的教学工作，给他们机会做研究，到一定的时候就会讨论他们的职称是否应该升级了；或是鼓励他们多出去闯闯。职称升级的话，系里会写信到系外找人考核。这个过程里有人会问被考核者是不是能在两三年内超过更为资深的正教授，假如不行就别升了。如果要升级的话，系里就会把名单推荐到院长办公室去，院长可以决定接受或不接受。在送案之前，系里的正教授会先投票，然后联署推荐某人升正教授，那院长就会感受到很大的压力。

有一次霍普金斯大学工学院院长请我帮个忙，他们院里有人要职称升级。帮忙的意思是希望我把程序推得快一点。我算一算只剩下两个月时间，觉得不可能。后来学校学术副校长按规矩任命了一个二人委员会审查这位副教授是否应该升正教授，我是主席，还有一位是化工系的正教授。申请者是电机系的，我们两个人看了他的文章，产量够、研究经费也够，三年之间在校外作了十五个学术报告，但我们两人很难判断这个人的专业知识水平究竟如何，我们的任务是到全世界找十二个电机领域知名的学者写推荐信，根据这十二封信做最后判断。电机系指定了一位资深的教授当我们的联络人，提供任何我们需要的资料。我们两人就各自写下二十所国际上电机系最好的学校名称，发现我们对其中十五所有共识。我以主席身份写信给这些学校的电机系主任，附上申请者的材料，请每位系主任建议一位他系里最合格的教员来做这个推荐人。我再分别写信给那些学者请他评审申请人过去的在世界范围内的成就，及未来的潜势。最后还要问他一个最难回答的问题:"如果申请人在你们系,能否升为正教授?"美国的制度就是这样,很花时间。假如大家都不肯花时间写推荐信的话,这个领域的系统就会崩溃。

其中有一个人回信评论说,这个申请人发表文章和获得研究经费的情况都很好,可是还没拓展到世界学术的前沿。例如,他的经费都是来自国防部的,不是美国国家科学基金会。国科会支持基础研究,经费较少,但是申请竞争非常激烈,但如果是国防部的项目的话,只要符合他们要求基本上可申请到。一般年轻助理教授到国防部搞钱还无所谓,但副教授最好还是申请国科会的基金项目。对方还说近年美国电机系的普遍水平下降,所以经过讨论多半还是会通过这个人的升级申请的。这封信我们认为是投反对票。其他推荐信陆陆续续寄回来,其他十一人都赞成,也有人指出光电领域虽然有人在做研究,但这个申请者是其中唯一小于五十岁的人。最后我们建议终身委员会让他升级,觉得唯一的缺点就是他们系里没有前辈学者好好引导他,没有鼓励他去争取更有挑战的国科会经费,到更好的大学作学术报告以面对更高的学术挑战,等等。后来电机系主任还把评议过程中系里的内部矛盾爆给终身委员会,委员会把系主任和院长修理了一顿,因为年轻人如果不能不断地接受更大的学术挑战,这个系是很难有希望的。一流大学不是只找几位名学者就行,还要建立起一个公平严谨的职称评定制度,才能坚持学术水平持续发展。

以前很多人认为一个好学者就会喜欢教书,的确从前大家都是好好教书的,不想教书的话去研究所就是了。可是后来风气慢慢变了,开始急功近利,论文压力越来越大,年轻一代就不想教课。20 世纪 60 年代的学生开始造反,学生也开始有权利给老师打分数。加州大学洛杉矶分校在 1968 年让学生给老师打分数,但是这些分数不准进教授的档案袋。我当时就觉得很奇怪,这分数到底跟什么东西有关?后来我发现：老师给学生高分，学生也会给老师高分。在中国，这种现象也存在。老师分数要是打得太严，很多学生不选你的课，课就开不成，你就没办法满足教学工作量的要求。渐渐地，学生选课是为了满足学分要求，教师教书也是为了满足教学工作量的要求，教和学都变味了。老师教不好，学生就会埋怨，学费的缴纳就会出问题，所以美国学校对教学非常注重。后来过了二十年，好的学校都换成资深教授教大一的课，年轻教授去教高年级。我觉得大一的课不好教，因为大部分到物理系来选课的都不是物理学系专业的学生。

霍普金斯大学物理系一年开三十门课。绝大部分的教学工作是外系来选的课，二三年级也有开课，但学生很少。因为我们本科生招得少，也很少有学生对物理感兴趣。我们的博士生数量比本科生多，大概是一百人，本科四年总共才十五人，这些学生是从全美国招来的。我们的博士生不招本校本科生，避免近亲繁殖跟派系斗争。我们教员也是如此，绝不招聘自己的博士。假如学生要回来，也必须在外面锻炼到有能力申请正教授的职位才可以。反正就是要一直换地方，绝对不准老师留学生当博士后。我们雇助理教授时大多都不太在意他是哪个学校毕业，以及是哪个指导教授的学生，就指定一个题目让他讲，让全系都来听他讲得如何。之后各个领域协调一下，看那年需要专门招哪个领域的人才。升正教授也是不怎么看文章发表的数量，而是要他看有没有突破性的成果，是不是在该领域做出了重大影响。职称升级是制度要合理，要大家一致同意、一起承担，大家的学术水平一起提升。

## 我们为什么不走 SCI 路线

之前不是有一个人见人骂的升级评判标准叫 SCI（细节见第十章）

吗？用 SCI（美国《科学引文索引》，英文 Science Citation Index 的简称）来促使一个学校的科研迈向国际学术水平，是我 1985 年向南京大学建议的，用它作为简单的衡量手段来看南大有多少科研已经迈向国际水平。最初几年，这的确引导了很多学校向国际水平进军。但是时间久了以后，开始变质，SCI 不再是衡量回馈的工具，而变成科研的目的，造成今天的乱象。在科大我们就决定，不走 SCI 路线和追求大学排名，只是埋头做我们该做的事：设备建设、师资建设和教学建设。这是很重要的一个教训，所以我稍微解释一下它的来龙去脉。

教育经费非常缺乏，影响到高教的发展，所以在 20 世纪 80 年代，中国的老教育家匡亚明（1970—1980 年代南京大学校长）建议教育部先选五个大学做重点投资，建立一个标杆。教育部因为很难摆平各方需求，所以最后增加到十个"重点投资大学"。有一天在美国我接到南京大学校长的电话，他担心他们老师要上街抗议了。因为那十个重点大学的名单里面，居然没有南京大学。我回到国内开始做了一番调研，最后向曲钦岳校长和一些资深同事报告了我的看法。我跟他们说，我觉得南大的学术水平一定是在中国前十名之内的，但是由于中国高教系统需要摆平各类高校都需要扶持的要求（譬如除了当时的教育部直属重点大学之外，科学院、农业、卫生、国防等系统都不能忽略），南大进不了前三名就进不了前十名。所以南大没有被选进前十名，这是制度使然，南大改不了的。我建议南大的同事们不要把精力浪费在争论一时的得失，应该全力提高学术水平，努力向国际水平进军。那时国内的研究成果习惯性地都是在国内刊物上发表，所以在国际的影响不大。我建议南大的教授们开始把科研成果投向国际著名学术期刊去发表，和国际水平一争长短。这对南大当时是一个很大的转变。第二年南大拿投稿的成绩出来，是全国第三名，压过了复旦大学，复旦立刻去南大取经。这引起了很多高校争相仿效。后来越演越烈，学校评审、教员职称升级、研究生学位，都拿 SCI 来衡量，就出了大毛病。

譬如，分数原来是给学生一个回馈，让他们知道在应该学会的知识里他们达到了什么程度。这是一个手段，不是目的。但是当分数变成目的，不仅是手段时，就出了大问题：老师不再讲课，而是强调如何解题出高分，学生也不再努力了解课程内容，而把时间花在不断"刷题"上面，不择手段地争取高分。所以过分强调 SCI 不是今天我们教育的最大问题，而是当我们把手段变成目的时，一种必然会发生的弊病。我们深知其害，所以在创校之初就注意到这一类的问题，厘清我们办学的目的，避免手段和目的的混淆。

## 搞清楚知识结构就知道基础学科的重要

现在很多人批评中国大学不做基础研究，跟大学设的科系有关。要谈这个问题，我们需要先了解知识结构。所有知识大致分成文科和理科。文科的基础部分是文史哲，还有人类学跟考古，它们是第一层的学科；社会科学 19 世纪仿照自然科学研究的方法，是从文科第一层的文史哲发展出来的第二层学科，后来又分成社会学、政治学和经济学。在第二层文科学科的基础上，又发展出第三层的管理科学、法学，等等。理科最基础的学科是数学、物理、化学、生物，还有心理，从这些基础学科，发展出工程科学（土木，机械，电机，化工，及后来的计算机，等等）、材料科学。在这第三层之上，近二十年又发展出环境科学、自动化、人工智能，等等。这些层次，不代表它们的重要性，只是知识发展的方向和结构，也为大学的科系设置提供线索。传统上，大家认为基础学科是大学的根基，也是培养长期人才的最佳办法（见第十章）。

现在的中文系学生要是不学政治学、社会学、经济学也没关系，它本身就发展得好好的。但学习经济学的话，就不得不学数学、历史和哲学，所以社会科学是第二层的学科。社会科学还用了一部分理科的东西。理科的基础包括数学、物理、化学、生物。后来才有了生命科学、统计学——这两者不是最基础的学科，能自成一个系统的，我才叫它学科。像环境工程，我认为它只是科研题目，科研题目就交给工学院去办。有些学校发现某个领域的经费好申请，就成立了单独的系，等那个课题不热了，经费萎缩，为此设立的系就变成尾大不掉。很多工科大学都遭遇过这困难。有些海洋大学就是很好的例子，基本上他们全校的专业是同一个系，顶多是一个院，即海洋科学院，里面没有理学院跟文学院。将这样一个专科学校变成一个大学，完全是主管部门决策的问题。现在唯一的方法就只是修修补补，但是要移动山头非常困难，因为冲击到很多人的利益。基于这些教训，科大决定从大口径的基础学科发展起，为未来的发展留下空间，二三十年后，新兴学科的需要变得明显时再设立新的科系。这有点像下围棋，要讲究战略部署，先占据四个角，再发展成线，最后占面。

我们都是站在巨人肩上才能看得远，摔得轻。本章总结的理念方面的确立，创校团队做了巨大的贡献，多少日夜里，我们都在探讨这问题。也要感谢很多资深教授，他们有的来科大了，有的还没有，但是我在向他们招聘请教的过程里都不吝赐教，大部分时间都花在探讨科研的经验、梦想及对教育的看法。最后要感谢过去二十年和我在高能物理实验合作前后上千位的伙伴们和在美国国科会工作得到的经验（见第九章），以及好几百位大学校长告诉了我他们成功及失败的经验，使科大受益不浅（见第十章）。

# 第三章 意外介入基建设计

1988年9月1日,我刚到香港,科大董事会告诉我,有几件事已经决定,不能变的是:校名、校址、校长和建筑设计。其他所有的事都待我们去规划实施。

前面说过,我和家玮1988年时就做了一个分工,他是负责对外的,当局、立法局、校董、媒体等,最重要的是募款。港科大刚开始建校的时候,香港当局还没有在当地设立香港研究资助局(RGC),所以我们必须自己筹钱做研究工作。我们估计在开学之前需要筹到约三亿六千万港币的研究经费,由校长负责到校外去募款,这是一个很沉重的任务。家玮还把未来的学生工作保留给自己,因为他会粤语,并且在美国加州大学圣地亚哥分校当过罗菲尔书院的院长,那可能是科大未来可以参考的一个模式。

这是很自然的分工。最初我的任务是做理学院院长,说实话,理学院都是基础学科,价值观很明晰,并且有很成功的规范,所以是比较容易着手的一个院,以我的经验估计约半年可以规划完成,并且落实系主任人选,下面的工作可以按部就班进行了。

不料事与愿违,各式各样的工作纷纷落在我头上,按规矩,不是理学院的事,可是常常一句"你不管谁管"或者"你不管,别人搞砸了,会不会后悔",就让我只能担起来。承担这些"分外的"工作,当时需要很大的勇气和努力。事后回顾,对日后科大的顺利开学和不断成长都有决定性的影响。基建设计就是其中之一。

## 美丽的清水湾提出的挑战

刚开始我们招聘教授的时候，都在谈学术、谈理想，越谈越投入，真是"有朋自远方来，不亦说乎"。家玮逢人喜欢谈"美丽的清水湾"，我也附和着，却总觉得不踏实，没见过啊！所以一到香港，我就请麦法诚带我去清水湾看一下。看到一片六十公顷、四十度斜坡的山坡地，坡上已经砍出几个小平台，坡底躺着一片静静的海水，就是"美丽的清水湾"。麦法诚解释，1982年时英国采取强硬态度要继续治理港九，决定向香港增加一个营的廓尔喀兵（Gurkhas），营地都准备好了。1984年，中英对香港1997年回归达成协议，就把这块地拨给将要成立的香港科技大学了。这个地方原来没有"清水湾"那个美丽的名字。原名是"香港新界西贡大埔仔"，吴家玮上任校长，要麦法诚去动员他在当局各局的关系，正名为"香港九龙清水湾"，好美！

接着麦法诚给我看校园建筑设计的总体模型，我们全校所有四院十七系的教学和科研空间，全都在一个大楼里面！教育不是办工厂，教育讲究以人为本。在这庞然大物里面，人将感到非常渺小，很难有归属感。如何谈灵魂，谈人本呢？麦法诚告诉我，设计是当年世界竞赛决定的，这个设计不是得奖的首奖，而是当年筹备委员会一致选定的第二奖，当时的故事非常复杂，如果更改很可能要好几年的时间。这使我惊醒，建筑内部设计将是一个空前的挑战。

在我为了找物理系主任初见陈显邦时，他很快就问到系办公室、教学实验室和教授实验室等非常基本的问题。到底是当过多年系主任，他的问题都是一套一套的，我很感激他，这正是我们需要问的问题。凡事成败都在细节，如果这些问题现实中不能圆满解决，即使开了学，也会一团糟，立刻影响到士气和后续来人的可能性。这使我警觉必须过问建筑设计进行的情况。

一般说来，教书再久的教授，也没有设计校园的机会，顶多只有少数人，碰到建设新的系馆的机会，才可能参与设计。一般都是搬进已经造了几十年的建筑，设法习惯早就过时的设计。至于建筑的保养和改装，总务处都有专人负责。所以我就去问负责总务的麦法诚副校长。他说校园设计由马会委托给一个有名的英国建筑公司负责，已经快完成了。至于设计细节，他不知道，只知道到时候他们会把整栋楼造好了交给我们。

## 一个错误的校园建筑设计

自从1988年8月那"一诺千金"的晚宴不久，我和马会总裁华金斯将军、香港大东电报局总裁盖尔先生一两个月就见一次面，他们在我答应去香港时都答应会全力协助我创办一个研究型大学，他们急于知道到底需要多少钱。1989年初有一次和华金斯将军见面时，我问马会雇用的建筑公司设计如何，他说，你是副校长应该问你啊，我说，我去问建筑师，他不理我们，因为我不是他的客户，你才是他的客户。华金斯就打了一个电话，说请我去建筑公司看看，他们会郑重接待我。

第二天我和麦法诚去建筑公司谈了一阵，感觉到他们设计的和我们需要的很不一样。那位英国老板说他们完全是根据马会给他们的清单设计的，但麦法诚说他从来没有提出过任何要求，也没有人问过他关于一个"研究型"大学的设计要求。谁提的要求非常重要，如果那要求提错了，设计工作就做错了。我就要求看设计蓝图。那老板骄傲地说建筑设计是很专业的，一般人不懂。说着，他就叫人搬出厚厚一大叠设计蓝图，堆在桌上。他很惊讶地发现，我居然一张一张地翻着看，并且迅速做着笔记。

1956年我保送进台大电机系读了两年，当时大家怨声载道的一门课就是"工程作图",虽然我们那时都背着丁字尺、拿把计算尺,很神气地吸引女孩注意,实际上每周一个下午的工程作图课,使我们觉得浪费时间。不料过了三十年,居然有用了!多年没用过的绝活,居然在香港用上了。我觉得莫名地兴奋。

我发现那一大叠蓝图上面一半都是教室设计,于是很快地整理出来,发现有很多三四百人的大阶梯教室,四五十人的教室很少,缺乏供高班专业课和研究生课使用的小的讨论室。等翻到实验室设计时,有很多大的、显然是教学用的实验室,却只有很少小的、供单一教员用的实验室。我再一看房间里远方书架上有不少刚开张的城市理工学院的设计图,突然想到,他们很可能是参考了城市理工学院的要求,来设计我们"研究型"的科技大学。当下那老板开始不耐烦,因为不知道我这"外行"在干什么。所以我很严肃地对他说:"看来给你们参考的是理工学院的设计要求,我们需要的是研究型大学的要求。两种要求很不一样。不久马会会请你们重新设计的。"之后就很礼貌地告别出来。出来以后,麦法诚紧张地问:"你真有把握他们弄错了吗?"我说我有把握设计错了,问题在于如何弄错的,如何使他们主动重做。

## 临危受命负责全校学术大楼空间的设计

我把这无意中的发现报告给校长吴家玮,因为这显然牵涉筹备会、马会和建筑公司,都是"外部"的工作。我向他请教两个问题,一是当时他已经在筹备委员会里,如何会"无异议"地选择了这样一个庞然大物的总体设计?他说,是一致通过的,所以不好反对;我再问,是什么人提出科大的设计要求?他是当时唯一知道什么是"研究型大学"的人。他说不是他提的,不过要我设法挑起基建设计的任务,重新设计,不想再去追究过去怎么错的。我说这远超过理学院院长的任务和权限，他说这时候只有他和我两人，不是他，就是我，"我搞理论的根本不懂设计，看不懂蓝图，一定搞砸。到时候我们俩一起挨骂，不如你辛苦一点全权挑起这担子，重新设计纠正这问题，我就不管了"。

吴家玮所述虽然推掉了他在筹备委员会的责任，但也不是没有道理。不过他的话使我想到更严重的问题，开学的时候，如果首批教员发现教室不合适，实验室又没有，教学研究都无法展开，那么他们迟早都会跑掉，还谈什么持续发展呢？所以不管错在哪里，动工在即，必须立刻纠正过来。这事家玮的确做不来，两年来在副校长院长职位上只找到我一人。不过多年在加州理工喷气推进实验室工作的陈介中，1989年9月就要到香港，他是学工的，可以请他主管。但是家玮说，他对土木工程没经验，不放心。并且他计划请陈介中负责研发部的研究中心，那边他一直找不到副校长，需要介中支撑，所以只好麻烦我。我这高能物理学教授只有硬着头皮上。我知道这任务挑战性很大，起初大概要全职去做。不过科大没有选择，非做不可。

不过我提醒家玮他需要弄清楚当初是怎么回事，因为重新设计一所研究型大学，造价一定会比原来按城市理工学院设计的要高，我估计至少要贵一半，甚至一倍。再加上那时肉眼可见的高涨的通货膨胀（每年平均约10%左右），到时会爆出建筑费用大大超过预算，他必须先有准备。长痛不如短痛，不要事后悔之不及。他不愿意谈过去，催促我立刻开始补救。

后来的发展不幸被我言中。由于科大和马会没有指出原来的设计要求错误，原来的设计估计造价是十二亿港币。等到我带领他们完成研究型大学的设计时，最后总价是三十亿，自然引起轩然大波。这事原来是可以解释清楚的，但是由于当初校长和马会决定不提重新设计，所以媒体咬定原来的估价是十二亿、最后增加到三十亿的问题不放，家玮就有口难辩了。这使他后来两年面对媒体时苦恼不堪，我们虽然知道真相并非如此，但是也帮不上忙。所以英谚"Honesty is the best policy"（诚实是上策）的确不错，这是后话。

好了，立刻重新设计。怎么开始呢？从认真的态度开始吧！

## "中国人就是这样的"

马会给了我参与建筑设计并提出意见的权力的时候，我就跟管建筑的公司谈了一下，我说，你们开工以后我要去看一下。他们说，现在工地在打大桩，蛮危险的，我们等大桩打得差不多的时候带你去看。大概过了三个月，我去了工地。那里是山坡地，一千几百根大桩打下去，一直要打到岩石上。我们的大楼是建造在岩盘上，不是表土，所以不会崩塌。结果我就闻到到处都是尿味，然后看到他们工地上没有厕所，显然工人小便都是就地解决，后来还看到一摊粪便。我就问带我去现场的设计公司的香港人，这是怎么回事。他说，中国人就是这样子的。我说我不喜欢这样。他说，没有关系，到时候交给你们之前都会洗干净。我说，不是，任何事情都得认真，他们随地大小便就是不认真，那施工的时候就不会认真。我说，你要跟他们讲。他说，讲了没用，中国人就是这样的。其实他自己的祖籍就在广东。我说，你把工头叫来。

工头过来了，一问是江苏泰县（今泰州市姜堰区）人，我就开始用普通话跟他讲。因为他的主管们说的都是广东话和英文，他们听不懂。我说，泰县老乡，你们已经是第二次为我造房子了。他问第一次是什么。我说，第一次是1984—1985年在南京建造中美文化研究中心的时候。当时我怕他们拖拖拉拉，所以把工程切成两块，挖地基的时候，一半是用机器挖，还有一半是人工挖，看谁挖得快，谁就能得到第三块地，结果是泰县人工挖的这组赢了。机器挖的那组为什么慢？因为他们只能白天挖，晚上不行，太吵了。我就跟工头说，南京的中美文化研究中心是你们泰县人造的。有一个工头知道这个事，说是他们的工人。我说，中心现在已经完成好多年了，还是南京最漂亮的建筑，你们泰县人是很棒的。现在我们在建一所世界第一的研究型大学，内地没有，香港没有，美国也几十年没造过了，是一所非常现代的大学。这要靠你们认真的态度，我希望大家都知道泰县的人是认真的。他说，我们一定认真。我就说，认真就要从不随地大小便做起，一切按规矩做。工头就跟我说，保证不会再发生了。我说，你假如需要设备就跟公司要，不要随地大小便，一定要把泰县的招牌挂出来。我们是从全世界各地回来的中国人，就是为了在香港回归那一天有所世界知名的研究型大学，也希望回归那天大家能看到泰县人建造的研究型大学。可以看出来工头的态度整个变了。我觉得认真就是激发出每个人的自尊心，如是而已。

## 行政工作真烦人啊——钱氏舒压大法

行政工作真是烦人，要和各式人等用他们的语言打交道，每件事都要精打细算，久而久之，照镜子时自己都看自己不顺眼！"一日不读书，便觉面目可憎"，还真是如此。面目可憎常是因为心情纠结，心情纠结时，就很难海阔天空地想到各种可能性，问题就难解。在香港四年的高压生活里，这种情况发生了几次，我摸索出一个舒压的好办法，戏称为"钱氏舒压大法"。每当我觉得自己"面目可憎"时，那个周六晚上就停止工作，去逛书店。很快就选定香港的三联书店。随便找一个课题，在书架上乱翻一通，只要有点相关的书就买，抱了一大堆回家，堆在床上。满足地睡一晚。第二天周日就不下床，在床上一本一本地翻。看得懂的就看完，看不懂的就大致翻一下，看到累了就呼呼大睡。周一照镜子，奇迹发生了，面目不再可憎了，就开开心心地去办公室面对另一个问题不断的周期。

有一次我去三联，站在梯子上找书时，听到有人问我："你到底是什么专业的？"低头一看，是一位四十多岁底气很足的陌生女士，我赶紧下地据实以报："高能物理。你是——""我是这个店的经理，你是谁呢，做什么的？为什么每次乱买一通，就没见你买过物理书！"我连忙告诉她我的名字、工作，以及我的舒压大法。

"哦，原来如此，既然你看书时间不多，就该看些好书，别乱买了！这样吧，把那些书放回去，你看这些书。"说着，就转身拿了一叠书给我。"以后我都注意给你留一些值得看的书，别再乱买了！"我就恭恭敬敬地捧了回家，放在床上。第二天一看，不得了，都是当年最佳作品集，有散文、新诗，还有小说。第一次，我每本都看完了。那个礼拜我灵感特多，工作特别顺利。原来想打电话谢谢她的，后来一想，名字都不知道，别乱打，就放下了。

过了一个多月，工作又不顺利时，周六晚上我又去了三联书店，果然她又在。她说："怎么？又面目可憎啦？"就递给我一叠书。我恭恭敬敬地接下，还聊了一阵。才知道她就是董秀玉，老友聂华桐（知名的物理学家，也是后来清华大学高等研究中心主任）曾说过有机会要介绍我认识她，真巧！她问我："到香港一年了，你这学物理的，遇到些什么人文学科的人吗？"我告诉她，我拜访了金耀基、刘述先、赵令扬等教授。她问我见过陈方正吗，我说，我们同行，认识已久。她说："你应该也见一些年轻的人，还有学界外文艺界的人。"我想，她介绍给我的书，本本精彩，显然品位很高；她要我见的人，一定也很精彩，就立刻同意，捣头如蒜。不久她介绍我认得了黄永玉、黄苗子、郁风等等。后来又介绍我认得她北京的一些朋友，汤一介、季羡林、李慎之、启功,还有李泽厚、刘再复等人,真是"族繁不及备载",大大改变了我的人生。这些人使我对文学院的体会,又深了许多。

那时香港三联遇到困难,董秀玉临危受命前去,她不但把香港三联办活了,还在荃湾开了一个分店,邀我去参加开幕剪彩。再过一年,科大终于开学,我们也邀她来参加开幕典礼。这也是礼尚往来啊!

后来一位记者问我:"你捧着一颗心来香港,忙了四年,又不拿一根草走了。你的最大收获是什么?"我毫不犹豫地说:"交了很多精彩的朋友,扩展了我的人生!""你能举出一位因为来香港才认得的吗?""董秀玉!"我毫不犹豫地回答。

好了,为什么要提"舒压大法",因为那时我主持重新设计主楼的任务,是我遭遇的绝大难题!一大堆的问题:如何止损、把建筑师的精力转向重新设计?如何弄清研究型大学怎样设计?如何使得建筑师放弃做了一年、已经完成的设计,重新来过,并且还要开开心心地做,否则他们会挫折重重,我也会急得发疯?

经过一个礼拜天的舒压后,思路突然明朗起来,我需要重温我行之多年的"解决问题四部曲"!

## 解决问题四部曲

在我二十多年的高能物理实验生涯中,每次做新的实验,都有大量外面看不到的工作:要说服自己学校的同侪,说服合作的其他学校,拟定实验计划,说服各自拨款机构,再说服批准国际实验所的科学审查委员会。成天就在设计、说服、修改、再说服……批准后才能做最后的仪器设计,并且都要设计新的实验大厅。这些工作固然不是难事,但是细致费事,并且牵涉很广,需要身心全部投入。

后来我在美国国科会主管全国高能物理研究经费时,发现全美国几十个高能实验组的研究经费，及两个加速器的经费，错综复杂，牵涉教授、学校、他们的国会议员、基金会内部等等，都不好处理。不过根据这些经验，我归纳出解决问题的四部曲：

第一，搜集全部数据；

第二，仔细分析数据，归纳出问题所在，解决方案常常就清楚呈现出来（没有不能解决的问题，只有看不清的问题）；

第三，为相关的人都留下生路；

第四，把相关的人的退路堵死。

如此就可以带着大家往前冲去。看来我需要重用这四部曲了。

现在第一二步都已完成，还差第三步（帮他们学到如何设计研究型大学）和第四步（让他们无路可退，必须重新设计）。这件事对建筑公司打击一定很大，弄了一年的设计，突然要悄悄地从头来做，很委屈的！所以最好还要找到一大根胡萝卜，发动建筑师的积极性。

怎么做呢？马会是捐款人，也是监工人。解铃还是系铃人，必须从马会着手。

## 让马会知道设计方案不合适

思路一旦明朗，我就安排跟华金斯见面，考虑怎么跟他谈，我跟他告状好像没意思！牵涉好几方的面子。重要的是不追究错误，但是要立刻开始重新设计。估计建筑师一定已经向马会报告了我的访问结果。华金斯就问这个校园设计怎么样，我说："我去了，设计得蛮详细的，进度很好，可是呢……"他说："可是什么？"我说："我有点迷糊了，你们校董会到底要求我们建立一个什么样的大学？"他说："我们要求你们建立一间一流的研究型大学。""但是现在这个方案设计的是一个一流的理工学院。"他说："这都是大学，有什么分别？"我说：

"分别大了。"

我想,跟他谈实验室,大概很难说得清,我就从教室谈起。我说理工学院都是大班教学,对不对?所以建筑师给我们设计了很多两三百人的大教室,但是研究型大学希望小班教学,需要很多三四十人甚至一二十人的教室。你们要我们建立研究型大学,我们30%—40%的学生是研究生,研究生上课人数不会多的,我们要十五个人的讨论教室,大班教室只要几个就够,不需要那么多。他说让建筑师改就好了。我说,还有呢,他们的确设计了很多教学用的大实验室,但是研究型大学要求每一位教授都做科研,所以需要很多小的实验室。我说这问题大了,他们得另外设计,得给我们另外造。他说另外造不行的,就只能是这个主楼。

然后他就问建筑的外形如何。我说,外面形状也不对,所有的师生四个院、十七个系四个中心都挤在一栋楼里,人显得太渺小了。英国讲究人文、以人为本,人权是从人出发的,一栋大楼中挤压着一两万人,每人会变成一个小螺丝钉的,这像建工厂了。一流教授都喜欢各自的系有所归属,有着自己小小的窝和空间。所以总体设计非改不可。他说,这个不能改,这一改至少要耗费十年的时间,这个设计是对全世界发布且得了奖的,现在我们把它改掉,不行的。这一搞绝对无法在1991年准时开学,我们俩都沉默了很久。

后来我想,人生不如意的事十之八九。我们遇到的挑战就是如何把坏事变好事。我们怎么样接受这个坏事,把它变成好事?现在的大学里普遍存在的问题就是校内交流非常少,文与理,系与系,院与院都不交叉,连电机跟物理、计算机和数学都很少交流,就因为各个系都在不同的楼里,距离很远。现在科大所有的院系所都在同一个楼里,交叉就容易多了,甚至不可避免了,对不对?这全是我能决定的。所以我就想:第一,图书馆一定要在最漂亮的地方,这个是精神中心,然后,文学院就放在它的旁边……所以我说好,我接受这主楼的设计,想办法从内部布局上,促进学术院系交流,保留一些人文精神。但是教室和实验室必须重新设计。

## "钱教授不签字,不能破土"

华金斯说你请建筑师改,我说我跟他们讲了,他们不理。华金斯问他们为什么不理你,我说,不知道是不是他们有英国人的优越感。他说,应该不会,我说:"我猜也不会,否则你不会去找他们的!但是他们跟我说你才是他们的客户,他们只跟他们的客户沟通,我觉得这个也有道理,否则天下岂不大乱了!"华金斯想了一下,就拿了一张巴掌大的便条纸,写了一条指示:

"No ground breaking without Prof. Chih-Yung Chien's signature."(蓝图没有钱致榕教授的签字,不能破土动工。)

签了字之后就递给我。

我说,这有用吗?他说,我们试试看呗,他拨了一个电话。马会的总裁有权是因为马会有钱,而他管钱,所以不只在港科大的工程,在香港都能呼风唤雨,因为大家都想向马会募钱、拉生意。我估计这张便条,把建筑师的退路堵死了,做到了第四条。下面就是第三条,我得替他们找一条生路!教他们怎么设计一所研究型大学。

我再次拜访了建筑公司,这次他们派车来接我,显然马会和他们已经通过电话,老板和高管都出面,我想,"行了!"他们细看我带来的这张便条,表情很严肃。突然我意识到这张小条子是一把尚方宝剑啊。他问:"你的指示是什么?"我说:"很简单,我们需要办一所一流的研究型大学。"他说:"我们不知道什么叫研究型大学,我们设计的都是这样的。"

我说,那就从这里开始,这样吧,我邀请你们,带你们到欧美跑一趟,看看世界一流的研究型大学是怎么设计的。他们眼睛亮了,但是担心需要层层批准,我说这包在我身上,但是你们别尽拉些大领导来,也不能是小小的绘图员,要实际工作的中层干部五个人。其中一位副总问我他能不能去,我说,你若去的话就占一个名额,但你如果觉得很重要就去,这位副总也是他们的一个股东,负责我们这个项目,后来他一起去了。

## 让建筑设计师和我们同舟共济

这位副总说:"我不知道该找哪些地方考察,即使去了,人家不见得会理我们。"我说:"既然我是客户,这个我来安排。"他问:"去国外参访的开销怎么办?是不是包括在建筑费用里面?"我说:"这钱是小钱。"他还是担心,说:"当然这不是钱的数目问题,可能马会不准我们这么花。"我说:"这是我的问题,我来解决!"他说:"以后一切都听你的了!"

我和他又做了进一步的沟通,我说,我们要在三年之内,也就是最晚要在1991年10月2日开学,到时候需要世界一流的设备全都准备好在学校大楼里面,我不愿意教员来了以后,抱怨说,这个学校的环境不坏,只是当年的设计出了问题——这会影响到你们建筑公司的声誉,我保证学校的建筑上会有牌子挂起来,人家一看牌子就知道,这个建筑经费是谁捐的?马会捐的!这个校园是哪个公司设计的?你们公司设计的!他说,让我想一下要不要挂牌子。我说,没什么好想的,这是表示负责任,另外也表示是感恩。我说:"现在既然我们在一条船上，我的要求你们必须执行，否则不能破土。另外，我们1991年10月2日必须开学。所以你们的问题就是我的问题，否则无法准时开学。你们还有什么问题，一起提出来，我们一起解决。"

好像问题都解决了，可是还得找一根胡萝卜。

我说："我相信你们会信守诺言，负责到底！可是有一点你们要注意到，这个设计必须要满足科大的需要，否则将来你们在香港就不好玩了，生意就完了。我们需要的是空间不能浪费，你必须要按照我们的要求去设计。我也是讲理的，我晓得你们有你们的需求，作为一个有名的建筑公司，你们一定想拿奖，要把它设计得非常漂亮，对不对？我也希望这个建筑完工后能够囊括世界的大奖！我建议我们拿出5%的空间，由你们去做可以得奖的设计，其他的95%必须按照我们的需要，尽你们所能用最经济的方法设计出来，为我们着想，尽量省空间。请不要逼得我不能签字。"

一般做设计项目他们都是默默地在这里搞一点、那里改一点，都是小动作，不如讲明了由他们好好奔着一些大奖去设计。后来我们有了共同努力的方向，双方省了很多精力和时间。

## 带领建筑师见识世界一流研究型大学

紧接着，我又和华金斯见面。他急问："谈得如何？"我说："你的一招很厉害，我相信他们会合作了，但是他们要设计计划书。这应该是麦法诚负责的总务摊子的专长，我拿不出来。"

我问华金斯将军，"你在香港二十年了，马会捐了那么多建筑，你这边是不是可以拿出设计方案来？"华金斯说，他从来没办过研究型大学，他不知道，只有我们才能拿出来！我说，我知道应该是这样，可是我不知道细节，物理系的设计要求我很清楚，生物、化学、工程……我就不清楚了。他说，可以雇用顾问公司研究研究。我说，顾问公司太花钱，还要去招标，太花时间，来不及。

最后我说："我想出一个简单的办法……"他立刻追问："什么办法？"我说：我去联络一些一流的研究型大学，带五个建筑师到美国跑一趟，看一下全世界最好的化学系是怎么设计的，生化系是怎么样的，电机系怎么设计的……"华金斯问我们需要花多少时间，我说估计一周时间可以跑下来，不需要待太久，因为他们都是行家。"一周真做得下来吗？"他问。我说也不能再长，因为要尽量节省时间和精力。

譬如，我们到加州大学伯克利校区，不见校长，直接到化学系去。虽然我事先会跟系主任联系安排，但是我们不跟系主任谈，我们只跟当初负责规划建设实验室的一个老教授，还有跟着他的一个老技工讨论——因为我们知道那个化学系的设备和实验室的细节全是一个老技工从几十年的经验想出来的，我们需要的就是这些实际的经验。他回答："好啊！你需要钱吗？"我说："不需要，只需要你准许他们在这项目里面报账就行了。"他说："这件事情你说了算，到时签字就行。"

就这样我们带着那些建筑师跑了一趟，他们学到很多新的东西，所以很开心。他们终于和我们同舟共济了！这使以后的监督设计的工作简单多了，使我有余力做其他事。

## 系主任必须签字，营缮组长也要签字

当时我反思，这实在不是我的事，我没有时间也没有能力管每一个实验室，而且我这么管的话，别人又会说我怎么什么都管。但是我若不管的话，代价是要我们大家一起去付的。

我把跟马会及建筑公司交涉的结果告诉管行政的副校长麦法诚，他很高兴我统一负责，才能悬崖勒马，并且找到了解决方案。我说，我们学校将派一个人和建筑师们一起跑一趟，麦法诚说我们这里没人懂的，所以不派人。我说，那行，不过有一点，最后这个建筑大楼要定型的时候，你们营缮组组长一定要参与。营缮组是专门管维修这个大楼的。我说马会告诉建筑师，每一张蓝图必须我签字，不签字不能动工，那我会要求每个系主任签字，保证满足设计要求，但是每个系只管内部的设计，外部的不会管，外面的设计我要营缮组长签字。

他说，没问题，就把营缮组长找来，营缮组长说这不是我们的工作，大楼造好以后我们再来帮忙维修。我说我不要这样，麦法诚问，为什么不要？我对营缮组组长说，你这一生当营缮组组长，第一次有机会可以参与决定大楼的外形，你若觉得这堵墙不好，你现在就告诉我，不要将来再告诉我设计不对。他说你真要这么做吗？我说当然，将来墙坏的时候，大家都怪你，不怪设计师了。他说又不是我设计的。我说这可是你批准的，你批准你就得负责。他说不干，就走了。之后我问麦法诚，是不是要另外雇人，他说不要雇人了，这是他刚雇过来的英国人，中国人把他弄掉，不太好。麦法诚要我给他一天的时间去和那组长谈谈。他对组长说，你能做就做，不能做我们立刻重新招标，再去找一个人来。结果他就同意做了。

这个环节确定后就发生功用：起先大楼外墙的瓷砖是小片的，瓷砖坏小小一块就得换，换的工钱不便宜。他建议干脆用大块的，我问用大瓷砖还是大理石，大理石太贵，且大面积被太阳晒会裂。我问用油漆如何，用油漆要看哪面会日晒，所以我们就给营缮组组长三个月时间做实验，向阳的会怎样，背阳的会怎样，都搞清楚了。设计时订好了方案后来维修起来就省事多了，麦法诚就来谢谢我，说他没有想到过这个事，这样一来给他省掉很多头疼的事。我说是啊，第一人力省了，第二将来的预算也省了，第三那位组长也得到很大的成就感，成为创校团队骄傲的一员。后来撒切尔夫人退休后来参观科大，我特地请他带着参观建筑，他还抱了他的女儿一起参观。当初的创校团队，就是这么一个个地凝聚起来的。

## 校长官邸的游泳池

那时，教员和学生宿舍设计都已接近完工。为了多了解设计师的能力和作风，我要求了解一下宿舍的设计。家玮说他负责学生方面的工作，所以我只看了教员宿舍的设计，发现他们的考虑都很合理，我只提醒他们一定要包括计划中的全校光纤网络，光纤一定要铺到每一间学生宿舍和教员宿舍的每一个客厅和书房。他们说已经接到通知，并且开始执行。

临行前，设计公司很得意地要我看一下他们设计的"VC Lodge"（校长官邸）。他给我解释官邸包括主楼、车库、家务团队的空间、贵宾招待所。"还有一个游泳池。"他得意地说。我一听，不妙啊，游泳池在美国70年代很流行，中上阶层人家都在郊区后院有一个游泳池，那成了地位的象征。但是到了八九十年代，大家开始纷纷填掉了。

那年轻设计师忙着解释他的"the pool"的设计。我脱口而出说，那是一只金鱼缸啊。因为那位置很突出，两面是教员宿舍的高楼，夏天闪亮的游泳池自然会吸引高楼里人群的注意，游泳池边的人会很不自在的。不过他们说，校长已经批准了，就没事了，反正以后不方便的话，随时可以填掉。

那次具体的讨论，使我了解了那些建筑师的能力和局限，以及他们职业的坚持和对权力的服从。我的工作就集中在重新设计主楼（学术大楼），必然需要关注这个设计团队的特质。

## 实验室设计的创新

那时有人就讲我接管主楼设计是多管闲事，但我觉得人在其位就得做事，重要的事先做，更何况现在我们终于知道这个实验室要怎么设计，建筑公司终于听从我们了。当然接着的影响也不小，现在每一个系主任都得想怎么样设计才好。其实他们也不知道，一般说来教授们只知道自己要什么东西，要冷水、热水、电解水，要这个要那个，而整个布局配置并不知道，我们就一起思考。那个时候有两三个系主任也一起去美国考察怎么设计，我们一伙八九个人一起跑了一趟，收获非常大。

比如说我们发现通常每一间实验室都太大了。我们一个大学未来的希望都在教员身上，校园的希望在年轻教员身上，今天的年轻人以后必须比今天的正教授强，否则过了二十年这系就完蛋了。因此我们分配资源时也要注意年轻人的需要。一般的年轻的助理教授的实验室一定比正教授要小，有的人根本没有实验室。我们打破这个惯例，大家完全按需要来，基本上平等，毕竟我找到了方法。一个实验室虽然只有大约二十五平方米，实际上它比五十平方米还多，原因是四周全是预置的实验台，中间还有一个实验台，然后上面天花板可以吊平台下来。

我们还学到一个新的办法，就是我们在两排实验室中间加一条很窄的走廊，叫卸载走廊（dirty corridor），所有的仪器设备、供应杂物、煤气、等等，都通过这条走廊直接送到，因为一般情况下都是从前面的门走，要穿过整个实验室，才把东西放下，我们现在就从那一个小门进来，这中间的空间就不需要空出来，不会浪费。这些做法我们想了很多，有些是我自己体会出来的，有些是看到别人做了，就有把握做成的。这样做的好处是将来教员能用的空间比较大，设备比较实用，师生容易出研究成果，而真正受益的是学校和社会。

结果是一平方米的空间可以做两个平方米用。虽然我们经费、空间都有限，只够买一部福特汽车，但是由于千方百计从设计上提高使用效率，外人看到的是劳斯莱斯。

教授们容易出实验成果，学校的学术地位自然上升。所以我觉得教学跟科研的后勤总司令必须是学术副校长，别人都做不到。这之后，我们基本上把学术架构弄起来了，选课标准定出来是通才教育，院系定出来，知道要招聘什么样的人选，经费也已经挣到手了。接着是把建筑设计掌握在我们自己手里，所以我就弄了几个机制，一个系假如有十二个实验室的话，我请系主任去负责设计规划，他可以再发包下去。大部分的教员在这个阶段还没有答应要来，他们会说我只是帮忙的。我说你帮忙也行，将来实验室弄完之后，我会放一个小铜牌子，感谢某某教授设计这个实验室。他说万一我到时候不来怎么办，我说不来也要谢谢你啊。他说我能不能帮你忙，但不要把牌子挂上去。他不想出名，原因是他怕负责任、怕挨骂。我说你多想一下，你看这么多新颖的设计点子，未来的同事一定会感谢你的，不是我。因为你的名字在上面。后来这些系主任个个都来了，这也是一个招兵买马的办法。香港科技大学的师生应该永远感谢科大的创校团队，他们当年的无私奉献造就了后来的科大。我感激他们。

## 工作空间与实验室的安排

建筑外部设计无法更改，内部空间分配设计就得大家一起绞尽脑汁，这是所有研究型大学都会碰到的，尤其是理工科院系，有的教授会没有研究室或两个人共用一间，这是常态。我那时候的决定是，工作空间包括实验室，不管是助理教授还是讲座教授一律平等，不应该有差别。我记得有一次到美国参观,那个学校刚刚盖了一栋六层楼的商学院。院长给我介绍一楼是行政办公室,二楼是教室,三、四、五、六楼分别是助理教授、副教授、正教授、讲座教授的研究室。我和同事们谈了都觉得这是封建制度,绝对不允许在港科大发生!应该学术面前人人平等。并且现实地说,他们那制度,教授们每几年职称升级一次就要搬一层楼,想到就觉得滑稽。

我们觉得长久之计就是每个教员有相等的发言权,每个人都应该有电话、电脑等基本配置,都应该有办公室。有人怕这样的话,我们的空间就不够用。我说设计可以精致一点。先讲办公室,理工科的人都有实验室,他们都希望自己的研究室跟实验室在一起,原因就是研究生都在实验室里面。通常研究生是没有办公室的,我那时候认为博士后就应该有办公室,只要拥有博士学位就有办公室,这是对他的一个尊重,他对自己也会开始尊重起来。

我们办公室的天花板只要三米高就够,实验室则要五米。要求研究室和实验室挨在一起的话,就会浪费了办公室上面两米的空间,基本的造价是跟体积成正比的。所以研究室面积有40%是浪费掉了,因为不需要那么高。室内的冷气跟体积有关系,浪费空间连带浪费能源。还有一点是大楼靠近清水湾是可以看到海的,但房间在楼的另一边的话则是看到公墓之类的景观,到时候大家因为景观会有矛盾,不好。校园应该尽量制造和谐,而不是矛盾。

## 每一个教员研究室都可以看到清水湾

后来我跟建筑师反复地讨论,就想了一个办法。我想把每一立方英寸的空间都好好用上,所以我希望教员们同意把研究室放到一起,把实验室另外放在一起。实验室这边都是五米挑高,研究室那边都是三米挑高，分开来空间浪费就少，将来电费浪费也少，各式各样的维修就容易些。但是很多教员们就是不肯，因为他们习惯放在一起。后来我跟教员们说，所有研究室大概一共七百多个，我们现在有两个选择：我们要是将两者放在一起，实验室跟研究室会都按五米标准来建，有一半的人研究室是没有窗子的，或者有窗子是看山看不到海的；第二个方案是实验室和研究室分开，每个研究室都可以看到海，研究室跟实验室都可以比原来大一两成。我请他们去讨论，结果他们选择了空间大一点的第二个方案。我说，在这个方案之下，我保证每个人的研究室都可以看到清水湾，后来在招聘教授的时候，这就成为我们的一个亮点。

这些事情需要从头开始介入，若是交给总务处，他们很难做到这么专业和具体。通过教授自己的选择，再授权让我们管这件事，才是正途。一个人决定再正确也会挨骂的。教授觉得我们的确在尊重他们的意见，毕竟没有一个大学可以保证每个教员都可以看到海，而我们就做到了。科大从这些具体事情上体现对教授的尊重。

接着谈我们怎么分配空间。第一，我们跑遍全国上百个大学，看到别人做错的地方，尽量避免。第二，从逻辑上去计划，凡是冒烟的实验室（比如化学系、生物系、生化系的实验室，它们都要排气的）都放到顶层去；凡是要跳跳蹦蹦的（比如机械系、土木系有重型机械）都往底层放；其他系就在中间。很多大学的文与理、系与系、院与院都不交叉，因为它们在不同的楼里。现在这些院系所都在同一个楼里，交叉就容易多了。这全是因为我当时运气好，躬逢其盛，才有机会决定的。

## 每个系选择六个邻居促进学术交流

上一章谈到了系和院的安排，文学院与通识教育中心被我们安排在图书馆旁边，因为上通识课大家都要到那儿去。设计师原来把商学院放在文学院和图书馆旁边，我知道商学院的文化和文学院的价值观很不一样。并且预感到商学院未来会扩张，所以我把他们安排在主楼的另一端，以便今后扩张。我们尽量把价值观相近的院放在一起，所以主楼的排序就是：图书馆、通识中心、文学院、理学院、工学院、商学院。这样可以帮助营造一种浓厚的文化氛围，而且每个人的研究室都可以看到海，这样心情就会好很多。

为了提供空间让系所之间能够交叉交流，我就询问每位系主任，你们通常希望跟其他什么系的人互动呢？每位系主任可以列下六个希望邻接的邻居。比如说物理系，希望数学系、生物系、电机系和计算机系在旁边。所以我们就安排上下左右前后的六个邻居排过来，物理系一拐角就是数学系，不需要跑出楼去，也不要担心下雨或晒太阳；他们找电机系只要下一层楼，不需要走好远到别的楼里去，这就促进了沟通。虽有难度，但我硬是做到了。

另外，空间的配置上，我们也嵌入巧思。所有人在大楼里是一个群体，个体便消失了。解决方案是坚持每个学院要自成一个聚落，每个系自成一个聚落。安排在各院系周围的邻居就是他们常常想见的人。每个聚落的区分或是用楼层，或是用位置，还有一个重要的区分标准就是我们墙体的颜色，相邻院系都不一样。人在学校大楼里走着走着，就觉得自己进入所认同的天地了，然后再往前迈一步，又到另外一个系去了，这是非常重要的一项工作。

还有一个问题就是，一旦大家进入研究室，关上门，外面无论发生什么事都不知道。为了解决这个问题，我们就研究大家一般什么时候会出办公室，后来发现有两个原因，一是上洗手间，二是喝水。所以我们所有的长走廊尽量不要有太多弯，要到另一个系就正好转一个弯；并且长走廊不要一样宽。办公室里没有卫生间，想要喝水或者上洗手间就得出来,所以设计把洗手间跟茶水间连在一起。后来有人建议在墙上干脆装个白板,这样比如物理系的教员喝水、喝咖啡碰到了,或许谈着谈着就在墙上画起来了,学生走过的时候觉得也蛮好的。我们尽量想办法把教员从自己的研究室里拉出来,所以以后再有机会设计新的楼就这样做,尽量把大家拉出来促进交流。

大学是个有机体,不断地随着社会需要而变化。我们创校时尽量注意前瞻性,但是硬件的设计很难应付十年或十五年以后的变化。人员的膨胀,不能超过硬件所能负载的极限。当接近这极限之前,校长必须先裁去一些过时的项目,腾出资源供新的项目用;或者事先扩展硬件条件,应付未来。近五十年来,很多大学都不断地在膨胀,可惜很多都违反了这个自然法则,影响了学术的持续发展。

## 差点落空的海景办公室的承诺

必须要提到一件惊险的事,我们答应了每个研究室都能看到海的事,差点没有做到,因为最后发现一个纰漏。

开学前一个月,到了最后验收的时候,建筑师安排了最后一次检查。我说,最后一次我想换个方式,不再检查数据、数字等等。请你带我走一圈,告诉我一路看到什么,或者可以发现新的问题。

我问建筑师,在清水湾大学站下了车以后一路走进学校,一路会看到什么?他说,你会看到一大排大王椰。我说,不对,我要两排的。他回答说:我们试了很久,香港地方太狭窄,没有办法像台湾大学那样放两排树,会太局促,不好看。于是他就设计只种了一排,然后走到前面再种一排凤凰树。因为学生毕业的时候是7月,凤凰树火红花开,象征飞上枝头变凤凰,这些细节之前我们都想到过。然后他告诉我,进了大厅,右转—上楼—到理学院—再转,进入物理系。

我问他如果我从一期教员宿舍开始呢，他说，你可以一路走到主楼底层，然后踏上你当初坚持的Z字形开放式的电扶梯，一直到大厅。一路看到什么？整整五六分钟里，你都会看到美丽的清水湾，这也是你坚持的。是的，我那时坚持，科大的师生将来会很忙碌，但是我们希望他们每天两次在电扶梯上都可以不断地欣赏清水湾，给他们美好的一天。

最后我问他：进了物理系，到了我的研究室坐下来，我可以看到什么？他说：你可以看到蓝天白云。我说，可是我要看到清水湾啊。他说你站起来就可以看到，因为窗子是离地一米四高。我问他：我觉得应该坐着就可以看到清水湾，你能不能把窗子降低五十公分到离地九十公分高？他回答"不行"！我们就这样僵住了。他说因为吴家玮校长三年前在董事会开会的时候，要求每个窗子可以打得开，可是离地九十公分的窗子，一打开人容易掉下去。我说这个很简单，吴校长不是那个意思，不是要方便每个人跳楼，他只是担心空调坏了怎么办，所以要求窗子可以打开，应该设计成不容易打开的，安全就不是问题了。当时我就打了电话给家玮，请他直接和建筑师对话，他急忙说："不用不用，你是常务副校长，你全权处理就好。"所以我只好单独面对。

建筑公司的老板说，你说的也对，可是时间来不及了，如果改的话就不能保证如期开学。我说我们答应了每位教授可以看到海的。他说："That's your problem!"（那是你的问题！）哇！那个英国大老板真是傲慢啊，我好气。我们对教授的神圣承诺，怎么能失信呢？那还说什么尊重教授呢！绝对不行。主管总务的麦法诚很尴尬地站在旁边不说话，我只有单独面对。这样，事情反而简单了。我一生不接受任何威胁，三十年前军长要枪毙我，我都据理力争（见第九章）；三十年后，这个英国佬居然跟我来硬的，事关科大几百位教授的福祉，我们怎么能在最后一刻退让?

正是:初心易得,始终难守;不忘初心,方得始终。

好吧,兵来将挡水来土掩,见招拆招,我就出了个硬招让那个建筑设计公司满足我们的要求。

我静静地宣布说:"我正式宣布这一场会议终止,我们回去!"撤!我跟麦法诚说请你给我们订一千五百个铜牌,弄得漂亮点,每个窗子底下都钉一个牌子,说明感谢某某建筑公司设计这个窗子。说完,我们就起立开始离开。那个英国大老板急着说:"你不能那么做!"我问为什么,他说:"这么做会让我们在香港混不下去!"我说:"That's your problem!"(那是你的问题!)说完转身就走。

回到办公室后,秘书来报告建筑设计公司的老板打来几次电话了,我都说没空。后来麦法诚来跟我说:"他们的确太嚣张了,可是以后第三期工程还是由他们设计,还是不要闹翻,但是如果这次你能给他们一个教训,以后合作会容易多了。"

我想也有道理,就用免提接了那英国老板的电话,他用很开心的口吻说:"嘿,猜猜看,好消息!我们可以为你们降低所有窗子了!你们的教员坐在办公桌前就可以看到清水湾,不需要站起来了!"

他明明知道可以降低的,只是他没想到我知道这些,想偷懒,所以采用"不能保证如期开学"来恐吓我。偏偏我不吃这一套,所以他赶快改。可是他又不肯道歉,又想忽悠我,必须教训他。虽然在香港他们跋扈惯了,但是科大不吃这一套,人人必须守规矩。所以我说:"在之前我们的沟通中,你说服了我,你是对的,现在任何变动都会造成不必要的延期风险。谢谢,我不接受你的变动。"

电话那边突然没有声音,办公室里其他人也都呆了,空气好像冻结了。过了几秒钟的静默,感觉上好像好久,好久,他终于又说话了,语调全变了。"钱教授,这次请你饶了我吧,以后一定听你们的。"我说:"真的吗?那样的话,第三期的教员宿舍厨房里的空调怎么办?"

这件事背后有个故事的。科大一二期教员宿舍的厨房都没有空调。英国人习惯如此,认为厨房和菲佣的小卧房都是菲佣的天下,所以不应该有空调。英国人很习惯,因为他们都用菲佣,自己不进厨房。可是科大的教员都不用菲佣,自己亲自下厨。夏天教员们在厨房里常常满头大汗,三年来总务处交涉了好多次,建筑公司就是不肯做修改。今天他们来求我们了,我必须为科大同人争公道!"没问题。"他爽快地回答。"好,成交!"我说,然后挂了电话。办公室一片欢呼,"我们赢啦!"

其实这些事非常简单,他们是用计算机做图的,朝海(东面)那面的墙都是钢框和玻璃,把设计图往下降五十公分就可以了。但是他们就是不想干,显然那时有些英国人很跋扈,就得有人愿意把这些事当自己的事去和他们力争。当天消息就传开了,总务处一位香港同事特别跑到我办公室说:"中国人打败了英国人!"我说:"不是,不是,只是有人把学校的事情当作自己的事情,据理力争罢了!此例一开,以后科大就靠你们了!"

那天我们各部门的十几人都好开心!科大创校时,坚强的创校团队就是这么克服一个又一个的困难,凝聚起来的。

有人觉得这故事太传奇了。是的,你可以到主楼楼梯间看看。楼梯间有两个窗子,一个几乎在地上,一个在天花板上,都看不见外面,怪怪的。原因是当时他们把楼梯间面海的窗子和其他的窗子一样都降低了五十公分,楼梯间原来设计了可以看到外面的两个窗子,就怪怪的了。不过那个牺牲是小事,要是我事先知道的话,我一定叫他们分开来设计,楼梯间窗户高度都不要降。但是有时候事情也不能管太细,管太细的话,人家要造反的!校长已经在和别人说我管得太多啦!

那时候大家做事虽然忙,却很开心,就是因为我们知道,自己稍微多花点心思，后人就可以享福！我想做校长最重要的就是把工作当作是自己的事业，教育是百年大计，凡事要为一百年后着想，这是一个经验和态度问题。那时候很多创校同人都感染上这个风气，使得很多事变得可能。我非常珍惜和他们并肩努力的快乐时光。

## 营造什么样的校园氛围

接下来是校园的设计。校园非常重要，我认为校园是大学的熔炉，假如希望学生非常西化的话，那校园的布置和建筑就应该是西化的。假如想要学生接受中国文化的影响，那就需要有充分的中国文化氛围。要明澈的就要色彩清雅，要混浊就五彩缤纷……所以那时候我坚持校园的颜色必须要尽量简单。但是设计师最初设计的花园都是玫瑰花园，我直接否决了，这位年轻的（二十八岁）澳大利亚园艺设计专家就很诧异。我说，第一，玫瑰花保养起来非常难，容易长虫，需要喷药，违反环保；第二，玫瑰花跟中国文化没有关系。

他问，你是什么意思。我说二十年之后，学生回想港科大的时候，可能不会记得教授的名字，不会记得校长的名字，但是会记得哪里有一棵树，哪里有一个花园。人们常常是靠这些关联物保持记忆的，如果这些关联物跟原生文化深深相连的话，就容易记住。

比如说杜鹃花，你去看看唐诗宋词，其中有很多杜鹃花的意象。梅花呢，香港太热养不了，可惜了！但是可以种些松树，他说松树不行，因为华南松那时候都生病了。我说没关系，你从澳大利亚引进好了，那里的地理环境和香港差不多，澳大利亚的松树没有病。后来又想到我们爆破岩石造楼时产生很多石壁和碎石，我想那些石壁前面可以种一些竹子，背景会很漂亮。这个计划因为经费问题，耽搁了两年。

一进门来还有一排凤凰树，因为最后学生毕业六七月离校的时候，凤凰树开花是火红的，就在凤凰树底下离开学校，寓意非常好。山坡上满是杜鹃，每年春天校园山坡上应该开满各色的杜鹃花，或许还可以听到歌声：

> 淡淡的三月天，
> 杜鹃花开在山坡上，
> 杜鹃花开在小溪畔，
> 多美丽啊！
> 像村家的小姑娘，
> 像村家的小姑娘！
> 去年村家小姑娘，
> 走在山坡上，
> 跟情郎唱支山歌，
> 摘枝杜鹃花插在头发上。
> 今年村家小姑娘，
> 走向小溪畔，
> 杜鹃花谢了又开呀，
> 记起了战场上的情郎！
> 摘下一枝鲜红的杜鹃，
> 遥向那烽火的天边，
> 哥哥你打胜仗回来，
> 我把杜鹃花插在你的胸前，
> 不再插在自己的头发上！
> …………

香港科技大学，文理工商，既有科技创新，也应该有民族文化！

这个校园，温暖地浸淫着我们，造就未来社会的栋梁！

## 每天走进学术楼都能享受清水湾

另外，还有一点是比较实际的，建筑师问我是要电梯还是电扶梯，我说这个我不懂，我的要求就是任何一个人从他的宿舍里面走到任何一间教室，应该不超过十五分钟。最后就决定，电梯不要太多，要用大量的电扶梯。原来他们设计的扶梯都是上下平行的，而且是封闭式的，在电动扶梯里待十分钟会很难受，于是后来就改成交叉开放式。这样师生上下都可以看到静静的清水湾，心旷神怡。

我要求饭厅放在大楼的最底两层。饭厅里面稍微讲究一点的区域是教员餐厅，教员可以到学生那一区去，但学生不能到教员餐厅。教员那边中间有个大桌子，这样如果校长、院长愿意的话他可以坐大桌子的上座，任何人都可以坐下跟他们交谈吃饭，我觉得这可以是非常好的一个社交机会。教员愿意随时就能跟校长谈，不会感觉只能在电视上看到校长，吃中饭时便可以交流了。后来演变成什么呢？我们刚开学的那一年，到了春天的时候，几乎每个周末都有人在学校里举行婚礼，然后酒席就设置在我们学生餐厅里面，这里就变成了打卡的风景点。如此一来，等于是免费的宣传，招生就不是问题了。

起初那个建筑师对我的各种意见很烦，我让他设想自己是我们的学生，他说他没机会在这里上大学。我就说他会有机会的，开学后我邀请你和所有设计师来，想象那是一个怎样的氛围，想象当你们孩子长大进科大时，享受他们的父辈为他们创造的校园环境。他的想法就开始转变，变成了一种为了梦想而奋斗的状态。人生必须有梦，大学应该是帮助我们做梦、圆梦的地方！

## 最后的浪漫——校董会议厅的设计

谈到清水湾，我们谈的都是师生从里往外看，但是我又想到，从清水湾看校舍怎么样？由于地形的限制，学校的主楼（后来叫"学术大楼"），基本是长长的一个长方盒子，面对山坡，背向清水湾，立在山坡上，相当单调。建筑师有鉴于此，把大楼前面设计成半圆形，环抱着一个圆形广场，广场中间有一个像海鸥的雕塑，后来叫"火鸟"，成了科大的标志，看起来相当怡人。但是面对清水湾那一面，还是高高宽宽的一片平面，相当单调，我曾和设计师提过几次，都没有动静。那时设计师每完成一区的设计，就会邀请我去审查，如果有意见。就讨论、修改，猜想都是由于马会那张"钱教授不签字不能动工"的条子在起作用。

当繁杂的设计工作接近尾声时，很多难题都解决了，他们邀请我去审查校董会议室的设计。我想这是最后机会了。那个会议室在大楼顶层，外面是宽宽的走廊，面对清水湾，整个设计比较高规格，显示校董会在校中的地位。他们着重的是内部设计，我们做了一些简单的修改后，就讨论会议室外的走廊和窗子。我问他们，内观很华丽，外观如何？他们就带我到主楼的模型前，是一个长方盒子面对清水湾，很单调。我问他们如果我们把走廊地板向清水湾突出成渐渐的圆弧状，是不是就可以打破大楼单调的味道（break the monotony）？他们说下面就是校长办公室，突出去会不会破了他的风水？我说校长和我一样是物理学家，不相信风水的。不信你们可以问他。他们还在担心，我说这是设计的最后一部分，应该有些浪漫气氛，比如说，弧形走廊的地毯下，应该是地板，董事会接待嘉宾或校庆酒会时，可以卷起地毯，举行舞会——"Dance into the moonlight over the Clear Water Bay."（在清水湾的月光下翩翩起舞。）他们问我，你跳舞吗？我说不跳，但是持着酒杯，在月光下看别人翩翩起舞也很美，我也可以学李白，邀月共舞，我们做的事大部分是为后人啊。后来他们去问校长，他果然不在意。所以今天如果从清水湾往西看那庞大的学术大楼，不再是一个单调的长方盒子了。

## 完善后勤设备设施

我们的学术架构建起来了，其实后勤还有一些问题需要思考。我们要求教员报到后三个月之内就开始产出研究论文，当然不会是崭新的研究项目，一定是继续原来的题目，同时开创新的。这就意味着他们来的时候办公桌、电话、空调、电脑都要准备好了。先讲电脑，那个时候我在瑞士做实验已经七八年了，我了解到通信非常重要，我们做实验大约十几个组散布在六七个国家一起合作，电话费贵得付不起，都是靠电子邮件。80年代初期的电子邮件还非常简单。我记得我到香港的时候，我是第一个用电子邮件的人，我在电话线上要装一个调制解调器（modem），那个调制解调器是一秒钟一百二十八个波特（baud），是十六个比特（bite），也就是说它一秒钟可以传十六个字节出来，这是当初教授里面的较高标准。调制解调器在普通电话线上无法安装，要申请一条专线，但是我申请了一个月都不下来。后来我去找大东电报局的总裁盖尔先生，跟他要调制解调器数据线。他也没用过这个，但他听我讲完后说送我们一个T1专线，这个问题就解决了（细节稍后再说）。

那个时候我就了解到一点，通信设施很重要，而当时香港的大学落后太多。那时候有一位应用数学专家想要到理学院的数学系应聘，系主任谢定裕不在，让我去跟他谈。我跟他约时间的时候，是他太太接的电话，这位太太约我到美国俱乐部吃饭谈。虽然最后这位先生没有来港科大，那晚他太太的作为给我留下很深的印象，帮我做了一个重要的决定，对科大后来的发展有重要的影响。

她虽然像一位贤妻良母，但同时是一位女强人，很能干，非常聪明。见面的时候她随手带了一个扁扁的东西进来，她说对不起啊，待会她需要接个电话。我们谈了大概一个钟头以后，侍者抱了一座电话机过来（那时候没有手机）说，夫人，你的电话，她就接了。接了后她说对不起，她要去发一个传真。我就看到她把电话线插到那个扁扁的东西里面去，然后两三页传真就出来了。我看她签了字，就又发回去，前后不到一刻钟的时间，她就回来继续吃饭，对他先生说，"买了"。我好奇地问她，买了什么？她说在加拿大买了一个炼钢厂，价钱大约一亿美金。当时我就想，我要那部传真机，插上电话线就能用！所以那个时候我就打定主意要给港科大创校团队每人一部传真机，因为国际电话费太贵了，并且考虑到有时差大家还要凑时间，电子邮件来回联系又太慢，并且不是每个人都用电子邮件。一部两百美金的传真机，每个月可以节省几百元的电话费，大大提高我们的行政效率，节省大家的时间，时间是那时我们最宝贵的资产！

我谈这个故事的原因是觉得后勤非常重要。光谈理念不行，尤其是要跟人交流，要用非凡的手段去找非凡的人，这些有名的专家教授在原来的地方日子过得好好的，凭什么要连根拔起来港科大？我跟人家说是因为我们可以一起做出事来，但我怎么知道我们不会做错事啊？跟他们吹牛是没有用的，但如果他们人还没来，就告诉他们我们准备好了这些标配东西，那没问题，他们会来的。假如这样他们还不来，我就告诉他们来了以后，我给他们换新的，给他们创造便利，让他们感觉到。重要的是我们把事情办好，其他都是次要的。

自从我刚到香港和中大校长、也是光纤发明人高锟一席谈以后，我就决定光纤是未来的方向，科大一定要成为世界第一个全光纤的大学校园。香港电讯决定送我们一条T1专线以后，我进一步决定，全光纤网络及配套的电脑系统，应该是建筑设计的一部分。我向吴家玮提到这事，他说只要钱够，他很赞成，因为那时他刚开始募款行动，需要很多科大的亮点。这一个亮点，一定很惊人。

教育是百年大计，一定要考虑永续发展。所以当时还有一个很重要的决定，就是所有的电缆都走明线，不埋在墙里，可以随时换、随时改装。一般都把线放在天花板的上面，每次要改装时，把天花板的塑料板拿下来。塑料板拿上拿下两三次以后就容易破损。

聘人的过程是持续不断的，教授的需求就会不断地变化，令人愈发体会到后勤的重要性。前面说过，后勤是从设计实验室、教室开始的，我靠一点运气跟华金斯将军把其中的关节打通了，结果后来他还感谢我，因为之前很多人警告他设计要出问题的。他说他是管赛马、管拨款的，不知道一所研究型大学该如何设计。所以我一跟他讲设计的重要性，他就开个条子把权力交给我了。后来我向董事会汇报这件事，董事们没想到马会把这个权力交给我们！建筑师一向是很少听客户意见的，他们想得奖，我就干脆跟他们挑明了事，大家都往共同利益出发，就好办了。

这些事必须早做，像建筑设计之类的事情就必须提前介入，等教授都到校时就太晚了。同时我们在找人的时候，能够为他们提供什么样的设备，心里得有数，做不到的事是不能答应的，最好做得比我们答应的要多才行。最好是当所有教员来的时候，图书馆已经在运转了，图书目录已经做好了，书都到位了。每个人进入学校的时候电话已经通了，空调装好了，连电脑都给他装好了，一切就绪。大家来的时候就会是一种不同的气氛。我们说话必须算话，一定要高效率。1991年10月2日开学的时候，大家都可以开始工作，而不是再延迟两三个月或一年之后。

## 撒切尔夫人访问科大校园

1991年9月,港英当局传来消息,"铁娘子"撒切尔夫人想访问科大,这掀起一番讨论。她叱咤风云,当了十二年英国首相后,刚刚卸任。港英当局、校董会及英侨自然都非常欢迎。但我们那时已进入最后三十天的冲刺,学生还没有到校,教授们正在日夜赶工准备10月2日开学,实在忙不过来。所以最终决定由校董会主席钟士元、校长吴家玮、总务副校长麦法诚和我,以及四大中心(图书、计算机/网络、仪器及教学服务)的主任们陪同,带她参观校舍及教学研究设备,以节省教授们的时间。

9月14日,开学前半个月,撒切尔夫人在一位英国官员及一位扈从的陪同下,到了清水湾科大校园,由钟士元、吴家玮、麦法诚和我陪着她在刚落成的校舍走了一段,然后由图书馆馆长周敏民带她坐在电脑前看我们刚装好的电子图书档,以及世界第一个汉字检目系统;由计算机中心主任艾伟林(Max Ivey)演示我们全校的光纤网络,以及通过当时大学独有的T1专线迅速接通世界各地。撒切尔夫人兴冲冲地坐下来——亲自操作,不断地说:"Wonderful, wonderful!"(真美妙,真美妙!)

最后我们带她看校园建筑模型,指出滨海的学生和教员宿舍。她特别问教员住哪里,我指出面海的几栋楼,她问,每位教授都有吗?我说自然!猜想伦敦的公寓又贵又挤,更不可能临海,所以她眼睛瞪得大大地说,那我也来教书!钟士元爵士立刻说,欢迎,欢迎!

当时我一再向新报到的教授强调,所有老师教学工作量均等,每人都必须教课。我一时兴起就问她,你想教什么课呢?她说,我也要教课啊!我说,是啊,我们每人都要教课!我想,她来了如果能教一门她和里根联手扶持的"新自由主义经济",一定会大受欢迎,因为那些政策，对世界影响不小啊！

那次访问，大家都笑得很开心。虽然后来她没来科大加盟，但是"在港科大每一位教授都必须等量教课，连首相也不例外"的原则却不胫而走，建立起声誉来了。后来很多自称"研究型大学"的学校都忽略了本科生教育的重要，造成大量教师竞相研究、逃避教课的现象，严重影响大学的第一要务：人才培养。科大建校时创校团队树立并坚持这一原则，使教学和科研同时受到重视，免去了很多困扰，学校得以不断地平稳发展。

行政是大学的肢体，为了支持教学跟科研的工作，我们需要四个大的服务中心，下面一章我们将谈四个服务中心的创建，以及这四个团队的惊人表现。

# 第四章　提前建好四大学术服务中心

在我们决定了院系设置——四院十七系和他们各自的任务时，就以为可以进行延聘教授的工作。我们要求他们注重教学，同时做一流的研究。希望他们的教学和研究工作能够迅速地顺利展开，使他们能安心留在香港，并且造成一个正循环，吸引更多的一流学者逆流到香港科技大学。

很快地，我们就了解到，巧妇难为无米之炊，要推动未来科大一流教授的教研工作，必须先建立一流的设备：图书馆、网络与计算中心、实验设备和教学技术服务。一般新的大学都以为它们属于后勤工作，开始时都把精力集中在延聘一流学者。但我注意到即使是名校，费九牛二虎之力挖到一流学者以后，这些学者常常几年后就默默离开，原因都在于研究工作难以展开，为了学术生存和自尊，必须另寻良栖。学者要找在他的学术方向有更好助力的图书馆、网络、计算机和实验设备及教学设备（见第九章）。因为这常是高校的软肋，容易忽略，所以我把它在书里的位置提前到这一章。

创校工作一定非常忙碌，容易有找近路的冲动，但是一定要铭记"持续发展"。大家都知道聘请一流人才很难。他们上任后，如果工作能顺利展开，甚至比他们在原来的学校还顺利，并且学校气氛很好，自然会开心留下，还会帮助找下一批教授，以后聘人工作就会慢慢顺利起来。这将是一个长期的努力。坚持十年二十年，可以奠定下来一所一流大学的良好基础。相反地，如果开学后，他们的工作迟迟不能展开，自然会考虑更合适的地方，以后招聘一流人才的工作，就越来越难。这是很多新的大学轰轰烈烈开学后，很快遇到发展瓶颈的重要原因。

学术后勤建设极其重要但是比较繁琐。一般学校都是对已有数十年甚至百年的建筑和设备修修补补，有上千的教授支援，所以时间压力不太大。但是只有几十位教员却要在三年之内完成十五年的创校工作，情况就大不相同。最后这些工作自然就落在学术副校长身上，如兼任华中工学院（现华中科技大学）院长的朱九思所说的，这个职务就是"教学与科研的后勤司令"。

## 做好教学与科研的后勤司令

这件事情做起来以后，我们体认到校长们自身应该是教授，能够共情教授们教学和科研的需要，而不是专业的行政官僚。校长们的工作要精细全面，包括要提供一个合理的校舍，以及建设图书馆、教员的办公室，还有研究设施的配备——它的布局都得事先思考好。当时由于香港没有创办研究型大学的经验，实际世界上很少有人有创办一所研究型大学的经验，所以一切都是由我们自己思考，因此我们创校的几位教员在各方面参与很多。

家玮很快也意识到了这个问题的严重性：问题就在如何避免重蹈覆辙。在观察几百间的大学时，我发现这不是一个简单的后勤问题，名校都能利用科技发展积极提供教授一流的"后勤服务"。然后重点当然就是：谁负责？不用说，这是校内事务，所以是我的工作。很快我体会到作为学术副校长，我必须挑起"教研后勤司令"的担子，尽快为科大建立一流的图书馆、网络与计算机中心、实验设备和教学技术服务中心。由于四大中心牵涉硬件的设计和硬件的购买，需要一两年的时间，所以决定尽快聘请有成功经验的人来创立世界级的服务中心，我们预料中心主任大概要到港外去找，并且多半不是华裔。我们希望他们在三五年内培养出本地的接班人以保证服务在地化。否则延聘的工作难以展开，即使来了也很容易离开，下面我按时间顺序解释一下。

## 全光纤网络和电脑的校园

首先谈计算机和网络。我是做高能物理研究的，我们对计算机和通信方面的技术特别敏感，我们现在上网输入网址的时候，前面的 www 是 World Wide Web 的缩写，这是怎么来的呢？当时高能物理欧洲中心（CERN）有一位博士后，是从美国一所大学应聘去的，我们那时候有十几个组一起写论文，大家都得互相校阅，寄来寄去的时间吃不消。后来就用电子邮件，但是电子邮件的通信发表并不是每个人会用，所以大家根本不用。于是这位博士后就用互联网设立了一个网页，我们上网以后就可以看到大家的论文，不满意的话就在那上面改，不需要寄来寄去了，基本上我们十几个组一起写文章，你写第一章，我写第二章，他写第三章……规定好五天之内，把每个人写的一章放到网页上去，然后在三天之内有意见的人就必须上网表达或修改。由一个人总管，一个礼拜下来初稿就定了。总管建议哪些要改的、哪些要加的再发出去，这就是互联网的来源，是我们合作的博士后设计的，可是我们这些书呆子，当时没有申请专利呀，要是申请 www 专利，大家每次使用得交一分钱，我们可都早发达了，现在都可以退休了，或者可以支持高能物理欧洲中心运转呢！总之，1988 年我到科大时，就决定我们必须从头就使用现代网络，怎么做？

大学教员几乎每人的办公室都有电脑，通常是由个人研究经费或系里分别买的,所以品牌不一、软件不齐,一出问题就要困扰几天。我估计创校期间,每个人都需要电脑,多半是用各级学校经费,那不如就由学校统筹购买,一方面可以因为采购量大而大打折扣,另一方面可以为教员们省下大量时间,那可是最宝贵的资产!我决定把光纤网络和电脑的重要性提升到基建的地位,在设计主楼时就考虑进去,而不是后来再添添补补。

## 计算机中心主任艾伟林的任务

从前我在约翰斯·霍普金斯大学的时候,曾经建议校长把图书馆、全校计算机中心跟网络通信都交给一个人统一管理。因为那个时候学校的计算机中心经常跟图书馆起冲突,图书馆想要数据化的信息,计算机中心也要;有时候把经费拨给了图书馆,图书馆不会运作,还是要找计算机中心;同事间竞争使用网络,原来都是通过用电话线,后来发现电话线不够了,开始有了专门的网络。我那时候就想把这三个单位放到一起,由一个人当家,就不会再吵了。

到港科大时我考虑过这么做,后来发现:第一我这个想法的每一个环节都是别人没做过的,风险太大了;第二我到科大的时候,人事部已经通过登报招聘,聘了计算机中心主任艾伟林,他的英文全名是 Max William Ivey,平常大家叫他麦克斯(Max)。因为已经确定了计算机中心主任,我想退而求其次,让网络通信中心和计算机中心联合也行。艾伟林的经历很好,当过美国一个州立大学的教授和计算机中心主任,但是他的能力和视野我就一无所知。校长招聘后,计算机中心由我负责,我决定先跟他谈一下,只要这个人可以,就好好待他、给他挑战。

艾伟林是一个一米八的大个子。见面时,我说把图书馆交给他,他问为什么，我说图书馆要跟你抢经费的，他说他不怕。我虽然有点开玩笑，但是我知道艾伟林对图书馆完全没兴趣，逼他管图书馆一定不行。于是我说，我把网络跟计算机中心都交给你。他说，太好了，你给我多少钱？我回答他，不要谈钱，最重要是把事做成，你应该问的是你要我做什么事！我的一个理想就是这所大学盖好后，要比你在美国待过的任何大学都要现代化。艾伟林不是出自常春藤盟校，但是他的视野很广。他问我要多好，我说要比密歇根大学的设备好，他眼睛就亮了。我说这还不够，我们要做得比麻省理工学院还要好。他问我们怎么做，我说好处是我们从头开始，像现在的麻省理工学院要把这三个单位合并起来是做不到的，但是现在我就能把科大的网络通信中心跟计算机中心交给你了，我要把全校的电脑都交给你管。他说不行，电脑都是个人自己买的。我说他们用系里、院里或所里的钱买电脑，最后这些钱都问我要，结果每个人买不同的牌子，你没有办法管他们买什么，但是电脑坏的时候都来找你。我现在作为副校长，决定给每一位教员配一个电脑，由你统筹规划执行。

他说每个人的需求不一样。我说，没关系，现在最简单的电脑是什么？他说是286电脑。我说行，给每个职员和文学院每位教员一台286电脑，理学院的是386电脑，工学院的是486电脑，然后你想办法把586电脑也弄来。他说586电脑还没出来呢，我说我们直接找IBM谈去，追踪他们的研发。他说286电脑很快就会落伍的。我说没关系，当我给教员这个电脑的时候，我告诉他们这是借给他们的。我给中文系配的是286，过些时候386的价钱会降下来，我买一大批386给他们，把286收回来，因为这都是学校名下的财产。电脑上面安装的软件很复杂，软件的维护是计算机中心的责任，所以把你装的所有软件放在一个档案夹里，他们自己所有的软件放在另一个档案夹里，你维修时就把那两个档案夹一复制就完事。同时你也要为每一个电脑自动备份，因为一般的教授从不备份，出了问题，还是要找你帮忙。你要替大家省去这些烦恼，使教授们能多花时间在教学和科研上。

我们的职员会越来越多，给他们每人配备一台286电脑，取代他们日常用的中英文打字机，以后我们不再买打字机，用打字机打出来的文件我拒收。因为我到港科大以后，发现每一个月我们办公室都需要买一个大档案柜才装得下所有的文件，单是我的办公室就已经是这样了，全校都这样还了得！我说以后科大要完全数字化办公，你要先做准备。他问中文怎么办，我说台湾有倚天中文输入，他说打字员不会，我说我来教。其实我也不会。他觉得如此一来网络都要连起来，我说是呀，这是你的任务之一。

他要我告诉他：什么时候来多少人？需要多少电脑？我说你问人事部要每三个月预期来科大报到的教员和职员的人数，用那些数据，拟出一个招标的表单，比如每三个月，我们需要多少286、386和486。586刚刚出来价钱太贵了，暂时不要买，其他这些都采购。内存、硬盘都用最大的，还有软件等等，都用最新的。电脑招标的事，就派他出去估价。我提醒他告诉厂商我们将不断大量购买，等于是他们免费的广告，所以一定要让厂家大打折扣，否则免谈。他说："You are tough（你好狠啊）！"我说："不狠钱就不够用啦。"

艾伟林问到最后286会过时怎么办，我说没有关系，我们把它们捐到中学去。当很多中学都知道科大，我们的生源就不成问题了。他很佩服这些后续问题我全都想过了，我说我在全世界大学和实验室搞了三十年，看到想到的都很多，不过细节得让他自己去想。这种精神使得我们做事快又准。

我要他两个礼拜做出两件事来，一件事是设计全校的网络；另一件事是连带的电脑系统。他说，行，把建筑设计蓝图给他，他就按照设计方向设计。我说，你把网络设计好了，我就将这个网络设计图交给建筑设计师，让他们按照这个方案去设计每间房间，否则将来到处打洞不行的。他说没有这种设计方法的，我说现在有了！从来没有人要在三年里设计一所研究型大学，我们分秒必争！我说，你行不行？他说当然行，我说那就好。他又问要是他不行怎么办，我说我就另外找人啊，他立刻说："我来做！我来做！"

然后他问，网络，你是指铜线的网络吧？我说不是，我要光纤。但光纤很贵呀！我说从头就装的话就不贵，房子造好以后再到处打洞就贵，因为那样就得到处是接头，贵就贵在接头。他说经费没把握。我说经费我负责，你不必管。到时候不够怎么办？我说一定够！他说，你怎么知道？我说专家告诉我的。他说据他所知这方面还没有专家，我说你错了。他问谁告诉我的，我说是当时中文大学的校长高锟告诉我的。他又问谁是高锟，我说他是发明光纤的人，而且迟早他会因为光纤拿到诺贝尔奖的。

## 高锟的校园全光纤建议

我到港科大的时候，高锟刚好到港中大当校长，他也刚上任。我那时跑到中大去请教马临的办校经验，他那时候刚从中大的校长职位上卸任下来（马临的接任者是高锟）。但是马临什么都不肯说。他说新校长上任了，因此他绝不在学校发言。这点我学到了，退就是退，不要再指手画脚。

高锟刚到香港，还住在旅馆里。有一天他的秘书跟我说高锟想找我，我就打电话到他住处，接电话的是他的一个用人。用人讲广东话，不会英文也不会普通话。我会英文和普通话但是不会广东话。为了让高锟知道我打过电话给他，知道我已经来香港了，我只有用蹩脚的广东话，不断重复"科技大学钱先生、科技大学钱先生"，等到用人听懂了，让她再重复一遍，然后我就挂了。过了二十分钟高锟果然打电话来，问我是不是给他打过电话。我开玩笑说没有啊，他说那个用人一直重复"科技大学钱先生"。我们俩哈哈大笑着开始了一个影响深远的谈话。

后来我们见面了，我请教他中大的办学理念，他就问我大学怎么办。他说他没当过校长，并且没教过书，他只知道光纤。我问现在设计网络要注意什么，他说出去的这条线路要够宽，我问T1专线够不够，他说够了，这是五角大楼的两倍，可能你付不起钱就是了。我说那我得想办法了，我没告诉他大东电报局给了我们T1专线。我问光纤是不是很贵，他说不贵啊，塑胶材料比铜便宜多了，按每公里计算的话，光纤比铜要便宜很多，不同的是光纤接起来难，如果事先都设计定好的话，光纤跟铜是一样，价钱差不多；如果是后改造的话，可贵了！然后他说按房间大小，大的就装两条，再大装三条。所以跟他聊了半天，我学到这一件事，因而造就了科大成为世界上第一个校园全光纤的大学。

这是我告诉艾伟林高锟发明了光纤的来由。1991年全中国用光纤的就是港科大这一个学校。而且是内建的，直接到每一个插口。网络的速度是被较慢的室内的铜线限制的。港科大的光纤直接内建在大楼墙里面，光纤速度不受限制，网络速度就大大提高。其实我们的教员不一定知道这件事，因为一般人不需要那么快的网络，但计算机中心是知道的。后来我们用那条T1专线去开一个Wi-Fi公司，带动了香港的Wi-Fi企业，是计算机系的人去设立的。

说完了光纤网络的计划，我对艾伟林说，你就来三年，如果把别人做不到的事做成了，也是一生的一件得意事。他点头说："Damn it! Let's do it!"（他妈的，我们就这么干！）美国人遇到重大决定时，常会用点粗话以强调决心。那时也突然会叫上司作"Boss"以加强语气，我和三个中心的美国主任谈话时，常常遇到类似情况。

他问，这两个礼拜之内要把光纤都设计出来，你的要求是什么？我说，要求很简单，要求光纤要到每个学生的宿舍。不要管贵不贵，要看那间宿舍里面有几张床位，一个床位就一间装两条，因为将来宿舍很可能不够用，就会变成两个人一室。四个床位的话就四条。教员宿舍，每个公寓装两条，一条在客厅，一条在书房。他问，书房那条是不是可以简单一点？我说，不行，客厅的那条是看电视用的。书房那条要更快，教员就不需要到图书馆查资料，这样图书馆的空间可以省下来。

他又问，我图书馆的藏书怎么办，我说，图书馆的书一半是数据库。所以在设计网络的时候，必须要想到这个负载量非常大。他说，我们学校的线不够会很忙，他要回去计算一下。我说，别算了，我给你半条 T1 专线怎么样？他很吃惊，说你知不知道半条 T1 专线是什么意思，我说，我知道呀，是美国五角大楼的总通量呀！他问，你有把握一定拿到吗？我说只要大东电报局（后改名为香港电讯）不倒，我就拿得到。他说万一他们换了老板怎么办，我说没有关系，我们注意到，大东电报局最近装了三条海底电缆，为什么呢？装三条跟装一条的费用差不多，他们料到一条不够用，并且万一一条受损怎么办？他们就三条一起放，目前线的流量都是空的，所以一定会有的。他说那以后我们可以做很多事。我说是的，不过这两件事得先做好。还有一点我要告诉大家，这是他想出来的主意，假如出了问题人家会怪他的。讨论完，艾伟林就匆忙去设计了。

## 做别人没有做过的事是我们的特权

不久后我跟艾伟林说，你回美国去，他说我才刚来啊，我说不是让你搬家，你出差去。我给了他十个学校的名单，叫他去看看这些学校是怎么建设这些网络电脑的设施。他说他去看看硬件，我说硬件你不必看，那些我都知道，毕竟我们硬件出来会比他们精彩！你要看也行，但我更想要你去看、去问他们，他们记账的软件是什么。他不明白，为什么要这个记账软件。我说我们到这里创立一个新的学校，总督告诉我们经费已经筹好了，不会非常多，不过，一定够用。外面谣传我们钱特别多，乱花钱，所以我一定要保证两件事：第一，钱绝对不乱花，雇人去监视是没有用的，我自己宏观上必须知道每项支出是怎么样的；第二，钱也不能花得太慢，年终钱花不掉就很麻烦，因为花钱的速度常常跟做事的速度有关系。我没有办法管每个人做了多少事，但是我从他们花的钱上可以看出工作进度。

全校每一个预算单位（副校长办公室、院、系、中心）都有一个账号，每周六下午我都能看到每个预算单位花了多少钱、进度如何。后来证明通过这种流程，全校的各级部门就开始谨慎起来。因为我知道的东西比他们多，经费使用和进度就这样控制住了。

他说，这种软件都是我们自己编写的，我来帮你编。我说，我不要，不但不要，而且我不准你编。他问为什么，我说我在美国教书已经二十多年了，他们都说自己编程，结果软件专家从来没有准时交过软件。交上来的软件里面有不满意的地方叫他们改，改的截止日期如果是六个月，结果六年也改不出来。我吸取的教训就是要去买已经做好的通用的软件，虽然较贵，但是节省大家宝贵的时间。他说这个东西是要按会计程序编的，你把会计程序给我，我就去找。我说不要，因为那又是一个老的办法，记住，我们现在是新创一个学校，全世界没做过的，这是我们的特权，不用这个特权的话，就辜负了自己的一生。

他没明白我什么意思。我说你去问一下，我给你的十个学校名单里面，假如有三四个学校，都使用同一个软件的话，就表示这个软件蛮合理的，比如加州大学伯克利校区使用这个软件的话，就用伯克利的，最糟糕的情况也不过像伯克利那样，没关系啊！并且如果两三个学校用同一个软件的话，它们的会计程序一定很接近，你用逆向工程（reverse engineering）的手法，把里面会计程序给推导出来，那就是香港科技大学将来的会计程序，你就买回来。他说从来没人那样做的，我说没人这么做过是因为他们从来没有机会从头开始，我给你机会试试，你敢试吗？他一听可来劲了，说这个价钱可能会很贵，我说没有关系，花二十万美金总够了吧！他说那倒不至于。我说是啊，不过记得要好好地杀价，从对折谈起，因为如果好用，我们将是他们在亚洲地区的免费广告。他说那又是没人做过的。我说对啦，如果一切跟别人走，我们怎么可能在三年内破世界纪录？

他说这个工作跟他原来做过和想象的很不一样，处处是挑战，不过他喜欢。我问他，到底敢不敢？他说，敢！我问他，有没有把握？他说，没有绝对把握，因为这些事没人做过。我建议他把这工作看作是一生空前的挑战，尽力而为。遇到困难随时商量办法，做成了是他的业绩，失败了我负责，因为是我定的目标，并且是我交给他做的。他很严肃地盯着我说："Yes, Boss!"那时，我知道我们找对人了。那两次谈话就奠定下以后三年的合作基调：忙碌、紧张、有成就感！

我还要求艾伟林一件事，我授权他到美国的时候，物色一位副手回来。目的是要同时训练三个香港本地的副手，为什么呢？他契约签的是三年，三年之后他留下来我欢迎，他要是另有高就或者因为什么原因必须离开的话，这三个香港的副手当中至少有一位可以接任。我说假如你需要带他们到国外去看看也行，最重要的是把他们的视野打开。他说他不知道这边的人能力怎么样，我说我相信香港人能力一定比他在美国雇的人要强。这些人聪明又努力，而且这里的待遇不坏，所以找的人一定很强，只不过他们的视野不够，特别是他们也像你一样，经常认为这个不可能那个不可能，你就是要把他们的原动力激发出来。港科大不能在三十年以后，还是由美国人当计算机中心主任，若是，我们就失败了。

## 一流的图书馆需要数字化与中文编目

去香港之前，我在霍普金斯大学教书将近二十年。每个大学图书馆都有咨询委员会，我是霍大图书馆五六个委员之一，因而和馆长很熟，经常见面聊天。后来她接任美国图书馆协会会长，对研究型大学图书馆很熟悉。所以关于图书馆的事，我跟她请教了很多。我问她现在最头疼的问题是什么，她说旧书没地方放。那为什么不造个新的书库呢？原因是没地方，而且造不起。她说造书库比造工厂还贵，原因是它需要承重非常大，这是第一个问题；第二个问题是找人，好的图书馆馆员不容易找到，编目总是人手短缺。我问她，一本书编目要花多少成本？她计算了一年员工的薪水多少、搬运费是多少、编书数目费是多少，算下来编目一本书将近六十美元，远贵于书价。图书经费永远不够，而且期刊越来越贵……累积了一大堆的问题。后来港科大建立图书馆，我请她给些建议，她建议我最好买电子书，不过电子书非常贵。还有就是阅览室不用那么大，阅览室太大，只有大考的几天坐满，平常时间都是空的。我对她说我们港科大的目标是要成立一个现代化的图书馆，她问我，怎么定义现代化？我说要能够用现代科技满足现代教员跟学生的需要。她说那这样就必须要找一位一流的馆长，尽量用电脑，尽量数字化，阅读室空间可以少，书库可以减少，但目录卡占非常多空间，最好用电脑检目。我说我要中文的目录，她说目前世界上还没有。我问有没有公司在试，她听说有公司在试，但最后都是因为没有足够的钱研发而停止了。我和美国国会图书馆、斯坦福大学胡佛图书馆及哈佛大学图书馆的朋友们谈，结论都差不多。听完我心里就有数，一个现代化的图书馆应该怎么样。

那个时候我在美国找人，收到港科大图书馆馆长遴选委员会的一个会议记录。因为科大全世界登报招聘，他们审查了应聘者的书面资料，发现有几个人"合格"，就讨论是否聘任其中最佳一人。我仔细看了一下那个人的资料，觉得不太对劲。他来自美国南部一个比较小的州立学校，我和他电话上长谈了一次。他那个学校人数不多，大约有一万个学生。谈到最后我说可能要请他到香港面谈，才发现他没有护照，这表示他从未离开过美国，很难有国际视野。其他的一些信息也显示他可能缺乏足够的见识和阅历，难以胜任到香港创立一个一流的现代化的图书馆。所以我立刻告诉人事部稍缓，我们需要主动出击，看看是否可以找到更多的候选人。

## 延请图书馆馆长周敏民

在拜访张信刚、邀请他担任工学院院长一职的交涉过程中，我注意到他的夫人周敏民，她是加州理工学院图书馆的副馆长。敏民话不太多，我跟她聊天，发现她很优秀，聪明且文化底蕴深厚。她在加州理工学院图书馆当副馆长将近十年，在那之前也是另外一个学校的图书馆副馆长。在美国名校里，长聘教授的位置竞争激烈，从拿到博士，经过博士后研究阶段、到成为助理教授、副教授，再到升至正教授，常常要换好几个学校，在夫妻都外出工作的家庭里，一般都是妻子跟着丈夫跑，于是女性的职业生涯常常受到影响。我猜想她做了快二十年的副馆长，可能就是这个原因。

后来我跟敏民单独谈了一两个钟头，我了解了她在图书馆做了哪些特别的事，每件都很精彩。我坦白地和她说，我们都是五十岁的人了,我注意到你已经当了二十年副馆长,你此生想不想当馆长?虽然张信刚还没告诉我他去不去,可是科大图书馆馆长的招聘已经到了最后阶段,我们决心办一个一流的现代化大学图书馆,你有没有兴趣?她直率地说,她有兴趣,希望被考虑。她当下就给了我三个名字和电话,这三个人都是和加州理工学院地位差不多的名校的常务副校长。那天我在丹佛转机去安娜堡时,有两个小时空档,就跟这三位副校长分别打了电话,他们对她是一致地推崇。我问他们愿不愿意替她写推荐信,回答都愿意,我希望他们立刻写,因为当天晚上我会到巴尔的摩,两天内就要决定最后几位图书馆馆长候选人的人选。那天晚上等我飞到巴尔的摩的时候,居然三封信都到了。我立刻告诉香港那边我们多了一位候选人,安排会议做最后的审查。

当晚我和家玮通了电话,告诉他关于和张信刚会谈几天的结果,及意外发现了周敏民。他非常高兴,催我立刻行动。当晚我发了一个传真给张信刚,同时发给周敏民,大概说明港科大条件如何,请他们考虑。如果接受,我们就开始走下一步流程。第三天敏民就回复她愿意,张信刚却没消息。我问敏民,信刚怎么办?她说:"那是他的问题,我不管了。"那时候我判断敏民一定会去香港,信刚大概也会去,不过决定会晚一点。(信刚后来又谈了一两个月。最后他也答应了担任工学院院长,我们都很高兴,董事会的压力解除一些了,接着只剩商学院院长,那是后话。)那时董事会的聘任委员会已经完成了初选手续,遴选委员会邀请周敏民和另一位申请人到港科大面谈。一致决定选周敏民为科大图书馆创馆馆长。仅仅一周,我们找到了一位理想的图书馆馆长,有时候找人会碰到意外的收获!正是:有心栽花花不开,无意插柳柳成荫。

第二天,敏民要回加州理工学院,我也要去北加州继续聘任的工作。我建议她立刻开始创办工作,她也表示有好多问题需要问我。我建议我们同机去加州,可以有十二小时回答她的问题。在飞机上她就问我,你给我多少经费?我说我不知道。我问她需要多少人,她说我们刚开始只有七百个学生,不能雇太多人。等五年后规模达到七千个学生时,才能雇满员工名额。我说我们一开始就要有五十万本藏书的话,你要多久可以拿出来?她说人手不够。我说,这样吧,你一开始就按七千个学生规模算,不是七百个学生。

在一年之内把那么多书的编目编出来当然是做不到的,我说你就把七千个学生需要的目录先做了,图书馆是要先行的。有一百万本书的图书馆通常是用几十年到将近百年的时间,每年就编那么几本书。我就告诉她,我已经跟港中大达成共识,如果出现漏掉的书,只要中大图书馆有的,他们二十四小时之内传真给我。她很诧异中大怎么会同意的,我说我们创办新的学校是知识分子的一个梦,大家都愿意帮忙的。

这里有一个小插曲。当我刚到香港各地拜山时,我拜访港中大图书馆,请教了颜达威馆长,他特别请我到马会去吃饭。过了两天他到我办公室来回访,那天我和秘书正要吃麦当劳套餐,给他多买了一份,两个人就坐到我办公室吃午餐。他大笑说,人家都说科大有钱,没想到你们要这么省钱!我说这是省时间。就这样我们把买书借书等事宜都谈妥了,颜馆长说电子书、期刊的钱很贵,我说没关系,科大必须有现代化图书馆,钱从别的地方去省下来。他大笑说:"所以我的马会午餐就变成麦当劳了!"我说:"等开学时,我们还是没钱,不能去马会餐厅,不过我在面向清水湾的教员餐厅专门请你!"那时候我们创办科大的崇高理想,感动了自己,也感动了好多不认得的新朋友。结果到1991年开学时,比较忙乱,我没有践约请颜馆长吃饭,希望以后还有机会。

## 充分利用科技设计典范现代化图书馆

周敏民问图书馆要多少台电脑，我说不要多，我会在每个教员的办公室安装电脑，所以他们不一定到图书馆来，教员宿舍客厅书房都有光纤网络，自己接上电脑就行了。她问学生呢，我说学生每个人在宿舍都有自己的光纤接口。所以你就要想一下，因为条件提供得不一样，这个图书馆跟一般在美国大学图书馆很不一样，有不同的要求，需要从头思考，因为无前例可循。

我向敏民介绍我对图书馆设计的想法和要求。我觉得图书馆是全校的精神中心，要放在一进校门就能看到的最佳地点，图书馆大楼的窗子是四层高，并且风景最好，抬头就是美丽的清水湾。为了节能减碳，把它放在学术大楼最北端，减低日晒。它的旁边是文学院和通识教育中心，再往南是理学院、工学院，商学院在大楼最南端。我认为科大图书馆从头做起，我们要把握机会，打破一切老的限制，利用现代科技把科大图书馆打造成一个前所未有的现代化的图书馆，并且做整个亚洲的模范。

图书馆的光线很好，外面有几层防热涂层的玻璃，因为面对清水湾，而且一般人也不会去图书馆坐着，所以安排的座位不多。我们书库面积小，设计就跟一般的图书馆不太一样。一般设计往往规定一个学生要有多少面积的阅览室和书库，这些我们全部都颠覆。比如说有很多的数字化图书，大半都在线上，人在家里一打开电脑，从线上就可以看到了，所以我们需要很强的光纤网络，这些都做成了。很多学校到今天还做不到，因为没有光纤网络。

还有就是要让大家进图书馆觉得很开心，比如说查阅书码是用自己的母语，中文书是中文的，英文书就是英文的，书目不用卡片，全用电脑，在宿舍里就可以查到了。那里有大量的数字化数据库，自动登录就进去了。数字化技术在1988年的时候是创举。更重要一点是向大家证明图书馆是可以这么办的，并且钱也没有花太多，就是展示不同的一个理念。

我告诉敏民科大已经有一条T1专线，将建成世界上第一个全光纤的校园，光纤网络将到达每一张办公桌，以及每一个教员和学生宿舍。已经要求计算机中心对每一位教职员提供专用电脑。很快教员宿舍和图书馆都有空调，预计很多教员和学生将通过网络查阅图书馆资料。所以我们要从崭新的角度去设计这个现代化的图书馆。譬如，将尽量采购电子图书及数据库。书库和阅览室的面积可以大规模缩小，书库将是全部开架式并且从头设计高密度书库。图书馆查书将全用线上，省下进门存放大量书卡的面积，另外将图书馆一进门规划成一个大厅，提供经常做特展的场所。强调一点，中文书的目录必须有中文，我不接受罗马拼音编目。

科大图书馆将成为现代图书科技的橱窗，所以我预期可以打动软件公司跟我们合作发展中文检目软件。编目的问题，用传统的人工编目是不够快的，所以我建议她找最通用的书商请他们提供我们所有的纸本图书，不过要求书到时已经贴上编目标签并提供资料供线上检目，我相信我们可以说服他们免费服务，因为科大图书馆将成为他们的免费展览橱窗，我估计大量的访客将来科大图书馆参观。

我们从无到有，自然有我们的困难。但是一切从头做起，可以按我们的理想去设计，颠覆了老的图书馆概念，创建一个理想的图书馆，而不是一般的拼拼凑凑，这是一大优势。我们一定要把握这一生难得的机会，大胆去做，务求十年后无悔无憾。

敏民说这些理想很多图书馆都想过，甚至试过，可是限于预算和既有的设备、习惯，从来没有成功过。我告诉她，我希望科大图书馆将是最现代化、最好用的大学图书馆，每一位教授到科大以后，很快就找到必要的图书和设备，立刻继续他们的学术工作，并且比以前还方便。能做到这样，他们自然会留下，将来一流学者才会不断地从欧美加入，使科大变成一流大学。她说，可是如何保证做到？

我说，在科大，这些不是空说空想，我和家玮都了解这是科大是否能发展成一流大学的物质基础，我相信教授们也都会同意。所以我决定担负起教研工作后勤司令的任务，帮助建立四大中心：计算机中心、图书馆、仪器设备中心和教学技术服务中心。我们需要找到合适的人负责，我们的目标理想一旦决定，就请他们放手去做。作为后勤司令，我将全力支持，做成是他们的业绩，出了问题我来负责。我告诉她，艾伟林已经设计好全校光纤和电脑网，既然我们已经同意科大图书馆的目标，如何实行就完全交给她去拟定、执行。我就去忙另外两个中心。等他们都上了路，就有把握将来我们可以向教授们提供世界一流教研的条件和设备，才能放心回到延聘教授的工作，因为对教授们做的承诺，必须兑现。

我们在机上谈了十个钟头，她突然很担心地说，二十年来她和副校长们交谈的总时数也没有和我三天之内谈的多，现在还没上任呢，她担心上任以后日子怎么过。其实她是一个很有自信的人。我就大笑说，我跟她深谈的原因，就是肯定她能应付这些事情，只要我们两个谈通了就请她放手去做，不需要再开其他的会了。并且，一旦建立了互信，她去执行就行了。现在还没开学，师生还没来，我已经每天要工作十几小时。等她上任后学校工作会越来越多，很难有时间再长谈。所以一定要把目标弄清楚，要帮她建立信心，她才能放手去做。并且一时我们也不会有足够的教员来设立各式各样的教授委员会去监督各中心，所以这四大中心主任的能力、方向和决心就更加重要。我们要早早达成共识。后来我几乎没有再跟她长谈过了。

## 世界上第一个中文检目软件和科大的特藏

很快我们就列出图书馆迫切的问题：建筑设计、图书数据购买、中文检目软件。当时图书馆的设计已经接近完成，设计者是一家相当有经验的英国设计公司，我去看过几间他们设计的图书馆，看起来不错，但是我没有把握设计的是不是最现代化的图书馆。敏民说认得一家在旧金山专门设计图书馆的建筑公司，我建议她把设计蓝图拿去给他们看一下，如果有什么意见，只要她接受的话，学校这边会按照他们的意见修改。她问，假若他们要顾问费怎么办？我说数目合理就付，不过我猜想他们会喜欢有机会参与，不会要钱的。你告诉他们到时候你会请他们来看，这可是东亚世界最现代化的一个大学图书馆。到时会有大量嘉宾从各地来，他们如果参与了图书馆的设计，等于是免费给他们打广告。

关于图书馆的软件，她说她知道有个小公司一直在研发，不过还没结果。我说这件事情比较复杂，我们直接去找那个软件公司谈吧。过了几天，我们就一起到旧金山湾区去了一趟。那是一家在伯克利附近的小公司，大概不到二十个人。我跟老板一谈，他好兴奋，很希望弄出世界上第一个中文编目的软件。那天他们公司正在举行聚餐烧烤（BBQ），他就当众宣布一个好消息，说科大想买他们的正在研发的中文检目软件，听到梦想能成真，他们都很开心。最后我问他价格和交货日期，他说你有多少就给我多少。他的意思是他不打算在我们身上赚钱，我们付的钱等于是补助他的研发费用，用我们打广告，他今后在别人身上赚钱。我说在别人身上肯定会赚的，因为目前所有的中文图书馆都是用罗马拼音，每个中文用户都在埋怨，就是做不出来。我要求他定在1991年的1月1日的时候，把软件交货给我们，因为我们10月2日要开学，他思考后问能不能3月1日，为什么，因为在1月

1日前面是圣诞节，是假期，如果定在3月1日就能多两个月的时间，他们一定做成。结果在敏民不断的鼓励下，他们做成了。我们用买福特的价钱买了一部劳斯莱斯。

图书馆筹建就这样顺利地进行。但后来周敏民跟我说，快年底了，买书的经费没花完，我问她，还有什么东西值得买吗？她说想开始做一个图书馆特藏，我说好啊，研究型大学应该不断设法建立一些特藏，使收藏更丰富，也提高团队的自我期望。我问是什么东西，她说古地图。敏民放手去做了，所以今天科大有一个非常好的古地图特藏，开学后没多久，图书馆就安排了一个古地图特展，非常有意思。后来每年经费有剩余时，我都不过问了。她和她延聘的团队做得成功，自然就有了口碑，后来工作就越加顺利。我想科大要感谢周敏民和她募集的团队对创办科大图书馆的贡献。同时，我想她这个图书馆馆长和她的团队，虽然忙坏了，却做得挺开心的。

## 教学服务中心请到班克礼

在大学教过几十年书的人，都会不断遇到两个问题，一个是复印文件，一个是教学器材。香港的大学原来就有教学技术服务中心（ETC）的编制，我把它的任务扩大，利用校园的光纤和电脑网络及现代技术，扩大它们的功能。

我把印考卷、印讲义这类服务全都交给教学服务中心，至少最初几年，每个系秘书不必去忙这件事了，等到教员到齐，系里工作安定下来时，再去担心这事。这样的话，我们可以统一买大的高速复印机，不需要每个系单买。因为新的机器非常贵，后来有的部门就开始用租的，不过租的话也是很麻烦的一件事情，因为它应用效率并不高，所以我们就集中管理。为了管理这些新机器，我们在香港开始招聘，但是招来的技术人员都不合适，因为他们也没见过这些新设备。我们的要求标准非常高，所以我就想需要到美国去找人。我晓得找私立大学的员工没有用，像霍普金斯大学、哈佛大学都不行，因为这些学校的系都太强了，都是各个系甚至各个教授自己解决；我们需要到州立大学去找人，这些学校是集中管理这些器材的。

有一次我在洛杉矶机场跟申请者打面试电话，结果错过了飞机，多出三个钟头来。我就利用这个时间跟其中一位应聘候选人谈，我发现这个人比其他申请人都精彩，名叫班克礼（Donald Boehnker）。他是一个非常谦虚文雅的人，讲话也慢，不过，问他什么他都知道。我问他管理过多少台复印机，都在哪个城市，机器有多大……比如说过去一年之内这些机器复印了几百万页，多少彩色的，购置它们的预算是多少……他都清清楚楚。问他那里有多少短的视频，多少幻灯片之类的，他也清楚。我问有多少工作是在网络上的，他说不多，因为只有三间教室在网络上，我问全校都在网络上的话，你应付得了吗，他说这样的话可能要多添一两个人，只要一个教室可以运行的话，全校也都能运行，不过网络要比较好，要快。我说，这样吧，我给你全光纤网络怎么样，他说那当然最好，不过一般学校没钱装，我说我们学校要装了，并且我找到的比铜线还便宜。他越听就越感兴趣。最后我问他的家庭情况，他说他结了婚还有两个小孩，我问他为什么会申请去香港工作，你对我们知道多少。他说他一点都不知道，只知道我们要建立一个研究型大学。他说他们学校也自称研究型大学，可以排进美国四十名左右，就是新墨西哥大学（University of New Mexico）。他还说他们夫妻俩一直想到东方去，这个是他们的一个机会。我问他要多少薪水，他说只要能够过活就行，你提供我住的。我说，这不行，还是要公平的薪水才行，我们给的薪水是你现有薪水的八成，不过税会交得少一点，住房由我们提供，房租是工资扣除 7% 的薪水。

我们谈得很好，不过最后他说要先跟他老板谈。那是个礼拜五的下午，六七点钟我上了飞机，就回香港去了。礼拜二早晨我到办公室，就看见他来了！他假装严肃地说："Report to duty, Sir!"（先生，我来报到了！）我问，你那边辞职了吗？他说没有，他请假三年。一般人是不准请三年假的，他跟他老板谈了之后，那个老板问他我们这边的情况，告诉他自从1965年加州大学圣地亚哥分校开学以来，还没有人建立过新的研究型大学，他老板说三年要建起来一个研究型大学，是不可能的任务，问他给谁工作，班克礼回答说："是给一位姓钱的校长工作，我不晓得那个人讲话是不是真的，他的学校是不是可以建立起来，万一垮掉了的话怎么办。"结果他老板说这位姓钱的讲话算数，应该能建立起来。我问班克礼，你的老板是谁呢？他说叫郝马克（McHull）。郝马克教授是1961年我到耶鲁大学念书的时候专门管研究生的系副主任。他准许我免考了托福，免考了GRE，否则我根本去不了耶鲁，或任何美国大学，因为两个考试的报名费，是我当时十个月的薪水！后来我在他那门课考试拿了H（Honor，荣誉，是最高分）的成绩，我以为按ABCD排下来，H太低了，跑去跟他抱怨，闹出一个大笑话来。所以相互印象很深。

在感恩节的时候郝马克教授常邀请我到他家去吃饭，告诉我很多他一生的故事。他高中毕业后，做了铁匠，不久"二战"爆发，他被征召入伍，没多久他们一批有技能的人被调到一个特种部队，然后去了橡树岭国家实验室，战后才晓得那个地方是精炼铀的。他按照图纸打造一个特殊形状的铁器，做得非常好，后来他才晓得是做原子弹用的。后来约有四分之一的人被挑选到另外一个地方去。他们把他送到火车站，给他一张火车票，指示他到哪一站下车。车票后面有个电话号码，要他下车之后打这个号码，就会有人来接他。他们有两个人一起去，去到那里四周全是沙漠，只有一个大厂房，附近几十公里没有人烟，他就每天在那里打铁，调配黑黑的化学药品，后来他晓得他是在混合炸药，是做原子弹用的。炸药分为两个部分，一边是铀，另一边也是铀，两个铀的质量都没有到临界值。最终炸弹运去日本上空，要投弹的时候再引发炸药，把两边的铀推到一起，就超过临界值，发生核爆炸。当时他还只是高中毕业生，投到日本的两颗原子弹都是他敲出来的。

"二战"结束后，他解甲归田。当时美国国会通过《退伍军人法》，这个法案资助退伍军人去念大学，只要是考取了任何一所大学，政府就贴补学费。从前只有有钱的人才念得起大学，"二战"结束之后，一大批退伍士兵靠了《退伍军人法》的资助，有机会念大学了，于是原来是精英教育的大学教育，开始转变成大众教育。当时他在耶鲁念完以后就留校教书，最后到新墨西哥大学当副校长。他托班克礼带给我一件红色棉衫，起先我没看懂这是什么，后来才晓得这是印有西班牙文的"新墨西哥大学"（Universidad de Nuevo México）的校衫。最后班克礼在科大待了三年，任劳任怨，非常低调。他离开时已经为科大训练出当地的接班人，使一个服务全校、高度现代化的教学服务中心的工作无缝接轨。他们都是科大奇迹背后的无名英雄。

## 实验室服务中心主任胡立人

实验室服务中心，不但香港的大学没有，美国的大学也没听过。科大一切初创，由零做起，有它的优势，更有平常想不到的问题。一起购买、安装和运转仪器，就是其中之一，我们一直到1990年才发觉这问题的重要性，所以放在最后。但是回头看，这个独特的仪器中心的设立，使得科大一年后能准时开学；并且使教授们的科研工作能迅速展开，有时比原来的学校还方便。这个名声，使后来一二十年聘请做实验的教授方便了很多。所以我仔细说一下。

那个时候我已经做过二十年的实验，我得到的教训就是需要有专门的人来管理这件事。科大很幸运地找到了胡立人（Neal Wolfe），延聘他来港科大工作。那段往事本身就是一个接近传奇的故事。他是一位大学没毕业的美国密歇根州人。我们买仪器的时候，按香港规矩，雇了一个英国顾问公司咨询，付一成仪器费用当作顾问费。我发现那群英国顾问碰到难题的时候，都会去问一位低调的美国人。所以有次我就直接问这位美国人，你跟这英国顾问公司是什么关系？他说他是公司按天付钱雇用的，他只拿了我们咨询费用的两成，其他都归顾问公司。

某天下午，我们解决了一个难题后，心情一放松，就随便聊了一下，我问他以前是干什么的，他说他在密歇根州立大学工作，后来那个学校裁员他失去了工作，现在他给一家英国顾问公司打零工。我问了他我们在理化生物及电机各实验室碰到的很多问题，以及购置昂贵的精密仪器所遇到的一些困惑，他都能对答如流，显然在密歇根州立大学的十几年，使他的工作经验非常丰富。

我问他有没有兴趣来我们科大，他直接说，我觉得你应该雇我，这样就省掉五分之四的顾问费。我说慢点，我需要跟董事会商量去设置一个新的单位由你负责。他说没关系，他先开始工作好了。我说那不行啊！他平铺直叙地说，没关系，你需要我，没有我的话，你不可能在一个月之内把一百六十个实验室装配完毕。我觉得这个人真的在行，而且是一个不卑不亢的美国蓝领。我就打算向董事会建议建立一个实验仪器办公室，负责全校各院系一起采购和装备的工作，以保证在短短一个月之内能完成工作，准时开学。

周一早上9点，我刚在办公室坐下，他就闯进来了。我呆了一下问他，你来做什么？他对我行了个夸张的军礼，说："Report to duty, Sir!"（向您报到，长官！）就像电影中军士向军官敬礼报告一样。我连忙把桌椅退后，把脚跷到桌上，喊道，"At ease, Sergeant!"（稍息，军士！）我问他不是要回密西根和老婆商量吗，他说回去过了，他老婆一直向往东方明珠的香港，所以周末就把房子卖掉，来了香港。

遇到这样老实直爽的人，我必须至诚以待。我说这三年你在港科大一定有工作，三年之后呢？他说："等我来了，能跟你一起工作三年，一定会有成就感。我相信东亚在崛起之中，中国不断会有新的大学要建设，如果科大不识货的话，三年之后我到中国内地去、到印尼去都没问题，无论如何，我会给你好好做。"可是我们当时没签约，连董事会同不同意也不晓得。他说他们会同意的。我问："你怎么知道？"他说："董事们都是商人，不笨，他们需要你，你需要我，所以你会说服他们的。"

他看得很清楚，马会在1991年9月1日才能给我大楼钥匙，然后10月2日要开学，一百六十个实验室要准备好，是一个几乎不可能的挑战。后来我跟董事会说，大学最宝贵的资产是教员的时间，不能浪费六个月让教员等设备，因为这样出不了研究成果，将来就没人敢来，人才就是靠个理念。胡立人问过我，在美国搞得好好的，为什么跑到香港来一片砖一片瓦地建一个学校？我说就是因为现在可以按我们自己的理想做一件事，可以把人才培养得更好、花更少的钱，等等，这个理念把他打动了。看来他也是一个挑战狂。

## "老板，碰到麻烦了"

胡立人问："我来了，现在做什么？"我跟他说："我不知道！我以为你一个月以后才会来的！"他很聪明，就用他的大眼睛瞪着我，不说话。最后我说："好了，这里有一厚叠订单，是这星期我们要买的仪器设备，等我签字，你帮我看一下。"过了两个钟头他回来："老板，碰到问题了。"他说："我们订了约三百万美金的实验台，这东西一百五十元一公尺，我们买了两公里……"我打断他说："疯了，我们怎么会买那么多的实验台？"他不吭声，只是盯着我。突然我想到，如果二百个实验室，每一个都装十公尺的实验台的话，就是两公里！显然这还只是一部分！我不禁拍了桌子想到："老天，谁曾买过这么多实验台！"

他看我悟过来了，就继续说，这种实验台都是英国木粒压缩板，但是香港潮湿，这材质会发霉，霉菌经过中央空调，会散到所有实验室，无法清洗，会导致大量化学、生物和生化实验室报废。他说他可以重新订货，反正提供已订购实验台的这家厂商还没送货。我问有没有替代品，他说他找到了，而且可以少花一百多万美金。后来，我向董事会要求成立一个实验室服务中心的办公室（Office of Laboratory Service）。有一位董事问我，有钱聘他吗？我说他没上任就已经为我们把他三年的薪水都省出来了。

当我准备取消英国的订单时，胡立人立刻提醒我说："你们从美国跑到大英殖民统治之地来，然后又把英国人订的英国货取消，会不会有问题？"我问他怎么办，他说可以把给化学跟生物实验室订的货取消掉，但物理系的就保留下来，这样只是取消一部分订单。他又跟我讲了这栋大楼哪些房间有问题，哪些没有。我跟他说让科大教授能够尽快展开研究工作，是我们的第一要务，我不要未来的教授们冒这个风险。订单既然是我在任时下的，就由我承担改正的责任，不能拖，还是决定订单全部取消。我就请他为我拨电话接通英国仪器公司的香港经理谈谈。最初这位经理强调合同有法律效力，不能随便取消。我提醒对方这材质在香港会发霉，科大的实验室可能会搞到全校停摆，准会变成报纸头条。他一听就呆了，问我们怎么会订购这东西。我说是一位英国顾问建议的。不论取消不取消，他都担心对他们声誉的影响。最后我想出来一个办法，由于开学需要，由科大要求他们提早一个月交货，以保证有足够时间安装完毕，他回答由于工厂生产日程早有安排，碍难照办，就主动取消了订单。后来胡立人告诉我，由于这一回合操作，那家公司后来跟科大特别友好。我们做到双赢了。

## 和仪器公司谈判六折互惠

我做了很多功课，发现全世界基本上只有三家公司做相关科研仪器，90%的生意都是这三家公司做的：日本的日立、美国的韦瑞安（Varian）、荷兰的飞利浦（Philips）。之前我知道一个案例，1988年东北某市买了十二台电子显微镜，数量非常大，而且价钱都非常贵，结果都买错了。因为招标的时候日本人投的标最低，所以都买日本货，可买了以后日本公司就说还需要这个零件、那个零件，林林总总的零件需要额外的花费，全加起来就比别人贵了。

假如说实验室服务不能运营的话，很多人会做不下去，所以胡立人上任以后我告诉他跟三家国际仪器公司商谈，我们未来六年大概有六亿美金的经费要买仪器。我们的要求是这样：第一，要用本地价钱议价，通常在香港议价都是国际价钱，国际价钱要多加15%；第二，要免费给我们维修五年；第三，三年之内有更新的地方，要免费提供更新；第四，要按本地价钱给我们打八折。胡立人说人家不会答应的，因为这个维修保养通常要加百分之二三十的费用，再加上要求免费更新，他估计已经相当于六折优惠。我说我们可以帮他们做事，就是这些仪器他们有顾客想要看的话，只要不干扰我们的工作，我们可以免费开放给他们展示。还有他们的顾客要做什么测试的话，只要我们这边工作不忙，我们可以帮忙做。

胡立人说没有这种先例。我说先跟他们谈谈看，还要告诉他们一点：就是中国在起飞，大家都要买这种仪器，但都不知道怎么买。我们可以免费开放，只要不耽误我们教员的研究工作，甚至于我们可以定期地开培训讲习班。这几点对他们是天大的好处，我们变成他们的免费橱窗。我觉得做测试是件好事，因为他们这种仪器厂跟当地的公司都有联络，工厂有时候买不起、买不全仪器，有些测试就得回公司总部去做。我们可以在当地做，按成本收费。胡立人立刻问，收了钱归谁？我说，归你。他说那我就可以去拉顾客了。我说，可以，可是你不能影响到我们教授要使用的时间。还要注意一点，要诱使大家到时候一定去使用。我说，我只付你跟你助手的钱，其他员工的钱从你的收入里去付。所以这时候要将经费有效率地使用，买到需要的仪器，并且让所有人皆大欢喜，否则大家一定会为设备费用争执不已。

后来飞利浦副总从阿姆斯特丹飞过来，叫上了胡立人跟我一起吃饭，跟我谈这个事情。他说你们这些要求都可以答应，唯有两点不行：第一，要求所有设备加起来打八折；还有一点就是，请你们把我当中国人，我们先握手，就不要签合约了。我心想人家老板不肯打折，是不是？第二就是大家签了约，一泄漏出去的话，每个客户都会向他们依样要求了。我说，行！我们就举杯喝啤酒，一大杯。我们又做到双赢了！

副总说我注意到你们在买电子显微镜，我说是的。他说我注意到你们买的是某一个型号的，我说是的，因为注意到它的价钱要五十万美金。他说，能不能建议你们买另外一个型号？我原来是想买他说的那个型号，可是有不妥之处，首先是隔年才有货，并且价钱贵5%。他建议我们现在就订那个型号的，并且就按照今年的价钱，他不收那5%的加价。今年他先送一架来，等明年新的显微镜出来的时候，他把新的运来，旧的搬回去，也就是免费更新。我说我猜想那个新的型号维修是比这个老的还要省很多是吧，他说是的。最怕的就是购置机器上省一点点钱，而后续的维修非常贵。后来他免费维修五年，然后任何地方更新连续三年是免费的。这样说定以后，他再来投标，投标的时候他不会跟我们耍花腔（日本公司耍花腔非常厉害）。我们跟副总后来成为蛮好的朋友，他到香港，一定跟他喝杯啤酒。

## 如何高效率使用精密仪器

一般的学校里，贵重的仪器买了很多，可是大部分都锁着，只有来宾要参观的时候才到处找钥匙。港科大实验室服务中心由胡立人和他的几位副手，管理全校的贵重仪器。很重要一点就是，很多教授都需要用贵重仪器，但用的时间非常少，效率太低就是浪费纳税人的钱；还有就是坏了不会修。所以我们先把仪器集中在一起，由胡立人负责保养。我统计全部教员申请要求购买的仪器费用，比我们能够获得的经费要多十倍。我就问教员们，各系申请一共要买三四台电子显微镜，一年有八千个小时，加起来就是两万四千个小时，需要这么多使用时间干什么？到底实际做实验需要多长时间？若是一位教授一年只用四十小时的时间，就不需要买一整台。教员说学校没有仪器那我怎么办，我说我把一半的钱分到系里面去，系里再分给各个教员，一半的钱学校保留，如果你觉得你一天需要二十四小时使用电子显微镜，那请你用自己的经费买。如果说你只需要五个小时或者一个月需要两个小时的话，你就到我这儿来申请买使用时间，由学校出一半的钱，并且我会负责仪器的维修和保养。另一半由需要的教授们和你们的设备费共同负担，按你们需要的时间缴费。我们定好：一台仪器如果一半的时间被教授集体承包，我们就买。这样的话，这个仪器买来使用价值就高了。教授们有仪器用，又只需要买他要用的部分，还不需要担心维修，所以大家立刻同意了，然后再计算需要多少台电子显微镜，发现全校只要一两台，很少人需要专用一整台。我这么做就相当于把责任和风险全担下来了。我告诉教授们我会去筹钱，但他们必须充分利用，不要浪费。

这一般不是校长的工作。通常这种事情会归到总务处去，然后闹个天翻地覆。我们这样做还有一个好处，就是年轻人有机会使用贵重仪器，不会让资深者占着。时任国家教委副主任的朱开轩先生曾经问过我这个问题，还要我去教育部演讲告诉大家经验。这里面涉及资源分配、教员名额分配、经费分配，还有怎么管理。从前我觉得这很简单，任何人想一想就能这么干了，结果发现很少有人想。

由于经费很有限，一定是三年做六年花，然后要能满足绝大多数人的需要，还不造成浪费。我们的仪器一年可以用到六千个钟头。一般仪器使用率很少用到两千个钟头，周一到周五上午8点到下午5点，运行也就是在这个时间内。但我可以分成三班时间去使用，反正维修是免费的。飞利浦派人来看，发现仪器的确是很忙的。所以这样我们就跟企业界建立了关系，他们要测试仪器就到我们这里来。

一个人要有远见、见多识广，还要有这个活力管这些闲事，大学可以这样办成活棋。这样我们的毕业生将来要找工作就简单了，因为厂商经常来，人脉往来可以成为学生就业的桥梁。

## 开学前一个月的冲刺

开学前的那一个月胡立人忙得更厉害，常常跟着我们没日没夜地忙。开学后压力过去了，我开始担心他的未来。我告诉他，若没有他的话，整个事情一定做不成功，所以大家就容忍胡立人。可三年之后大家不像以往那么需要他的话，可能就不见得了。因为有人说要买这个牌子的设备，你硬说不行，一定要买那个牌子的设备，他们就会埋怨你在管他们，可实际不是这么回事。胡立人说没关系，那个时候别的学校要建立实验室了，他可以到别的地方去。还有那时他们夫妻俩在香港玩三年也够了，回美国也没关系。

胡立人虽然没念完大学，但是在仪器设备实验室管理方面，非常有经验，没人可以取代。他很低调，非常温文有礼，但是遇到专业问题，他不轻易让步。通常我半夜3点回宿舍，胡立人也3点下班。我回家之前习惯在大楼里走一遍看看，好奇什么人还在装仪器，因为很多人自己装设备等等。胡立人就跟着我走，哪边出了问题他当场就可以解决，就不需要这个人报告系主任，系主任告诉院长，层层上报。后来有一个年纪较长的教授抱怨不公平，说为什么年轻人的问题我们当场就解决了，其他人需要一路报上去。我说蛮公平啊，我夜里3点钟走到那儿碰到他，他有问题我们能不帮吗？所以当场解决了，假如那个时候你有问题我也会马上解决的。所以这是时间的问题，而不是年龄的问题，结果渐渐很多人都凌晨两三点钟还在实验室，胡立人碰到问题也就不走了，就不停地装啊、装啊！问题当场就解决了，解决不了怎么办？第二天我们再想办法，并且胡立人会打电话给美国各大学的朋友们，询问各种解决办法。所以每个人的积极性都调动起来，事情就好办了。

科大四大中心的成功建立，帮助科大准时开学，并且使教授们的研究和教学工作顺利展开。科大的成功发展，靠一流的教授，也靠一流的四大中心为他们服务。一般新的学校都会注意延聘一流学者，但是常常忽略了教研后勤的四大中心。回顾这些中心最终的成功运作，和创业时聘任的一流主任是科研服务的四虎将有关，和他们建立的一流团队有密切关系。而他们自己当年参与科大创立也都接近传奇故事。

我很幸运，能够把他们请到科大，为后来的师生留下一份礼物。科大也很幸运。

# 第五章　行政系统的建立与助力

> 学生是大学的目的，
> 教授是大学的灵魂，
> 行政是大学的肢体，
> 校园是大学的熔炉。

这是我对大学各部门的功能、地位和重要性的看法。行政是大学的肢体，没有它，什么事都办不成，有了它而不合作，凡事都事倍功半。只有合作无间，凡事才能如虎生翼，事半功倍。所以我一到香港就开始观察当地的行政系统。我在美国的大学和政府工作过二十多年，对他们的行政制度相当熟悉，对台湾和内地的大学，因为实地考察过一百多所学校，所以也有相当的了解。美国又有各式各样的平权法规，学校动辄得咎，所以各大学都非常注意行政制度里的人事制度（他们叫 HR，Human Resources）。在 20 世纪 80 年代初期，霍普金斯大学采取了企业管理模式，运转了几十年的不太完美的系统，突然一下停转，弄得全校大乱，两三年后才恢复。

刚开始的时候，有海外经营经验的同事，都劝我自带一批秘书人马去香港，设法改造当地的制度，否则可能每天大部分时间都花在和当地制度斗争上。但是我觉得教育是一个在地的百年事业，必须从长远去看，不能局限于一时的困难，所以就只身赴港。因此初到香港时，对此深具戒心。如何在科大建立一个灵活的行政制度，至少使理学院的工作比在其他地方都方便、有效,是我到任以后立刻注意的几件事之一。

我发现,香港的制度结合了中国的文书制度和英国的文官制度,对当地的人而言,这是已经运转了一百多年的制度,所以习以为常;但是初到香港的人,就会感到相当惊讶。比如,公文特别多,办公室里有英文打字机,也有中文打字机,由两批不同的人使用,就是看不到电脑和传真机。由于文件多,我的办公室每两个月就增加一个公文柜。所以那时我就暗自下了决心,行政制度一定要现代化,并且要釜底抽薪,从取消打字机开始,每人配备一台联网的电脑。后来通过与计算机中心艾伟林的大力合作,我们做到了(见第四章)!当全校每一个教职员工都以电脑和管线网络联结在一起时,就可以开始建立一个比较合理的行政体系了。这些工作有的需要立即开始,譬如教授申请系统、经费控制系统,有的可以慢慢来,不过在开学前大量教授到校时,必须已经顺利运转。还有的事原来应该先做,如寻找助理副校长却因不容易找和其他工作紧迫(如基建设计、建立四大服务中心等)而被迫延迟了。这一章就谈一下我们是如何建立学术及相关的行政系统的。

## 拗口的职位头衔

港科大董事会的前身,是原来的香港科技大学筹备委员会。董事会是学校最高的权力机构,他们任命所有的校长、副校长以及各学院第一任的院长和系主任,之后就由校长任命其他的院长。这些都很正常,只是香港的大学遵循英国制度,我们需要磨合。现在先从校长副校长职衔说起。

大学校长依照香港的英文制度叫 Vice-Chancellor,简称 VC。谁是

Chancellor 呢？是那时的香港总督卫奕信，中文叫"校监"比较合适。那时他是英国女王的代表，也是香港所有高校的校监。

所以香港的大学的校长实际上英文叫副校长，副校长就变成副的副校长，英文就叫 Pro-Vice-Chancellor，简称 PVC。在科大，校长之下设三个副校长，职务最多的是管教学的副校长或者常务副校长，英文全称就是 Pro-Vice-Chancellor for Academic Affairs，简称 PVCAA，或称为 Provost。（够拗口的，是吧？请你想想那时我们每天 Pro 来 Pro 去的，咋办？）还有副的 PVCAA 又怎么叫呢？后来为了使外人明白，校长很自然地对外就叫 Vice-Chancellor，President，PVCAA 就叫 Pro-Vice-Chancellor, Academic Affairs, Provost，同时照顾了英美两个制度。按照这个方法，副的学术副校长就简单了，就是 Associate Provost。

## 行政副校长麦法诚

有一位管行政的副校长，分管人事、财务、营缮等各类事务。按照前面 PVCAA 的叫法，就是 Pro-Vice-Chancellor for Administrative Affairs，简称岂不又是 PVCAA？幸亏香港其他大学已经痛在前面，把这一职位称为 Pro-Vice-Chancellor Administrative，简称 PVCA 以别于 PVCAA。这位副校长聘任得最早，在我们到香港之前，董事会就从香港当局请来麦法诚担任。创校之初，我们两人几乎天天见面或通话解决各式问题。

麦法诚是位老香港，也是科大第一个上任的人物，我发现他比中国人还要相信风水。他比我大十岁，毕业于牛津大学的莫顿书院后，就到非洲英国殖民地当局服务，几年后转到香港当局服务。香港的政务官讲究轮调，每个职位干两三年就换一个单位，所以麦法诚与各个部门都很熟，知道他们的作业方式，也因此容易得到支援。1986 年他参与科大的筹备工作时，已经在当局工作了二十六年，当过二十多个部门的主管。一个新的学校建立，在在需要跟当地政府发生联系。他到科大主持总务行政，使创校工作顺利多了。英国制度里的政务官是只管政策不实际动手的，所以他有一个得力助手叫史考特（George Scott），也是个苏格兰人，他们俩搭档已经几十年了，一切执行实际是交给史考特。麦法诚主管的部门下设人事部、财务处以及营缮组（就是管理维修和保洁等业务的部门）。

1989年，有一天他邀我和他夫人张绿萍（Ophelia Cheung-Macpherson）一起吃晚餐，聊到双方的家庭，发现那年他六十岁，我五十岁。他的妻子是香港社会的领袖分子，是消费者委员会的首任总干事，当时香港的名艺人张国荣就是她的弟弟。在科大那几年遇到的每一个人的背后，都有一个精彩的故事。麦法诚晚年身体不佳，2016年在香港去世，享年八十七岁。得到消息时，我在青岛，想到三十年前我们每天一起努力创建科大的情景，突然觉得时光不再，第一次动起了写这本书的念头。

## 研发副校长施德信

科大创校时，校长和董事会很注意技术转移，希望科大能带头把大学里发展出来的科技，转移到企业界，推动经济。所以除了行政总务和学术部门之外，还专门设立了一个非常重要的技术转移部门Technology Transfer，专管技术转移工作，后来改用常用的"研究发展"的名字，由研发副校长（Pro-Vice-Chancellor, Research & Development, PVC-RD）负责。那个部门有一个"研究中心"（Research Center）。这个研发副校长很难找，校长花了很多时间都没有物色到合适人选，所以空缺了很久。幸亏吴家玮在上任前就找到了长期在著名的加州理工学院喷气推进实验室（Jet Propulsion Lab）做研究工作的陈介中，请他担任研究中心主任，代理研发部门的工作。还有美国回来的方明和他一起工作。实际上陈介中在开学前已经向香港当局申请到项目，开始测量香港的辐射本底，建立数据以后，大亚湾核电厂开始运转，发现辐射量没有增加，消除了社会对大亚湾核电安全的疑虑，避免了很多争议，造福香港，居功厥伟。这也显示了一个研究型大学在现代社会的重要。由于研发部门相对独立，并且壮大较晚，在创校期间各忙各的，和学术部门交集不多，所以本书着墨不多。

创校那三年，校长实在很辛苦，一方面全力在募款，一方面要应付当局和媒体，还要应付校董会聘人的压力——他们自然想看到学校领导班子赶快健全起来，让他们可以放心。所以吴家玮需要把全部时间都花在香港，我则奔波于香港和美国各城市之间，设法尽快完成各院系及四大学术服务中心的人事布局。在聘人方面，有成功的时候，有伤心的时候，也有出现意外收获的时候。1989年6月初，我到亚特兰大有名的佐治亚理工学院（GIT）去访问尤乃亭，谈化学系主任的事，由于时局的变化，我们碰到一些忧虑。但是那次访问非常成功，不但决定尤乃亭担任化学系主任，定下化学系发展计划，还意外地发现佐治亚理工学院的常务副校长施德信（Thomas Stelson）适合科大研发副校长的工作，并且他也愿意考虑这个职务。我立刻打电话告诉吴家玮我的发现，他也很兴奋，第二天就打电话到GIT和施德信谈判，一个月后施德信就接受任命，到董事会报到，大家都松了一口气，研发部门终于可以全面开始工作了（见第七章）。

## 学术副校长办公室面临的问题

一般办校的重点集中在学术副校长这边，全校的学生和教员都由这个副校长办公室管理，主管大学的主要任务：教学和科研，所以这个办公室主管的事务大约占了全校事务的85%，是相当庞大的一个机构。这在每个大学都是如此，因为大学的任务就是通过教学和科研培养人才。

当我代理学术副校长时，很幸运地，数学系主任谢定裕同意代理理学院院长（见第八章），使我能够抽出部分时间来建立学术副校长办公室。按照香港规矩，他们给我换了一位更资深的秘书李咏梅，她一人独撑了几个月，人事部推荐张启祥（Vincent Cheung）担任类似办公室主任的职务。他是在香港制度下长大的，熟悉香港制度的运作，很快就开始按部就班地建立事务职员的团队。我估计我们需要两位协理学术副校长分别负责学术教学（四院十七系）和学术服务（四大中心）的工作。逻辑上，我应该立刻招聘这两个副手。但是那个时候，另一件事发生了，使得我暂时放下这项招聘工作。

那时媒体开始在闹校园建筑超过预算的事，社会上又一再流传科大是处处花费达到"劳斯莱斯"级别的贵族大学，我们在建造的世界一流的图书馆和电脑网络，虽然都在预算之内，却加深了那个错误的印象，有一部分董事开始担心我们的开销。虽然学术部门的开销我每周都有把握没有超标，但是他们开始感受到社会的压力。再加上校长办公室的配置，除了校长助理、募款助理之外，还成立了公共事务办公室和研究发展部门，可是募款工作董事会一直没看见成果。虽然一般大学都有这些机构，但是在我们没有学生、只有几位教授到校的情况下，又有舆论喋喋不休，有人担心也是自然的。

科大"三年开学"的决定，逼使我们采取高风险的同时进行全面招聘的方法，加上又发现教研主楼需要重新设计，使我的工作接近疯狂的状态。刚好那时有一次董事会让我报告工作，我一口气就讲了一个钟头。钟士元说全校工作都是你在做，我说并不是，这些事情要么就直接到我这里要我处理，要么是校长叫我做，我们真是没有其他人可以做这些事了。他就问，你什么时候上班？我答，每天朝九晚五在办公室工作处理校内的事务，晚饭多半和上任或来访的教授一起吃、谈工作，晚上9点到12点打电话和美国东岸的学校联络，半夜到清晨4点和美国西岸的学校联络。校董们担心我一天要工作十七八小时太过辛苦，有的觉得应该尽快为我聘好副手，有的在想我们工作效率是否可以改进。我告诉他们，最好的解决办法是恢复原定六年开学的计划。他们说，已经不可逆。我说那就赶快帮我找到一位建筑设计师、两位副手分担我的工作，让我好集中精力搞学术建设。他们说没人能接，不过找了一个顾问公司来帮我改进效率。

这真使人哭笑不得。但是有一位董事建议我不要在意，顺势而为，花点时间应付那顾问公司，他们如能找到方法提高效率，我们应该开心；如果找不到，就证明了我们的需要是迫切的。同时，希望校长那边一年多的募款工作开始有结果，就可以消除大家的焦虑。我想了一下，董事会的焦虑和分析也有道理。同时有经验的人都知道，高管比一般管理人才难多了。并且创业之初，随着问题不断发生，工作也跟着变，找人就更难了。另外，那时我已感觉到，我们需要一个新的实验设备服务中心，需要董事会批准，所以就同意花时间陪那些"效率顾问"，把聘副手的事暂时搁置，先完成秘书系统的建立，以及和总务机构的协调。

## 效率顾问公司的调研和建议

这个顾问公司派了三位专家来，给了我厚厚一叠的表格要我们填写工作细节，供他们分析。不行啊，那要花去我们几天的时间！后来我建议他们改变办法，由他们跟随我记录每天每一分钟的工作，供他们分析。他们觉得很新鲜，不过秘书李咏梅警告他们大概要分三班人员一天跟随十八小时。从星期四到星期六，他们跟着我寸步不离，不停地记录我做的每一件事，我还得不断地解释，真是一个新奇的经验！三天后他们受够了，就停止记录。不过问我要了我每天的健康记录，基本上，血压脉搏：一百二十／八十／七十；体重：七十公斤，无法改善。

他们问我平时如何舒减压力，我就和他们介绍我的"钱氏舒压大法"。刚好一个礼拜前为了什么时候去招聘副手和其他的事，有些烦，我到三联董秀玉那里，带了十几本书回来，三位专家有一位懂中文，拿起来看每本书的封底，然后惊呼："便宜多了！"原来他把十几本书的书价加了一下，发现书款还不到一个心理分析师半小时的收费。我跟他们说其实这些书都是三联书店老总免费送的。他们问我，三联书店为什么要送？我随口回答，因为他们觉得科大值得办，怕我压力太大一命呜呼吧。不料他们就如实记录下来：科大的创校工作深得香港社会的支持。

一周后，他们给了我一份总结报告，大意是，三年开学是几乎不可能的目标，在那样的要求下，不得不采取很多不寻常的做法，他们的结论是无法再提高效率，不过惊讶在高压下，调研对象身体情况出奇地健康稳定，整个团队都很开心，因为他们都有高度的成就感。临走时，他们特意问我，我的心理分析师的名字，他们好推荐给需要的客户。后来我才知道，大学校长是高压的工作，所以常常配置心理分析师，保持他们心理健康。希望各位努力工作的校长们，多多保重。必要时，可以求助于心理分析师。

说实话，我对此报告虽然不惊讶，却有些失望。我多么希望效率专家能找到我们的死角，突然提高我们的效率，使我偶尔周末可以休息一下，或者和孩子们通个电话啊！

## 科大的秘书们能力很强

之前提到去香港之前,有几位有国际经验的美国友人建议,应该从美国带两个秘书去,一位做示范工作,一位训练其他人,否则工作无法展开。我没有采纳他们的建议,因为我有不同的经验。我相信可以引导科大的本地秘书达到科大需要的标准。

我在美国曾经教过一位秘书,教得很成功,诀窍就是鼓励她。我问她你为什么当秘书,她回答是家里需要这笔收入,她的先生在神学院读书。我发现她对中文很感兴趣,我跟她说你很行,鼓励她到夜校选我的中文课。那时候每个礼拜有两个晚上,我跟妻子君玮在教全校的中文课,秘书就跟几个院长、系主任一起来学中文。这个当然不是很重要,但是可以看出来她聪明,很快就学会。过了一年,她丈夫毕业要离开到普林斯顿神学院去,她得跟着去找工作。刚好霍普金斯这边一个老同事叫哈里·沃尔夫(Harry Wolf),要到普林斯顿高等研究院接任院长,在找秘书。他知道我的秘书是会中文的,因为沃尔夫也来学中文,他们上课的时候碰到过。所以他走的时候问能不能挖我的人。我说绝对不行,你挖了我怎么办?但是想到她需要在普林斯顿找工作,我就同意了。以后几年我去普林斯顿访问时,沃尔夫教授一定要请我去高等研究院做客。

刚到香港的时候我的秘书是简·李。很快我就接任副校长了,按照香港规矩,他们给我换了一位更资深的秘书李咏梅。香港的秘书能力都强,当地所有学生在英制七年的中学里学习,念完四年级的时候就参加一个A级考试(A-level Exam),考完以后他们心里就有数了——能不能进港大,假如可能进港大的话,他们就继续念后面三年,初中四年高中三年。念完四年初中以后,若是考试没有过,就到社会上做事了,这样只有中学的四年学历,所有在商店里做事的职员大都是这样的经历。秘书们也是这样，不过他们还进秘书学校学习。李咏梅那时候打字一分钟是一百七十个字，那真是快呀，一般人的水准是每分钟六十个字，而李咏梅的水准足可以教人打字。

李咏梅刚来时，同时简还在。她说，老板我们还需要买一个档案柜，我们干脆三个一起买，好打折扣。我说，你已经有六个了，你估计三年下来要买多少个？这走廊都放不下了。我说我现在决定以后不买打字机了，你们两位秘书的打字机一个月之内我要没收。她问，没有打字机我们怎么出公文？我说给你们每位一个电脑。她们没用过电脑，我就把我的笔记本电脑给她们看，告诉她们是一样的键盘，所不同的就是，我这里打错一个字，不需要从头打就可以改了印出来，还有这个名字打错了，我按一个【替换】键，所有名字全都改掉了，她们看呆了。

她们没有碰过电脑，说试试看。我说你们的能力很强，不要低估自己，我相信你们一个礼拜之内就可以上手了。这些女孩真是聪明呀！两个礼拜之后，我没收了他们的中英文打字机，并且告诉总务处以后不准采购打字机。总务处的人说我们需要打字的，我说你们全都改电脑。他们抗议说你不是我们的老板，我说我让麦法诚跟你们说。他们忙说不需要，不过你得教我们用电脑。

后来过了一个礼拜我发现完蛋了，他们给我的公文都是用邮件发来的，他们打的中文我可以看得见，但是我没法回复，因为我不会打中文。简说她可以教我，我说，学不会怎么办？她说我应该学得会。哈哈，作法自毙呀！这是我们当初的工作气氛。那个时候，香港的公文制度可以说非常好，也可以说非常糟，它是中英合璧，所有交流都靠公文书面来往，这样不得了的一件事，我们就彻底把它改了。

我发现我们的秘书虽然能力非常强，但是少有机会能够发挥出来，因为她们做的是缺乏发展空间的工作，可是如果帮她们把能力发挥出来，自信心激发出来，不仅能够将秘书工作做得非常好，还会帮我们出主意。像李咏梅，我发现她对中文感兴趣并且喜欢书法，我就建议她学中文的唐诗、学书法。三年半后，当我离开的时候，她已经是香港书法学会的副会长，后来变成会长，经常开书法展。当你把她们的潜力开发出来的时候，她们对工作的狂热也就激发出来了，什么事情都敢试试看。并且她们对学校的忠诚非常坚定，她们造就了科大，科大也造就了她们。

还有一点很感人，我问李咏梅原来在哪里做事，她说在企业界做了十年，都是跟一些大老板工作。她到我们学校工作薪水还减少了一点，因为没有分红。我问她为什么来港科大，她说她不喜欢之前的工作环境。那是蛮大的、市值上亿的一个公司，不过，老板有两个老婆，她得同时应付，那是很烦的。两位老婆经常打电话到办公室去。我问她怎么安排两位的度假呢？她说度假不是问题，因为有一个老婆是到美国去的，还有个老婆固定是去内地的。既然都能处理，为何又不干呢？她说，后来有一年，去美国的老婆，也要到内地去，所以她同时安排两个老婆跟她们的老公到内地度假。这老公就在两个人之间跑来跑去。企业界虽然待遇很好，不过他们的生活太复杂了，她不喜欢他们的生活方式，之后看到港科大招聘就来应征。所以我们不但是吸收了一批教员，还吸收了一批像艾伟林这样的人，连秘书都是这样的奇人。这样一批非凡的人聚到一起，再吸收一些好的学生们，这个学校非办好不可。

李咏梅和简是到得最早的两位秘书，后来各院系的秘书都和她们不断联络以熟悉事务，所以她们对整个电脑网络化的学务行政系统，贡献很大。

香港所有的秘书都守一个规矩，老板不走他们不能走，所以刚开始我们工作到晚上10点才回去，秘书就陪我们到10点。秘书也有很不认真的，其实就是因为老板不认真。所以那个时候，我对助理教授是很客气的，家玮对我也很客气，只要事情办成了，我就尊敬你。事情办得不好，就要问你是怎么回事。就是这样一个风气。还有一个认真的例子。我代表学校出去开会，事先我是不知道开会的内容的，只是告诉我10点钟要出发去开会。出发的时候秘书把资料交给我，我上了车在车上看完，然后就开会。开完会以后，回来的车上有一个大哥大，我就用它给秘书口述这次开会的决定，秘书边听边打字，等我的车到了大楼的时候，她都已经打好了，我看完签字就发出去了。事情就是这么做完的，这就是认真。上面这样做，底下的人就不能不认真了。我知道底下的人是有压力的，我觉得稍微有点压力不是坏事，只要知道规则是什么，什么是对的，什么是错的。最怕的就是不知道对错，不知道什么时候会得罪人，那就麻烦了。其实认真应该从小在家里就培养起来，比如小孩每天起来要铺床，自己叠衣服、系鞋带，弄得井井有条，从小就教他们，自己做的事一定自己负责，不要让第二个人来弥补。

## 和人事部门的磨合

在创校第一年时（1988—1989），行政总务各部门已经由麦法诚建立，不归学术部门管，但是我们学术部门需要他们的服务，所以我先建立了学术和总务部门的连接，主要是通过人事部和财务处。

有一件小事很使我警惕。我初到时，整个学术事务摊子，人手只有我和我的秘书简。理学院各系的系主任都还没有上任，但是他们当时在美国已经开学工作，不时还要到香港办事，所以很自然地，简就成了全理学院的秘书，甚至于当工学院的系主任来港时，也都请她帮忙。每天晚上我忙到9点、10点，她就陪到9点、10点，大家对她的能力都很佩服，对她的努力也很感激。一年以后，我认为，赏罚必须分明，对大家公认努力工作的人，必须奖励，应该在她正常的薪资之外给她加一点薪水，表示奖励。就建议人事部给她加薪。不料提案却被退了回来，认为于法无据。

这事来回两次，人事部回绝的理由越来越严重，好像如果简加了薪，香港的整个文官制度都要垮台似的。我决定和麦法诚谈谈这个问题，他已经在香港的公务员系统里打滚二三十年，他应该知道什么可能，什么不可能。麦法诚先抱歉说让我在这件事上花了这么多时间，不过他说香港的确不加薪，因为曾引起了各式各样的问题。不过特别努力工作的人并不吃亏，因为秘书里也分级，当上级秘书出缺，下层的可以应试，特别努力的可以早一点应试升级，那比加薪有效得多。并且由于香港公务员待遇很好，所以一般的人都安于工作。我说给奖金总可以吧，他说那没问题，因为那是一次性的，不会有后遗症。这下问题就解决了。我想，他说的也不错，既然来了香港，科大要高效率，还要持续发展，只要不影响我们的工作，也要尽快融入当地的制度，我想趁这机会开始建立有利于我们创校的人事制度。我就请人事部叶炽英主任（Yip Chi Ying）到我办公室谈一下。

我建议给简一笔奖金，叶主任说没问题，数目由我定。我定了三千元港币（大约是当时一个月的薪水）。他说这个数目可以鼓励特别努力的人，他会立刻去办，同时报备校长。其次，我跟他讨论更重要的问题，就是招聘教员的程序问题。一般他们招聘教员和招聘职员类似，由他们去香港报纸登广告，接受报名资料，初筛，然后组织遴选委员会审查，挑选后报校长任命。然后我们就谈到重要的教授申请系统。

他说已经收到几百份申请各式各样职务的申请书，正在发愁怎么办。实际上他们在我到香港以前，已经按步骤聘了一位通识中心主任、一位英文讲师、一位计算机中心主任。在此之前，我已经到人事部看了一大叠申请书，合格的不多。聘人的挑战就是，你要的人不感兴趣，申请的人又常常不合格。所以聘任的挑战常常是说服不想来的一流人才来申请。我跟他解释了，除了传统的守株待兔的做法之外，我们还要主动出击，到世界各地找合格的人来申请。起先他对这样做产生的差旅费很担心，当我指出如果聘错一个人，要浪费三年的薪水时，他就了解了。下面就是如何做品控的工作。为了控制程序，保证公正不遗漏，我们定了以下的规则：

人事部负责接收所有申请书，由系主任、院长招募的候选人，也需要向人事部递交申请书；

人事部收到完整资料后，立刻正式进入科大申请档案库；

人事部在收件一周内，负责将申请书转交相关科系；

科系在收件两周内，必须通知人事部；

符合初步审查资格，进入教员遴选外审系统，如果获得最后推荐，报告学术副校长；

不符合初审资格，资料退回人事部，已经决定不合格的由人事部通知，不要让申请者久等——这是对年轻学者的尊重和体贴；

人事部负责掌握每一申请人在科大申请系统内的进度，以报表方式每周通知副校长。最后入选的由人事部正式通知，办理入职手续及发放相关福利。

在聘人工作上，科大要做到公正不漏，绝对不能徇私说情，绝对不能有任何差错。

我告诉叶主任，我不但要做到绝对公正，还要杜绝任何可能不公正的错误印象。虽然我的朋友、同学、亲戚里有好几十位有名的教授，我不推荐任何一位；虽然我的很多孩子和侄甥已经可以申请初级教职，我也不鼓励他们任何一位来科大。由于我们是主动招聘，我们不但要做到绝对公正，还要避免给任何人任何可能的错误印象。这些都由人事部负责监督。他欣然同意了。这个制度，加上我们严格的学术审查制度，使我们在短短三年内迅速招聘几百人的过程中，没有任何差错。

## 和财务处一旦定下规矩就要遵守

由于在香港我们开创了主动招聘人才的先河，社会很注意我们的一举一动。为了说服天下英才来香港，我们常鼓励受聘人来香港看看校园、设备、同事等等，希望能感动他们，逆着潮流来香港服务，共创科大。十七个系同时在招聘几百位教授，科大就经常有访客需要招待。校长吴家玮对招待标准非常注意，一方面是为防弊，一方面是怕给媒体任何花边材料。他花了几个月定下了一个标准，什么级别的人，有多少访客，多少陪客，每人可以花销多少，等等，都有详细规定。这个规定，校长交由财务处监督执行，所有招待开销，必须财务批准才能报销。如果不小心，这一类的规定，常常变成教授和财务或校长摩擦的根源。不过由于规定大致合理，所以大家都遵守。

不久，这个规定就受到第一个考验。香港电讯的总裁盖尔在丽晶大酒店请我吃了四顿饭，讨论我对科大科研的计划。后来，当校长的募款运动迟迟不见成果时，我去找他，他决定捐给科大一亿港币，我觉得为了科大，礼节上我需要回请他一次，我们也不能小气，就在丽晶老地方请他吃同样的餐点，付账时才发现他们的招待标准远远超过科大的标准。为了维持家玮辛辛苦苦建立的招待标准的信用，我坚持由我个人付，麦法诚坚决不同意，说要闹笑话。最后我找了张鉴泉，他捐了一百万专款专备校长们招待老总用，这才解决了这个难题，维持了科大的招待标准。

过了一年，招待标准又受到了考验。在开学前几个月，我们正忙得天昏地暗时，麦法诚拿了一个厚厚的公文夹来我办公室，吞吞吐吐地说需要和我商量。我看了一下发现，又和招待标准有关。工学院在招聘一位名教授，他和很多系主任都认识，所以他们一群人和他一起吃饭，财务处觉得人数违反了规定，数目也较大，所以不肯报销。财务处和五位教授就开始了一场笔墨战，来来去去就积累了一叠信。我看了一下总数只有一千五百元，却花了一二十小时的时间打笔战，实在痛心啊。我翻了当初我们同意的招待标准，回头看那次的标准的确为难了教授们，但的确是不符合校长定的标准。我又翻一下那一叠信，觉得两方辩不出结果。所以我就到工学院和院长及系主任们会面，我说，那规定对他们那场聚会的确不合适，假如以后会不断有这类聚会的话，我们可以要求更改规则。但是校长要求财务处监督执行这一规则，他们没错。现在开学在即，大家忙得天昏地暗，不应该再花精力在打笔战上。总共一千五百元的账单，我建议我出五百元，其他你们看着办，总之我希望这事到此为止，不要再斗气了，划不来。我觉得，学校规矩越少越好，订定之前一定要和教授多多沟通，并且定期监督是否需要修改。一旦订下，大家都要遵守。否则人事部和财务处就没有办法完成校长交给他们的监督职责。如果出了问题，学校声誉会受损。学校声誉是我们的公共财产，大家都要尽力保护。

## 预算拟定和审查的步骤

1991年还有一件大事，这一年是我们第一次招学生，家玮叫我拟预算，这是一个运行的预算，而不是预备预算。我跟家玮说，这个预算制度上轨道以后，至少教学这方面应该是从下面运行到上面。他说，下面要乱来怎么行？我说我要给他们一个指导纲要（guideline），因为那个时候必须要知道从校长那里可以拿到多少钱，全校一共多少钱，院里系里分下去有多少钱，然后他们再拟预算报上来，我们反复讨论几次才定下来。他说，那就试试看，我们让底下把预算报上来。

报上来后家玮跟我说，出大问题了。什么大问题呢？总务方面像财务处、人事部等，都要求人员几乎要增加三倍。问他们怎么要这么多人，他们振振有词地说，要钱是因为我们要办事，没有人我们怎么办？又说学生从零增加到七百，工作人员肯定相应地要增加。我跟家玮说，这个我不能接受，为什么呢？比如说财务方面一下子想增加七八个人，以后每个人都要分派做事，人一多的话流程也变多，我们报销的时候就会左查右查，可能要查好几次，把学校整个管死了，这样不行的。然后家玮就告诉麦法诚要砍预算，我说，这不叫砍预算，这个预算稿本本来就是不对的。麦法诚就叫底下再做预算报告，重新报上来的预算只减了一点点，来来回回搞了几次，还是不行。

最后校长拉了我和麦法诚一起讨论要怎么办。我就说了我是怎么做的：我会告诉底下各部门每个月的经费是多少钱，然后让他们按这个额度去做预算，如果不行的话再谈。我要求做的是零基预算（zero-base budget），不是去年有多少钱，今年再加一点，因为假如这样的话，预算会越做越高，本来预算成本就已经很大了。预算应该是为了这一年的需求做的，而不是在去年的基础上加5%。财务处就问我，钱教授，你怎么会这个的？我说因为我管过钱。通常大家会说我去年的预算是这么多，你今年给我加10%，我就会说去年的资料不在我这儿，你重新给我做个预算，把为什么需要这么多钱每一条都给我解释清楚。

这么做，这个过程就难多了，不可能每年这么做，但是每过几年必须要这么做一次，尤其第一个预算报告必须要这么做，结果发现实行不了：校长和行政副校长管不住他们！家玮就想出一个能让他舒压的办法：全校预算一起审，所有的一级主管、院长都参与，这样可以借用很多教授的压力。我们教务这边很快就把预算做得差不多了，麦法诚说他们总务还差很多，于是就从财务处开始。

财务处长先说他们去年预算是多少钱，那时候没学生，现在有七百个学生，要增加多少钱。我说不行，要做零基预算。他不懂什么叫零基预算。我问为什么需要这么多人，他说，报销要检查三次。我问报销检查三次，要多久才能完成？他说至少一个月，多半要两个月。我说，好，你要十二个人，假如我给你四个人的话你怎么办？他说，只能检查一次。我问，只检查一次会怎么样？他说，出错了谁负责？

好，球过来了，怎么接？

我说，那这样好不好？我们就告诉所有教员，大家都埋怨现在报销常常两个月才能完成，现在为了提高效率，我们想所有报销在两个礼拜之内一定要完成。所有报销是暂时性的，三个月之内如果发现有错的话，多报的差额要从报销人的薪水里扣回来，少报的发回去。你们如果愿意的话，我们就这么做；不愿意的话就用老的制度，反复审，那就要两个月才能报销完。大家都选择用新的制度。

我对总务处的人说：你们不需要每个人都复审，抽查三分之一就可以，如果有人有问题，可以多查一点，不需要再征求当事人同意；钱要扣回来的，扣回来也不需要再征求他同意，因为他已经预先同意这么做了。从薪水里直接扣掉，一两次之后大家就会小心。总务处总算放了心，雇人预算压下来了。

等我们的人事、财务、秘书制度都建立，四大中心主任都上任，开始物色他们各自的团队往前狂奔，保证赶上1991年10月2日开学时（见第四章），我终于有时间喘口气，有时间检视全校工作情况，第一个就是全面检视我们聘任的审查过程。

## 人情的压力与廉政公署的效力

的确还会有人情请托的压力，但我可以无视，我也没有为别人请托过。有人建议的话，我都假装没听懂。他们要申请的话，我规定了一个制度，就是直接向系里申请。信会发到人事部，人事部收了之后会立案，给个编号，登记什么时候进来的、什么时候发到系里，系里是什么时候响应、聘或不聘等等。人事部每个礼拜自动给我一个报表，每周六下午我看一遍，这样我就可以掌握每个系的进度，并保证其中不出奇怪的现象。

有一些莫名其妙的人。例如我有个中学同学，他说要来香港，要我帮他安排演讲，还要我帮他支付机票钱。我说这是系里面决定，和他专业相关的那个系的系主任是我同学的弟弟。我就跟系主任说，你们系里觉得值得请他就请，虽然这人是我同学，但这人跟我不相干的，我相信你们的判断。这位宝贝来香港后，要我帮他安排五个学校的演讲，还要人家用豪车把他接到学校去，越来越不像样子。后来我干预了，请他别来了。这位教授学问还可以，不过要求有些离谱。他埋怨我如何如何，不过大家后来也一笑置之，所以不能怕得罪人。

我们聘这么多人，只有一个人来说过情。某日某位校董打电话给我，他先问我最近学校办得怎么样，最忙的是什么，我说就是聘人。他问我是不是申请的人不多，我说是申请的太多，可是合格的不多。他就提了一句说，某某人蛮好的，你听说过没有？这下我立刻警觉了。我后来调查了一下，他提的那个人是他的小舅子。我开始不高兴了，就问他，你要不要我特别关注一下？他连忙回说，不要不要。我说，我们都建立一个制度了，只要有申请，我们会一路追踪下来，每周有表的。他就说，按照这个制度走好了。他当时要是敢多讲一句话，我就要把他举报到廉政公署去，他的董事之位跟社会地位就整个没了。

我想这在内地、台湾都做不到。所以我雇了这么多人，没有人来干扰过。我们买了这么多设备，也没出过任何问题。我相信是没有回扣的，因为廉政公署随时会来。

我刚上任，廉政公署的人就来找我了。我说我什么都没做，他说他们是防患于未然。他说，你们这么多人从美国来，又在短期之内要花掉这么多钱，聘这么多人，很容易出问题；有些东西在国外不是问题，但在这里是问题。我跟他们谈了很久，学习了不少东西。比如他们聘的人都是大学刚毕业的，工作三年后一律辞退，怕他们建立了社会关系。任何人只要报上身份证号码实名举报，他们就必须查。查完之后就两个结果，交给检察官起诉，或是向廉政公署的委员会解释为何没有立案。这是总督任命的委员会，里面包括律师、会计师等专业人员。他们不只查公务员，有任何人的开销跟收入不成比例，他们都要查。所以我才晓得为什么马会这么赚钱，钱都拿去跑马了。香港稍微有钱的人在马会都有包厢，周末就去那吃饭喝酒。香港的马会1960至1996年称"英皇御准香港赛马会"，里面规定了利润跟开销的标准。所以香港到处都是马会捐的钱。我猜想他们是要照顾上层社会的利益。例如他们的所得税只有15%，抽的都是房税、地税。英国人在香港没有房产，所以房税、地税都是中国人在缴。他们的所得税非常低，高层的人都是英国人。香港当局90%的收入是卖地，10%是税收。税收里面的所得税很少，都是房税占大宗。

港科大能办起来，是因为人事和财务是独立的。但这样的大学在内地和台湾创办就不容易，因为有着结构性的差异。我跟我们同事讲，香港是一个理想的环境。我们聘人绝不接受请托，花钱的话更是要小心。假如有心里不安的，你直接告诉我，我就一路上报给廉政公署，我觉得这一点一定要保持住，所以在香港做事是很开心的，很多烦恼是没有的。

## 与校董会延聘委员会的共识

我们那时候所有院长和首任系主任的任命都来自董事会。董事会有个延聘委员会，主席是副董事长张鉴泉，他那时四十八岁，是政坛活跃新星。他所有时间都花在工作事务上。一般香港的聘任制度是把申请信递给人事部，他们决定名单然后再开始面谈、谈薪资。我觉得这样行不通，我们要找到最卓越的人，速度要快，尤其是院长跟系主任的人选。延聘委员会跟我是对口单位，由我向他们推荐人选，他们再上报给委员会。委员会通过以后，再经过董事会批准。院长跟系主任的人选，董事会要求由他们决定。如果我们要三年开学又要三级三审，工作会非常繁重。在美国老牌学校里，我们会定七八个候选人来演讲，演讲时大家都得来听，听完之后大家来投票。但张鉴泉说他们没有这么多时间。

我觉得我和他要建立互信，就是必须要知道双方对确定人选的标准跟品位。我说你们把建大学十五年、二十年的工作压缩到三年，显然需要高效率，也需要高度的授权，你们打算怎么样？我现在要聘五十个人，每个招聘名额都要送几个候选人。他们说送一个候选人就行了。我说那不行，因为你们不知道我的标准，我也不知道你们的标准，我们之间还没有互信。我希望是能双重确认，万一搞错你们可以及时发现。

张鉴泉问我，到底要找什么样的人才，到底要聘什么样的人？我说，第一，要一流学者。所谓的学者，要有非常强烈的好奇心，想要知道事情本末。第二，我想聘到学者兼教育家，从他怎么带学生可以看出来。第三，是格局大的人，能为自己打算也为别人打算。格局这种东西，在申请信跟推荐信上看不出来，是否教育家更看不出来。

我说今天是我们的第一个任命，我带了五份卷宗来给你们看，三份是直接从申请的人里挑出的最好的三人的卷宗，另外两份是从我们去找的人里挑出的最好的两人的卷宗。最后我们要选一人做系主任。我已经按我的原则和判断排了序，我建议你把这五份卷宗仔细看一遍，也列出自己认为的一二三四五排名，然后我们来讨论比较。为什么我觉得这个程序非常重要？因为大量的人来申请，又有外面传说人事都是少数人在管，所以我就要把这个迷思打破。这些来申请的人都不是我的同学和朋友，我认为全世界的人，都是我的班底。这一点我做到了。这么做几次之后，就知道双方的品位了。授权一定要建立在互信上面，否则将来会有风风雨雨。

张鉴泉说，他的一二名比三四五名显然好很多，和我发现的一样，为什么？我告诉他三四五名是自己申请的那一群，一二名是我们四处去找来的。他了解了我们不能守株待兔，而必须花大量时间精力到全世界去寻找挖掘人才的原因。

他问为什么他的前两名排序和我刚好相反，我说系里觉得两人学问都很好，甚至他心目中的第一名还更佳，但是我们没有把握说这一位更适合当创系系主任。我访问过张鉴泉心目中的这个第一名，认为他不合适当创系系主任。因为我认为他比较以自我为中心，很难拿出大量时间去创立一个系，所以适合当一位资深教授。我告诉了张鉴泉我观察到的细节，他同意我的结论。这样交流两次以后，我就只向他推荐一位候选人了。我们的互信就是这么一点一点地建立起来的。

到第二年时，院系运转开始上轨道，寻找遴选的责任下放到系里，系里按规章审查通过后，推荐到院里，院遴选委员会（由院长和院里所有系主任组成）通过后，由院长推荐给我。但是我要求每一个人必须对自己的独立判断负责。

有一次我还发现一个院委员会把外审推荐信的意思看反了，完全误解了推荐人的意思。我认为这是一个严重的失误，必须及时警告所有的同人。虽然知道会给人下不来台，我还是到院里去，和院长及所有系主任开会讨论。我请他们把整个资料卷宗仔细看一遍。后来一位系主任才发现他把一个"not"看漏了，所以得到相反的认知，而他的系遴选委员那天都没有细看，就通过了。到了院里，院长和所有系主任也没细看，就推荐到我这里来了。其实这现象几年前在别处我也见过，我叫它"群盲"，就是在一群人中，大家放弃了自己的独立判断，盲目赞同他人。一人错就全体错，是为群盲。对群盲现象我们讨论了很久，最后同意每个人都要为自己的判断负责，院和系遴选委员会的推荐，每个委员都要签名负责。那以后，我们对整个遴选过程就更小心翼翼了。这牵涉年轻人的职业生涯，和我们的声誉，不能不谨慎！

最后，终于有时间回到耽搁已久的工作：定义学术副校长办公室并寻找两位协理副校长。由于我们和这一层次的人才交往不够，所以决定登报寻找。很幸运地，我找到了两位协理副校长：刘信德（Henry Liu）和农唐诺（Donald George）。他们来了以后，学术摊子的工作就更上轨道了。

## 两位协理学术副校长

刘信德是吴家玮校长推荐给我的，是加州大学旧金山分校的一位很有经验的行政人员，他学的是理论高能物理学，所以我们很容易沟通。他很聪明，但是很低调。他不是冲锋陷阵的脾气，但是如果他得到信任，他会很细致地把事情做好，并且长期追踪。这正是"后勤司令"要做的工作。他上任以后，我们谈了一天"后勤司令"的理念：科大要发展，已到任的教授必须能尽快展开科研和教学工作，当他们能做到比他们原来的学校更有效、步伐更快时，科大的学术声誉自然会上去，新的教员才会源源不断地来，科大才能蓬勃发展。我也详细向他介绍了四位中心主任,我要求每一个中心必须要做到比在美国还好的目标,并且鼓励他们放手去干,做得好是他们的业绩,有问题是我的责任,因为是我要求他们向前狂奔,完成一般人认为不可能的任务。我们很快达成共识以后,我就把四大中心(图书馆、教学服务中心、计算机中心以及实验设备处)全交给了他。从那以后,我就没再过问四大中心的进展,只是碰到一些大问题时,参与了一下。如我所料,四大中心都高水平地如期完工,使科大准时开学。我也可以把精力转向制度化以求永续发展的工作。

除了刘信德的职位之外,另外一个学术协理副校长职位,有很多人申请,经过筛选以后,1990年圣诞节前一周,我注意到一位加拿大人农唐诺,他使我立刻想到一年前来访问我们的加拿大不列颠哥伦比亚大学(UBC, University of British Columbia)的代表,以及我接见的几个高校代表,其中有一个较新的西蒙菲莎大学(Simon Fraser University)的代表——农唐诺曾在那里担任过副校长和工学院院长。他曾参与创立了三个工学院,也曾经是加拿大不列颠哥伦比亚大学的副校长,是一位创业型的人物。我和他在电话里谈了一个钟头,我们谈得非常投机,他很愿意到我这来做我的副手,他说他要到香港来看看。我的习惯是尽量到申请人的窝里去看看,可以了解更深。我当时就决定在第三天去美国东岸时,在温哥华停一下,当面看看他。

我去温哥华一见面就觉得他是我想要的人。但我去了他的办公室,一进门就看到整个房间有二百七十度的海景,好漂亮!我转头就走,说,不好意思,我来错地方了。他说,你不是找我吗?我说,是,可是我现在发现跟你谈也没用了。为什么呢?因为到我们那边的话,你的办公室只有一个小窗子,还有一个大柱子。他说,我如果想看风景,我就坐在这里,但是我想做一些事情。你既然老远跑来看我,肯定是遇到了问题。他说,我白手起家,创建过三个工学院,我知道那是多么困难的一件事。

我就告诉他我们的设备、费用、电脑等等,都没有问题。他说,你们的设备比我们好,你们有光纤,我们的网络用的是铜线,你们的图书馆已经数字化了,而我们现在还在买书。他表示很羡慕。我告诉他,我在港科大工作满三年就要走,现在学校大楼都快建好了,很快要开学,可是《科大手册》还没写呢。他说,我去看看。我说,细节就先不要谈了,最重要的是你先去看看喜不喜欢。你要退休了,你也没孩子,你不需要钱,我建议你先来一个月,看看再说。过完年他就到香港待了一个月,那是1991年1月。

我发现这个人真的很精彩,有教员跟他胡闹的话,他就笑笑根本不理你,继续做他的事。所以那些爱闹事的人拿他没办法,并且他还能把人吃住,因为人家都感觉到他很有经验,真是一位高手。他要离开香港的时候是一个礼拜一,礼拜天早晨我跟他说,我们见个面,你把所看到的问题和解决方法都讲一下,最后谈一下你愿不愿意来。礼拜天一早他到我的宿舍坐下来就谈,我只记得我有好几次站起来喝水去卫生间,后来突然听到有人敲门,我把门打开,是机械系主任董平,带了一位他正设法说服来科大的学者。

董平说,走吧。我问,到哪儿去?他说,我们约好了今天一起吃晚饭啊。我说,是吗?他说,是啊。我说,不可能,我还没吃中饭呢。到哪儿去?他说,去码头吃大排档。我一看表才知道已经下午6点钟了。农唐诺和我谈科大工作,从早上9点钟一直谈到下午6点钟,中饭也没吃,那种体验再没有和别人有过。

我就和农唐诺说,我们去吃晚饭吧,去吃大排档。到了码头,服务员给我们每个人一卷粉红色的厕纸。农唐诺摇摇手说,我不需要。我说,要,你需要!他摇摇头说,好吧,老板。我们要坐的板凳上都是水,我就把纸撕下来一直擦,他就跟着擦,旁边有个纸篓,擦完就丢进去。坐下来桌子上又都是水，他说，不用告诉我怎么做。他就把纸撕下来一直擦。碗和筷子拿出来都是湿的，我们另外弄了一盆热水，拿着碗洗干净以后，又用粉色厕纸擦干。他跟我说，我经历了一场最奇怪的招聘晚餐。我们喝啤酒，喝完再回到我的宿舍继续聊。我问他，怎么样，是不是要来？他说，我不来的话怎么会跟你去用厕纸吃饭？

我就汇报给董事会，董事会没有问任何问题就同意了，加了一个职位，请他做我的副手，分管学术方面的事务。1991年6月他正式上任，第一个月他、刘信德和我，天天一起吃午饭，谈的都是科大。有一天，他突然说，CY，我也要一个中文名字。我说中国人先写姓，再写名字。姓大多是三千年前周朝时候封的，大多是封地名，不过也有的是职业，如，我的祖宗给周文王管钱，是钱府上士，所以就姓钱。你呢？他说，我不知道我的祖先，但我一直想成为一名农民。我就说，OK，你的中文名就是农唐诺。农是农民，唐诺就是Donald。他很开心，立刻打电话报告了他夫人。从此他就是农唐诺，还印了中英对照的名片。

他的第一个任务就是在三个月之内，赶在开学前，把我们的《科大手册》写出来，每个老师和同学都会有一本。他一来就把工作推进得很快了，先通知所有院长系主任，三个月之内必须完成这项工作。我们已经有个简单的初稿，但是很多系主任都不满意，又没有时间和耐心写，就搁在那里。那手册实在很难写，要把科大的一切规则都写下来，各系的课程，必修、选修的要求，毕业要求，都要详细写下来。然后每个月询问每人工作进度，他知道很多人在打马虎眼，他也不吭声。最后时间到了，很少有人交稿，他就把他写的完整初稿拿出来，说请你们看看。很快大家做了一些微调后就通过了他写的《科大手册》，不过保持了他的英式英文。它既要呈显科大的教育理念，也是日后一切行动的根本。不只文笔要好，还要有深厚广博的教育经验。终于，开学的时候人手一册。

很多事情都在他精简明快的手法下完成了。他做事从不拖泥带水。由于他的参与，我们所有讨论都是用英文，只要稍稍离题，他就抗议，把话题拉回来，所以我们开会效率也提高很多。虽然他开学前九个月（他1991年1月就来工作，之后是远程，直到6月正式上任）才加入我们的团队，但在很多地方留下了他的痕迹。他在科大工作了三年，后来退休回到加拿大，在渥太华和佛罗里达来回跑，每次开车经过巴尔的摩，都会带着一只大狼狗在我家住几天。有一次他带了一盒圣诞礼物给我，打开一看，是一卷很白、很软、很精致的厕纸。他说："这是我能够找到的加拿大最好的厕纸，我希望董平今晚在这里！"我们都大笑，想到1991年1月底那晚的香港大排档，和在科大创校时天真无邪、并肩努力时的快乐时光。

他夫人去世后，他来的次数就少了。他年龄比我大几岁，假如还在世的话，现在应该九十多了。每次看到加拿大的新闻，我就想到他。

## 有效沟通编织共同理想与共识

我体认到校长还有一个很重要的任务，就是不断地跟新来的人员谈话，尤其是与资深教授们会谈，把他们的梦想与理想编织到我们的共识里，使全校所有的教员为这一个共识、为这一个理想去奋斗——我觉得是非常重要的一个工作。因为只有在理想的驱使之下，大家才能每周七天、一天二十四小时地努力。

我们很快就发现共识这件事远比想象的要难。一开始去的十来个人，我们成天谈的都是科大，很快就有共识了。过上两个月以后，又来了一二十个人，不断有新人进来。我就想起来几十年前米尔顿·艾森豪校长主持霍普金斯大学建校时建立的一个制度，就是每两三个月要面对教员们开一次会，开会的时候，他把学校过去两三个月碰到的所有问题、他怎么处理的都报告一遍，并且把他所预见的到可能发生的问题也都报告一遍，教员们不管资历深浅，都可以参加会议，都可以问问题并且得到解答。

我们在港科大采用了同一种做法，实行了一阵以后，秘书们也跑来问可不可以旁听。我们觉得让秘书们参加的确很有道理，因为他们完全不了解：为什么办大学？什么是研究型大学？为什么我们在全世界招聘，并且是主动地招兵买马，而不是等到应聘人寄来介绍信、申请信，用简单方法去筛选？为什么我们对每件事情的要求非常高？意识到这点后，我们觉得很抱歉，把他们忽略了，他们也会问问题。让他们参与会议的话，他们就晓得我们在忙些什么东西，为什么要做这个做那个。我们做的很多事，在香港都是从前没做过的事情，或者做了以后觉得不成功、不可能的事情。从大家的问题和建议里，可以看出不同的想法，原来的理念就会微调，反映出更多人的愿望。回想起来，当时很忙，要抽出时间做这事，真要下决心。当时我们在做的，其实就是在孕育科大文化。老的大学没这问题，因为已经累积了百年传统。新的大学的传统就是这么点点滴滴地累积起来的。这种文化建设，做好了，大家不觉得；没有的话，就问题重重。

后来，行政副校长麦法诚那边的秘书也想来参会，人事部主任、财务处主任也都想来。那时候我觉得很为难，但他们的理由很充分，说他们要来了以后才知道，为什么我们教员招聘的程序跟其他的大学不一样，为什么财务方面也都是授权到系里面，不像其他大学是集中在校一级。这对我有点尴尬，因为他们是属于行政副校长管理下的，而我只是面对教学、教务这方面的人，不要越线啊！我就问了一下麦法诚，征求他的看法。他很爽快地告诉我，他曾经想让我专门去跟他的职员也讲讲，不如就请他们的职员一起来。所以很快，每三个月一次的报告，就对全校的教职员都开放，虽然大家都忙，每次来的人还是很多，感觉很好。

后来我发现一个问题，这个报告会既然是对全校教职员开放，这件工作好像就应该由校长来做，而不是我来做。所以我跟吴家玮谈这个事情，问他是否应该接这件工作。家玮就说我们当初的分工是他负责对外，我负责对内，既然这事情是对内的，那就由我做。他那时忙着在外面争经费筹募款，实在忙碌不堪。

因为学术这一大块虽然占了85%的预算，可是我们需要得到行政总务部门100%的支持才行，所以他们需要了解我们；另外搞技术转移的那一部分人员也需要知道我们的工作，毕竟他们需要知道我们的限制和我们的困难，还有我们花钱有多谨慎，这样的话他们花钱也会很小心。于是这个报告会就变成每三个月一次全校人员聚在一起沟通。现在回想起来，这种定期的全校工作人员的沟通建立了香港科大的默契，使大家同心同德，非常重要。我们在三年之内居然能够把香港科技大学建立起来，的确是依靠了几乎每一个人日夜的忙碌，并且向同一个方向，所以凡事就特别有效率。

除此之外，任何教员要见我，都有权安排我们见面。我见一次教员的时间是二十分钟，我的办公室没有沙发，就一张高高的桌子，因为我上班都站着，他们进来以后我们就站着谈，也不供茶，一刻钟之内谈完，谈完了以后就做了决定，最后五分钟的时候，李咏梅会带着电脑进来，我们就重复一下我们的决定，李咏梅立刻把决定形成文字打印出来，签字以后问题就解决了。假如事情牵涉到系里或院里的话，我们会事先安排系主任、院长在场一起谈。这样做有很多好处，第一就是效率一下提高了，第二是每个教员觉得他是一个受到重视的人物，还有也可以间接防止系主任与院长忽略或挤压了需要及时批发的公文。

## 提高效率的电脑开屏倒计时提醒

为了增加效率，我们又做了一件事，就是建设计算机系统。我们教书匠都知道，只要告诉学生期末要交一篇报告的话，他们多半是期末前两个礼拜开始写报告，不会是四个月前就开始写，假如说三年之后要交报告的话，那前三年一定没有人写报告。我们所碰到的情况是：1988年9月1日我们开始陆续报到了，开学是在1991年的10月2日，一般人的概念里都会觉得没关系，还有三年呢。时间就会拖过去了。所以我们注意到一件很重要的事情，就是每一个部门、每一个系、每个院都需要有个进度表，比如说是化学系哪一个领域要聘什么人，第一年聘多少，第二年聘多少，又花了多少钱，实际上都已经写在上面了，记得很清楚，日子都在。艾伟林在计算机上做了点工作，每个人每天早上打开计算机的时候，开屏第一眼看到的就是还有多少周开学，到了最后一年的时候，开始以日计，压力更大，很多人看得胆战心惊，体会到时间的紧迫。

这个制度实行了大概一年以后，大家觉得很好，天天提醒我们时光飞逝。有一天，麦法诚跑来找我，要拜托我一件事。他说："我们现在觉得压力非常大。"我问"我们"是谁，他说是他以及他手下各科室的主任。我说我从来没要求你做任何事情，为什么会有压力？他说可是你的建校速度都已经定下来了，我们都知道到什么时候要做成什么事情，打开电脑每个进度表就显示，今天是第几天。我问他怎么办呢，他说你能不能把那个开屏的警告（"离开学还有××天"）去掉。我就跟他开玩笑说，这个我们可以谈一个买卖。

那个时候我们都在海港城同一层楼、一间大统舱里办公，大家在分座位的时候，抽签决定位置。有一次化学系的系主任尤乃亭想跟生化系系主任王子晖对调一个办公桌位置，子晖说没问题，你请我吃一顿饭就行，乃亭答应了，就对调了。于是我们十来位已经报到的教员照例一起去吃中饭。吃完饭乃亭去结账的时候，呆了一下子，他以为吃顿饭大概一千五百块港币该够了，结果发现快两千块港币，因为王子晖是老香港人，他知道什么好吃，点了一条老鼠斑的蒸鱼。后来看了一下账单，这道菜就是半顿酒席的价钱。还好乃亭有个佐治亚理工的特别小金库可以支付。从此我们每人有事就请吃饭，大家作陪。

我告诉麦法诚，没关系，你请我吃一顿饭就行。我告诉他上次乃亭请吃饭的事情，麦法诚说他只求结账的时候自己心脏病不发作就好。他请大家一起吃了午饭，饭后我们就把电脑的倒计时提醒拿下来了。拿下来以后，才过了几天，理学院院长跑来问我，为什么把开屏倒计时拿掉了？我说因为行政总务方面的人吃不消那个压力了，他说这样子不行的，职员吃不消压力，但是我们的教员需要更多的压力才行，你一拿掉，他们就各自写论文，不去理会创校的麻烦事了！我说麦法诚已经请我们吃了这顿饭，我们也拿掉了，这不能出尔反尔。他说，我请你吃顿饭，你再把它放回去。这第二顿饭还没吃的时候，麦法诚跑来了，说他改变主意了，他发现把那个提醒语一拿掉以后压力就没有了，大家就无所谓了。他问我是不是可以把它弄回去，特别强调饭还是照请的。那个时候大家忙是忙，但是这种苦中作乐的插曲还是蛮多的，原因就是都有一个共同的理想要把事做成。由于我们的使命感，我们的理想非常的不平凡，所以我们的确吸收了一大群不平凡的人。

我们那么早就建立了一个互联网的系统是非常好的，除了日常工作方便，和那时还在美国以及在其他国家的一些教授，通过互联网保持联络，远比只收发电子邮件好多了，有网页以及各式各样的信息都同步放上去。回想起来，港科大在这方面走在香港所有学校的前面，只是当初我们不觉得。我相信当时其他大学都没有通过电脑互联网联系。1988年那时候大部分人都还没有电脑。我自己在同一年买的日立笔记本电脑是六千美金，重量三公斤，挺沉的。那个时候很多产品陆续出现，可是都太贵了，使用并不普遍，港科大就用有限的经费为每人提供了比较廉价的桌上电脑。

每位教授的办公室里都有网络，并且非常快，不只这样，教员宿舍的书房里也有网络——这都是学校负责的。家里书房里他们是用自己的笔记本电脑，在办公室的时候用学校提供的电脑，所以基本上大家都上网了。虽然我们从来不要求大家上网，不过自然而然大家都上网，因为信息都在上面。这样如果有任何人对我有要求的话，发个信息来，我的秘书李咏梅就会看到，如果她能处理就处理了，处理不了的我就及时处理。

## 建立科大的学术品控制度

在我们开学前一年多，教育局打电话来通知我，科大需要写个报告，注明科大的学术品质控制制度，这在美国叫 QC（quality control），英国叫 QA（quality assurance）。在英国大学的网页上，首页上直接有一个链接，解释他们大学的品控制度为何，要求写得非常清楚。香港的教育局要求我们采取英国的制度。

几百年来英国大学的品控惯例是：每个系都聘请一个校外的顾问来组织评审委员会（assessors），评审委员每年1月到系里，整体看一遍那一年每一门课大考的试卷——英国大学没有学期考试，没有月考，只在每一个学年年底（大约5月）有一次考试。学生在校三年就靠这三次考试决定，最后算总平均成绩的时候，不是三年成绩的平均，最后一年大概占50%—60%，第一年大概只占15%。学生不是每个星期做作业或写小论文，而是全靠一年一次大考。这个大考就决定学生的成绩，从这个大考里面评鉴这个学校的质量。所以评审委员在1月到每个系里看每一科的大考试卷，看题目是不是太简单了，跟教学大纲是不是符合，学生反应如何，等等。然后5月考试完成的时候再去一趟，比如，把历史系所有开过的课的大考考卷看一遍，评审委员决定历史系今年这些考卷里面有几个人可以得一等的A，有几个人是二等的B，假如分数打太高或打太低，都最终以评审委员的意见为准。从这些改过的考卷中大致可以看出这个学校的教师水平和教学水平，判断题目是不是出得太偏了，学生是不是真的没有学习到东西。

这就是评审委员制度，这制度在英国实行了两三百年，效果是好的。但是移植到港科大呢？我觉得行不通的。比如我们数学系五十个教授开了两百门课，从英国找一个数学教授来做评审委员，是做不到的。英国的做法可行，前提是系必须非常小，比如每个系只有七八个人，课也开不了多少，专业是非常狭窄的，所以找来的人只要应付这一点即可；反观我们数学系五十个教授，教的什么课都有，单找一个数学家来评审，有些科目内容他可能看都看不懂。所以我反对。还有一点就是，我们招聘来香港的常常是一流的学者，靠二流、三流学者来控制品质是做不到的。

所以当时我做的一件事，也是后来我的继任者孔宪铎提到的，就是采取美国式品控制度。我以教学副校长的身份代表学校任命，为每一个学院组成一个学术评审委员会。这些学术委员会要涵盖每个院里的所有的系，所以这个委员会人数就比较多，大约是五六个人，几乎是为每个系找一位名学者。他们本人必须是科学院院士的水平，在美国是院士，在英国是皇家学会会士。他们最好是学者，不搞行政工作的。他们来是向校长负责，看看哪个学院学术标准到底如何，不是为院系护航的。

我认为这是科大一件头等大事。每个系主任都可以向我推荐委员会成员，我跟每一个被推荐人都见过或电话谈过，并且参考了各领域国际专家的意见。比如有一位生物学家，是我认得的美国科学院院士，他在约翰斯·霍普金斯大学旁边的卡内基研究院（Carnegie Institute）工作。之前我跟他见过，他问我要他做什么，我说我们想办个一流的研究型大学，这是我们的使命。他说这个野心非常大，我说是的，我相信假以时日可以做得到，我们一开始标准就定得非常高，一切都宁缺毋滥，并且要保证我们办学方向正确，所以才成立这个学术顾问委员会，我说："请你来主持如何？"

他问我找一些什么人，我说这些人的详细资料都会立刻提供给他，将来《科大手册》对应每一个学院都会指明院长是谁，系主任是谁，教员，等等，同时列出顾问委员会名单。他说他可以帮我忙，但是他可以不列在这个名单里吗？我说你必须得列，不列的话不能请你当这个主持人。我是托孤的心情，我把这个学院的品质交在你们手里了。这是很大的挑战，毕竟不是每个人有这样机会的。

他问，我们对谁负责？我说，你们对我负责。他问，校长呢？我说，校长会列席，校长授权给我，所以这是我的事，不是吗？我说，你到港科大后跟任何人谈都可以，你不希望什么人参加，也取决于你。唯一的要求是希望你走之前，有一个书面报告，同时还有一个口头报告。他问口头报告是不是一定有，我说一定有。他问对谁报告，我说对我报告！若你希望院长系主任旁听是可以的，若是只要跟我一个人讲也行。他就答应了。

委员会专家来了以后，我们提供所有资料给他们查看，包括学院里每一个系教员的履历、著作等等。要求他们每次在港科大待一个礼拜，我们提供他们商务舱来回票（他们可以把一张商务舱票换成两张经济舱票，夫妻一起来参访）。到校后住在校园的校长官邸附近的招待所，以上宾之礼招待这些学术评审委员。

## 总督为科大办了一个酒会

第一次理学院和文学院的学术委员会开会时间相近（都在1991年暑假），在这中间还有一个特别安排。我们组织好两场学术委员会评审以后，我给校董会张鉴泉打了一个电话，一上来他直接问我要多少钱。我说这次我不要钱，也不要你请客吃饭，我说我要你办一个酒会，你来主持。我要总督参加。他说这是很少有的。我说总督会愿意的。他问还有什么人会参加？我给他一个十二个人的名单，里面有四五个美国科学院院士和英国皇家学会会士。他问，这些人会来吗？我说我跟他们都单独谈过，他们在科大已经待了一个礼拜时间，他们看了每个院教员的履历和学生资料，他们工作非常努力，仔细看了我们的制度和师资，还问我为什么聘这个人或那个人。我们欠了他们一个酒会。他问，他们为什么会来？我说因为我要他们老实告诉我们科大的文学院和理学院到底办得怎么样。"好，没问题。"他说。总督为科大办一个酒会招待他们，令人很难置信。所以我们等了两天，等一切敲定才宣布。

总督的酒会顺利开办。物理学系主任陈显邦一进来，见到总督没有行礼，却直接拍拍他的肩膀跟他进行美式问候："嗨，卫奕信，你怎样？"教育局的人在旁边看愣了。总督没有生气，总督夫人也在，我赶快想该怎么办。于是我戏谑地装凶跟陈显邦说："嘿，你要有规矩才行，否则给港科大丢脸喔，你不知道崇高的总督代表女王吗？！"显邦马上警觉地抱歉说："啊，对不起！我很抱歉！"总督夫人出来打圆场说："挺别致的。"接着我跟总督夫妇一一介绍几位全球闻名的院士与会士。总督说："虽然我的官衔是总督，但是我认为自己是位学者，我经常与有名的学者会面，但从来没有像今天一样，一次见到这么多位的有名学者，并且居然在香港！"

我说，我们非常感激他们来，香港也应该感激他们，因为他们主宰了港科大两个学院的品质，总督听完就说这是很好的制度。我就说，我们无法跟从老（英国）的制度，只能靠新的制度，这些委员花了一个礼拜的时间反复讨论每个教员的资格。总督就跟教育局代表说："这做法值得考虑，英国的老制度已经进行逾一百五十年了，是不是也该考虑改变了？"我注意到，教育局长在旁边很留神地听到这对话。后来教育局就尊重我们的做法，不再坚持他们的做法了。这是张鉴泉帮的忙。

第二天，我跟张鉴泉说："嘿，干得好，谢谢！我知道你花了本钱的，不过这个结果对科大很重要，很值得。"张鉴泉哈哈大笑，跟我说："你知道吗？这次我一毛钱也没花！"我问为什么？他说："我要求总督办一个酒会，跟他说会有很精彩的人来。后来他说他这一辈子没见过这么多有名的学者，等于把香港地位提高了！还谢谢我呢！"其实，一件事如果放开手做得好的话，人人都感谢你——做得漂亮，总督也跟你道谢呢！

## "能不能请校长退席"

学术委员会这个制度是好，但是重要的一点是校长和副校长要当回事来做。学术委员会开会时，校长吴家玮为表示尊重来了会场，也请校长讲几句。他讲了十五分钟后，就说有任何事情需要帮忙，可以告诉他。会议主席举手，家玮问他什么事，他说："我们能不能请校长退席？"我听得呆了，家玮也呆了。我傻傻地看着家玮，他问："你觉得呢？"我说："下面的议程不需要你，也不需要我。"家玮说："不需要我的话，我就走了，不过你该留下，免得不礼貌。"然后他就走了出去，顺手把门关上来。

我假装吓坏了，说："嘿！那是我的老板哎，你们竟然把他给踢走了！那我是不是也该走呀？""不，你留下来！我们是因为你来的，我们要跟你报告。"我说："既然如此，你们为什么把我的老板踢走了？""他刚刚十五分钟讲话里，有十分钟告诉我们科大办得多成功，教员多棒，经费多好。假如这么好的话，要我们来干吗？"这话说得真厉害啊！我的秘书李咏梅在旁边跟我眨了下眼睛。我就问会议主席，刚刚那些话要不要记录呢？他说，不要不要。

家玮真是不容易，科大真该感激他！他一点也不在乎，换做是别人，一定会在意的！还有一点是，平常大学校长要见总督不一定能够见到，但是这次见了一些院士和皇家会士，也见到了总督。我想这对香港的高等教育影响很正面。可信度本来就是这么一点点累积下来的。

接着他们开始问我问题，都是关于科大办学理念、经费、行政分工、对每一个系的期望、未来计划等。我说，我已经提供给你们书面资料了。他们说，资料太多了，还是口头回答比较简要，并且"我们比较相信你亲口说的"。这些人真是老手啊！后来他们就进入了两天的闭门会议。中间他们曾几次要一些资料，我们都很快提供。

两天以后，他们讨论结束，也草拟了书面报告，就把我找回去，开始口头报告。评委会主席说你们的理学院的院系设计非常合理。系的设置限制于五个系，都是最基础的系。可是当中有个生化系却不是最基础的，为什么这样安排？我就跟他说，我们预料在生命科学、生化这方面的发展前景非常乐观。我们考虑了很久，假如把生化系跟生物系放在一起，将来很可能搞生化部分的人会比搞基础生物的还要多，造成尾大不掉。另外一点是生化跟基础生物的价值取向不太一样，生化将来可能会跟生物工程技术的关系重叠，我希望那时，生物系还是保存纯粹的基础学科。委员们觉得这做法很有前瞻性。

我说另外还有一个原因是，我们办学要把北美洲成名的学者拉过来，他们常常觉得到港科大就要有作为，他们觉得做系主任才会有大作为，不然觉得好像不值得来了，所以也要靠多设立一些系来吸引人才。他们同意这个理由，也觉得是很现实的想法。

经验里，我们要拉一个人来，常常为他量身定做成立一个系，我说，我不会做那种事，因为那样就会弄出太多的专业很窄的系，并且彼此重复很厉害。就各位委员所知，约翰斯·霍普金斯大学就有四个生物系，就是因为当初要拉两个教授过来。很多人都重视生化，我们干脆创校就设生化系，将来再过五十年，很可能有变化，但我们先做下来再说。

会议主席评论说教员水平都不错，他请每一位委员谈了一下他们专业的那个系系主任及教授们的学术水平。基本上，他们对一个新创的学校能在短期内聘到这么多好的教授，远渡重洋来参与，印象很深。他们问我来了以后如何保证教授们的研究工作能够顺利展开，我告诉他们我挑起了"后勤司令"的担子，建立四大服务中心，来确保准时完成。他们对科大建立全校光纤及计算机网络，深入每一位师生的书桌，非常震撼。还有我们成立仪器设备服务中心来帮助解决教授们设备的问题，觉得是科大很明智的投资。

有一位委员问我如何解决资深教授不肯教重要的大一大二课程的问题。我解释了我们规定每一位教授的教学工作量，都以他教的人学分数计算，还在黑板上写了一行公式来解释。到底都是理科大教授，他们五分钟就弄清楚了。这对他们很新奇，有两位说他们要说服他们的系里也采用这个方法，去解决本科生教育不受重视的老问题。

最后主席问我为什么理学院院长不是学术成就最高的人，我说这件事情我们考虑了很久，我们一个新的学校一下来了快一百个教员，几乎都是学者，只有两个人当过系主任，只有他一个人当过院长。还有一点我跟他们说，我不想长期做行政工作，等创校任务完成后就要离开，顶多待四年。当我走的时候必须有一个院长是蛮有经验，可以跟校长合作的，暂时可以代理一两年副校长。看两人能否合作无间，同时继续找教学副校长和院长。务必使每人各得其所，全力合作，把科大继续壮大起来。

当我把理学院评审委员会书面报告交给家玮时，他花了一天时间仔细看了，然后我和他谈他们的口头报告，他很惊讶也很感激委员会能那么仔细认真，帮他了解了理学院各系的学术情况，对以后科大的发展帮助很大。同时他们和总督的会面，也使教育局对我们的做法多了一份尊敬。我们不但建立了新的评审制度，还使以后的工作容易不少。不过关键是请到真正的一流学者参与，并且他们相信我们很认真，不是走过场的。这次评审委员会非常成功，也是因为这六位委员都是院士级的大学者，没有系主任院长之类的行政人员，所以态度非常认真，不打马虎眼。

## 员工得急病怎么办

科大对教授的重视还有些细节是一般人注意不到的。医药急救就是其中之一。我们在开学前，需要把一百来个家庭，从国外连根拔，搬到完全不熟悉的香港来，他们的年龄都在五十岁上下，都是一群工作狂，也是心脑病突发最多的人群。清水湾远离市区，万一这两百多人里有一人急病，怎么办？送临近医院，还是特定医院？

我和行政副校长麦法诚和几位大夫朋友讨论这个问题，他们都认为，在香港急诊不能送临近医院，要送两个最大的医院：玛丽医院，或威尔士亲王医院。它们分别是港大和中大医学院的教学医院，是香港公认的最好的医院。玛丽医院有五十年的历史（1937年成立），威尔士亲王医院比较新（1984年完工）。好多人把玛丽医院排在前面，因为它历史久，各科比较齐全。但是它在香港岛，从清水湾去相当远，还要过隧道，碰到堵车，就难预料。所以急诊还是就近去沙田，送威尔士亲王医院比较合适。我特地去拜访了那时中大医学院的胡德佑院长，说明了来意。他很慷慨地给了我他的大哥大号码，并且说，将二十四小时开机，如果科大教员出了紧急情况，立刻开车送沙田的威尔士亲王医院，同时打电话给他，等车到达时，他将在急诊室门口等我们，汇同科大的陪同照顾一切。如果他离港开会，大哥大将留给副院长代理一切。那时中大和港大的朋友们，即使素不相识，对我们在香港办一所一流研究型大学，推动全港高校的科研计划，都非常支持，各方面都很慷慨地鼎力相助，令人感动。在这里我要谢谢他们，在20世纪末期的香港，读书人做到了中国传统的守望相助。

我以为这样已经做到最好的安排了，所以在每周的院长-系主任会议上反复提出，强调人命关天，出门在外，一定要守望相助；同时在教职员会议上也多次宣布，万一遇到问题，一定立即通知我的秘书李咏梅，动员全校力量。不料后来还是遇到意外，留下了遗憾（见第八章）。

# 第六章　科学研究的规划、经费及募款

一开始，我跟家玮约定的他"主外"我"主内"的工作分工，类似所有美国研究型大学校长（President）—常务副校长（Provost）的分工方式。这样分工帮助很大，我们可以各忙各的，不过我们几乎天天都通电话，保持联络。

科大创校时的标志，就是这一地区一所一流的研究型大学。所以提供一流的教学之外，我们还要启动全面的一流研究工作。什么是科研？大学需要什么条件？我们当初的构想，如何达到这目标的？我们如何募款启动初期的科研？如何管理？以及我们如何和香港社会互动，达到双赢的目的？在这一章里我将做一个比较系统的叙述。

## 启动科研的必要条件

创立一所研究型大学的必要条件，不外乎人、实验室、实验设备、研究经费、科研管理和学术氛围。

第一，人。研究型大学的教授，除了是教育家之外，还要对研究有深厚的兴趣，对不断地探求真理有自然的冲动和欲望。并且在创校期间我们要从自身有经验的团队领导学者聘起，由他们担任院长系主任，再去聘资深及年轻的教授，发展出研究团队，这是学术副校长的责任，也是最重的工作，直接决定以后科大的层次（见第五章）。

第二，实验室。一般老的学校都已经建好了几十年，不是大问题，通常由行政总务方面的副校长负责。但是科大是从无到有，一切从头设计建造，当我发现筹备委员会当初给建筑公司的设计要求是按理工学院的设计要求，设计出来的建筑和研究型大学不相符时，就突然出了大问题。后来我就担起这主导重新设计的工作，这是一个艰巨的工作，但是得到了所有系主任的合作，获得了很多有趣的经验，所以最后我们如期完成了这不可能的任务（见第四章）。

第三，实验设备。科学研究离不开实验，实验需要设备。研究型大学在创办时，需要建立各式各样的教学和科研的实验室（两三百个），要有各式各样的先进设备。经费的获得、设备的购置及管理，都是大学问，要仔细考虑。校长成功地说服港英当局，一次性地批准前六年的设备费用，然后学术副校长担负起全校教研工作"后勤司令"的任务，和系主任们一起决定了一套管理办法，解决了僧多粥少的矛盾，同时大大提高了仪器的使用效率（见第三章）。

第四，研究经费。1988年时，家玮和我对香港的估计是，从长期看，港英当局必须成立一个相当于美国的国家科学基金会支持大学的基础研究。那将花掉我们大量的社会能力去推动，但是必须做，并且还要说服其他的高校一起支持。我们希望三年后开学时，它能成立，但是刚开始时，支持力度一定不大，所以我们要自筹经费启动科大的科研。

我们估计，商学院和文学院的发展较慢，工学院的研究有大项目，那需要时间和企业及当局机关建立关系。1991年开学科大必须以各种方式提升名声，那就要靠理学院的基础研究和工学院的比较基础的小项目。我按过去二十多年在美国管理研究经费的经验估计，在科大开学时我们需要自筹到约四千六百万美金（约三亿六千万港币的捐款），才能启动前三年的科研工作。这笔经费，至关重要，因为创校的团队如果两三年不能恢复他们的科研工作，很可能纷纷求去，以后招聘教员时，他们一定裹足不前，而科大如果想站住脚，必须连续一二十年都能不断地聘到优秀的研究型教授。

第五，科研管理。科大的教授既要教书，又要研究，如何管理？经费如何分配？系里要聘专门教书不做研究的教授吗？研究中心可以聘专门做研究工作不教课的学者吗？研究项目完成后，就辞退他们吗？前面已经说过团队很早就决定科大的教授人人教课、人人研究。学校资源的分配按各系所教的人学分计算，以保证大家对教学和育人的重视。

我参考了美国的几个国家实验室（Livermore, Los Alamos 等）以及几个大企业实行多年的办法，建议我们的教学和科研工作采取矩阵式的管理。简单说来，以系为经，以中心为纬。人才培养是大学比较永久的目标，科学研究常随社会需要改变。所有教员都由于对学科和育人的热爱，由系里按数十年的发展前景来聘，研究中心是按社会需要（所以就有研究经费）而设，不断地消长。我们可以拿从前的寺庙做比喻。僧尼出家，都是由于信仰进了寺庙，都是长期的，相当于我们的学系。当有需要做一台法事的时候，方丈可以按需要向各寺庙征求人才，法事完成后，台子拆了，僧尼就都回到各自的寺庙去。

当社会对某种科技有特别需要时，如信息科技，我们筹到经费后，成立一个信息科技研究中心，邀请各系的相关学者来申请参加。当社会需要消退，研究经费减少时，这中心就撤销，学者回到他们的系里，参加其他的中心的工作。重要的是，研究人员都是机动的，来自各系，研究中心不聘不教书的教授，这种矩阵管理方法不但保证学科的健康持续发展，也可以促使科研工作永远与时俱进。

## 研究经费来源：当局拨款与企业捐款

我去香港的时候，董事们都答应会帮助我们办学。那时我们讨论很久，认为研究型大学要在香港办成的话，每年的研究经费就是很大的问题。研究型大学的层次有多高、规模有多大，跟研究资金有很大关系。基础研究的开展都是靠当局支持，但那时候香港并没有专门机构支持大学的基础研究。我们去香港那一年，香港当局对港大、理工大等学校，所支持的经费总和是两百万美金一年，远远不够所需。还有一个更严重的问题，香港不觉得自己需要有科技，因此就不需要有科研，这是一个非常错误的观念。他们打算让制造业出走转移到内地去，希望可以在金融业站住脚，成为中国对外的门户。当时我们都指出这个想法太天真。他们一直强调香港有一个独特地位，内地的发展永远赶不上香港。的确内地要在人均 GDP 上超越香港需要很长一段时间，但是内地只要有一个中小型城市超越香港，香港的特殊地位就立刻丧失。即便是要搞金融投资业，也必须要有追踪各个行业的科技水平的能力。所以发展科技方面是很重要的。香港那个时候自我感觉非常良好，觉得当局不需要花钱，而且强调英国式的治理，自由放任（laissez-faire），就是抽税抽得少，让资本家随便搞，因为他们最懂市场需要。

然而这仅仅是表相，实际上，香港当局常常强力干预经济。比如说电信方面就只能有一家大东电报局，因为他们当初是从英王那边得到授权经营的，一百多年了都没变化，表示当局默许他们的独占权。其他像马会跟各行各业都是如此，有着强力的当局干涉。香港的房价全世界最高，这也是香港当局的作为。因为他们每年只释放五十公顷的地建造住房，所以地价自然非常高。为什么地价要高？因为香港当局很大一部分收入是靠卖地。他们不卖九龙的地，在维多利亚港口不断填海，填出来的地就卖掉。所以我们香港的办公室原先可以看到海，结果过两三年后前面造了新的更高的大楼就看不到海了。

之前稍稍提到提升香港自身的研究能力，这里仔细说说。我们估计当局的拨款刚开始一定不多，但之后会慢慢增加起来。当其他学校看到我们申请经费的数量较大，他们也会慢慢赶上来，促成一个良性循环。我们把推动整个香港的科研当成科大的一个任务，并且我们找的人确实非常有责任感。那时候大亚湾的核电站正要动工，有环保人士担心核污染，开始反对。研究中心的结构力学专家陈介中建议，先把香港本地的背景辐射数据收集起来，每天测量，等大亚湾启动后还是持续测量，这样才有科学根据判定香港辐射是否有变化。我们为此项目跟香港当局申请经费。之前香港曾经测量过两次相关数据，都是香港当局请外国顾问公司来测量，因为香港自己没有科技人才，碰到高科技问题都请顾问公司发外包。这些请来的外国顾问一般都不是最顶尖的人才，他们一般都先到当地花几个月适应环境学习语言，然后再花几个月做调查测量、写报告，当时间一到交了报告就把原始数据撤走。香港如果要在现代科技社会里生存下来，必须要有自己的科技人才。所以大学要开始培养这些学生以及本地的研究能力，不能再依赖外面的顾问。将来要成为主权国家的一部分，这些数据一定要累积起来。后来大亚湾核电站启动之后，我们测到的辐射数据和之前相比没有增加，所以没有引起环保争端。这类事还没开学时科大就先做起来了。

未雨绸缪，走在社会前面，是一流大学的社会责任。

## 香港科研拨款委员会的成立

那时候我们看得很清楚，香港需要科技人才才能生存，当局就要开始支持大学科研工作，我们必须要帮香港成立一个支持基础科研的机构。这是对外事务，当然由家玮负责。他说任何社会改革，都要先"制造不满"，要提高香港的自觉意识，为了香港的未来，不能长此下去。因为成立任何单位都需要通过立法局的一些程序，立法局必须要从社会感知压力，才会采取行动。那时香港人觉得自己是最好的，当时台湾的科研工业发展比香港进步多了，但香港人就是看不起台湾。那时候我刚结束借调到美国国家科学基金会的工作返回霍普金斯大学，所以对很多国家的政府投资基础研究多少钱非常清楚。同时在那之前一两年，国内刚成立自然科学基金委，主任是北大校长陈佳洱。我们曾花了很多时间讨论在东方文化里，自然科学基金委应该如何做、可以如何做，所以思考了很多。

我们说动了张鉴泉，他对这件事非常感兴趣，他希望我们帮他们开始宣传工作，由家玮主导，我就开始收集世界各国在科技研发上投资的一些数据，提供给他们，按每年 GDP 投资在研发上的百分比来看，香港远远落后在世界其他地区之后。有一天我突然接到电话，说记者要来采访，采访完了之后记者报道出来的数字错得离谱，我觉得很懊恼。从此我学乖了，后来就先把数据做成笔记，跟记者谈完之后即把笔记交给他们"参考"，使得媒体报道不会太离谱。有一阵子我每天接到电话，立法局的议员要开会之前都打电话来问我相关的数据，我还要用不同的方式制作图表，呈现同样的事实，使他们不会重复别人的发言。他们说我以往总在实验经费里面打滚。我们做高能物理实验的人，由于需要大的设备去攻克前沿问题，需要经常注意金额数目的发展和社会及当局的改变，以便筹措大笔经费。所以几百亿的经费对我而言是小事一桩，谈起来得心应手、如数家珍，得到了记者和立法局议员们的信任。

最后香港成立了研究拨款委员会（RGC），一个类似美国国科会的组织，隶属于大学拨款委员会之下。这个时候香港当局接受了自己有发展科技的责任。开始拨款前，必须建立合理的拨款程序。我们强调拨款审批必须要有外审制度，任何在港学者都可以提报研究计划，然后送到国外审查。目的是脱离小圈子的人情干扰，并且保证国际水平。

RGC成立后第一次开放申请时，大家都很注意。那时候记者来采访，问我们估计申请经费的状况。我跟记者说其他大学有上千位教员，我们开学时聘任了一百零九位教员，但是已经上任的教员才只有五十六位，所以一定不会申请到很多钱。可是我私底下跟张鉴泉说，我们学校一定会拿到最多钱。最后审核结果公布之后，我们学校的教员获得的研究经费总数超越其他所有学校的总和。这件事引起了社会的注意，一方面发现我们的教员的确厉害，一方面也猜测是否还有其他原因。记者问我们如何申请到这么多经费，我说今年只是例外，因为香港一向不注重科研，现在突然要大家提报研究计划，很多人没准备好，不知道该怎么写。写研究计划是很难的，从构思到完成至少需要一年时间。而且写研究计划要有研究经验及实际成果，从前要是没做过的话，就很难得到国际同行学者的认可。还有，我们聘的人，都是四五十岁的科研骨干，他们已经写了二十多年的研究计划，是这方面最强悍的一批人。以后我们会有大批年轻人进来，这优势就会被冲淡；同时其他学校很快地也会学会怎么做科研、写研究计划，我们获选的百分比自然就会降低。这不代表港大、中大不行，只是一个新的环境需要适应，所以我们那时候尽量把姿态放低，避免不必要的误解。

## 开学前校长的募款策略和目标

学校刚启动的时候，当局的钱一定跟不上，拨给我们的钱只够买仪器。所以我们自己建立了一个启动经费。开始花钱最快的是理学院，物理、生物专业都是要花钱的。工学院是计算机方面的研发比较花钱，土木工程就要很长的时间慢慢建设。这又牵扯另一个问题，就是我们学校的研究怎么管理？学校经费的分配是按照教学需求考虑的，研究不算在内。所以，我们提供最基础的研究设备，然后想办法争取研究经费。教员的职称升级和聘用，都是外审。科研外审的话，可以实现公平、保证国际水平，那我们更有义务提供经费，因为我们要教员出产国际水平的成果。

1988年底家玮和我估计，除了当局一次性批准的仪器设备费用，及后来预期可以开始从RGC申请的经费以外，我们自己建立了一个启动经费。我们估计开学前需要募到至少四千六百万美元的捐款（约港币三亿六千万元），理工领域的研究工作才能展开。这项募款任务就自然落在校长家玮身上。这在美国不奇怪，募款是大学校长的第一要务。四千六百万美金也不是太大的数目，香港的富豪向美国大学捐款时经常是几千万或几亿美金，现在香港创立一个一流的研究型大学，家玮觉得应该可以说服他们转向捐给家乡的大学。

家玮的确为此花尽全部心血。当时他请了一位世家助理，为香港的百大家族建立了完整的数据库，例如各家的产业跟家庭情况、捐款记录等，都收集得很清楚。1989年他忙着募款，我忙基建设计和四大中心的建立，搭档得很好。

1989年10月，我们到港一整年，我们检讨各方面进度时，问他募到几千万了，他很痛苦地说，没有。原来他定了一个策略，希望每人一次要捐一个亿以上，他的经验是，如果一开始就接受几百万的捐款的话，数额就很难提上去，就很难达到三亿六千万元总数的目标了。

那时我们看他无穷尽地访问、应酬，周末有事还和富豪家庭坐他们的游艇一起出海，短则大半天，长则过夜，虽然觉得他一定辛苦，却有些羡慕。因为那时大家都忙得天昏地暗，只有他，不需要担心基建，不需要到处奔走挖人，也不需要担心各系的发展细节。哪知原来背后如此，才想到他的压力一定很大。

有一个周末，他拖了我一起上了一位富豪的游艇出海去玩，我才大开眼界。

通常那些富豪跟家人一起出海，有专人开船、服务，到离岛沙滩去晒太阳聊天。聊一个钟头还好，三四个钟头之后又要跟他们的家人一起聊天，真是一件苦差事。既不谈世界大势，也不谈知识经验，漫无目的地聊天，哇，好累啊！真像陪太太逛街买东西，即使是马拉松选手，半个小时内一定会崩溃。

过了一个月，他又拉我上了另一条游艇，到东沙群岛那边去了一趟。回来时我已经濒临崩溃，家玮却问我这个富豪怎样。我告诉他，我的直觉是这个人不会捐钱。他说，不是，不是，我问的是你觉得他的船怎么样。原来他连人家的游艇尺寸、多少船员、时速等，都如数家珍。那时才知道他对捐款工作投入之深！我突然了解为什么霍普金斯大学的穆勒校长有一次花三年时间募了十亿美金的捐款，却从来不让任何一位教授参与。教授们没耐心跟人周旋啊！后来我实在吃不消了，家玮也看出来我对应付这些富豪仕女实在低能，所以就不再拉我去。他答应不再找我参与他的一亿大佬的募款工作。

有时家玮也拉其他教员去壮声势。譬如，邵氏影城就在科大校园旁边的山上，每个周末都放电影招待他们的客人，由年轻女明星主持，有时家玮也带我们去。起初还很新鲜，后来看没什么募款希望，也就失去兴趣了。不知为什么，虽然邵氏是我们邻居，家玮不断地下功夫，却一直没有收获，直到三十年后邵氏才对科大捐款。

## 募款无进展怎么办

募款的无进展让我们俩心情非常沉重，因为这将直接影响研究型大学的研究工作，间接地就会影响到教员聘请工作，也就会使三年之内创设一个研究型的香港科技大学的工作产生致命的困难家玮知道我在答应董事会立即接任理学院院长时，曾获得几位董事们全力协助的承诺。所以他建议我去和董事们交涉，要他们捐款，以免研究型大学流产。我有些犹豫，因为那时我已经到了一周七天日夜工作的地步，难以再担起更多的工作。并且董事会那一块是校长的工作范围，不宜混淆。所以我问他，既然董事们聘任理学院院长时，答应全力协助，那么在他接受校长的任命，答应三年创校时，照例校长也应该争到了董事们的承诺全力协助，因为一般有名大学在启动巨额捐款运动时，一半以上的钱已由董事们认捐，造成气势，其他的人再锦上添花地补足余款。

他说那时答应得很仓促，没有这个承诺。并且他以为上任后，以他的能力可以说服香港的富豪们纷纷解囊相助。不料一年忙下来，他们一毛不拔。我对他接受任命时居然没有提要求很惊讶和不解，但是完全了解问题的严重性和他的挫折感。这个问题必须尽快解决，否则我在基建和四大中心上的努力都白费了。所以我同意担起一些募款的工作，希望一旦募到一亿时，可以启发家玮长期接触的富豪团也东施效颦，开始捐款。他说，如果其他的三个院长都如此的话，经费就有保障了。不过也有人说，如果院长都能募款的话，何必还要花几百万年薪聘校长呢？

那时家玮提到募款还有一张王牌。1989年11月8日科大奠基典礼，钟士元请到英国的查尔斯王子来参加，家玮请了他的富豪团，估计到时他们都会来见英国太子。我也请了五百多位中学生来观礼，或者可以帮助感动富豪们开始慷慨解囊。同时他希望我也出去募款试试看，"不然开学怎么办？"

这时我才了解我以前错估了家玮的打算和作为。虽然以前我从来不肯做行政工作，但是在霍大时，为了推动一些项目，我曾担任校长特别助理二十年，目睹校级的很多工作。每次校长都要等校董会答应全力支持时，才会上任，否则犹如自杀。每次校长发动募款时，都早早得到校董会的大力支持，并且多半三分之二的款项已经从几位大佬那里认捐，然后再发展找几百万的"小额"捐款。我没想到家玮在接受校长任命时，居然因为"匆忙"没有得到校董会的保证，同时他在宣布募款计划时，居然没有先弄到一半的初款，后来也始终不见董事们的捐款。显然他在旧金山大学当校长时，募款经验不太多，所以才会有一连串的挫折情况。

说实话，我一生不喜欢求人，更别说要钱，开不了口啊！否则我也不会那么讨厌当校长了。现在校长募款失败了，只有学术副校长出面试试看了。1988年我答应冒险来港参与科大创校时，近二十位校董都分别表态支持，有三位表示一定全力协助我：中华电力的老总潘国濂，马会的总裁华金斯，以及香港电讯的老总盖尔（见第一章）。我就先从他们三人开始。

## 大东电报局的一亿元港元捐款

潘国濂是我在台大电机系的低班同学，起初很热心，后来觉得大环境有变化，所以决定捐款稍缓；马会已经捐了二十多亿的基建费，再去要一二亿，好像不对；并且我有一个感觉，以后还需要他们帮大忙，所以就以基建工作和他们保持联络，等情况清楚再说；我决定集中精力在香港电讯的老总迈克尔·盖尔身上。

盖尔先生每个月都请我吃饭，他第一次见面就问我需要什么，以及需要多少钱。我说我希望科大和香港电讯能互相帮助，以图永久。能不能先看一下他们有什么设备，做什么工作，有什么问题。他说，你不需要担心我们的问题。我说假如我们要你捐钱的话，应该是互利的，因为大学的建立是要为企业界培养人才。所以他每次都派了工程师带我全香港跑，了解他们的设备及业务。他们的技术除了有以前的电报、当时的电话、传真，还有海底电缆、通讯卫星技术，三百年来的技术应有尽有。因为他们公司受英王诰令，整个香港的电讯市场就只交给他们，没有成立其他的公司，所以各式各样的通讯方法他们都得负责。他们的确是有需求，而我们能帮忙的就是提供好的毕业生。对他们而言，捐出几百万是小事一桩。

第二次吃饭时，我说我猜他现在每个月要去美国拉人投资。他奇怪我怎么知道，我说你们七八成的股票是英国人持有，现在英国势力要退出香港，自然希望拉美国利益集团介入，共同保护在香港的经济利益。我说我也要每个月去美国四处游说，虽然他是找钱，我是找人，但是挑战都一样：要说服对方，在"九七"之后香港不会完蛋。或者我们可以互相帮忙。他哈哈大笑说，好啊，可是怎么帮啊？我说，你可以和我聘任的对象说香港大企业都支持科大，看好科大，香港不会完；我可以告诉你的金主说大批了解中国的一流学者，放下在北美二十年的基业逆向去香港，帮忙建立六十年来世界上第一所研究型大学，可见人们看好香港，香港有希望。他说好主意，建议我下次不必去挤客机了，坐他的私人飞机去，先一起见见我的教授们，再去见他的客户们，互相发言支持。我说一起见也不坏啊，他想了一下说也可以，不过他们通常是在有米其林星级的牛排店吃牛排，我说，不好，我带你们去最好的中餐店。可是那个月基建设计上出了些问题，我没去美国。

谈到第三次的时候，他就问我，到底要多少钱？我说我实在不知道，这取决于我们聘到谁，还有香港当局的支持，这么多领域我实在不知道。不过相当紧急，因为校长原定的募款计划，目前还没消息。他第四次请我吃饭时，突然问："九千五百万好不好？"我脑子一时没转过来，他解释说："香港电讯无条件给你/你们(you)九千五百万元，好不好?"

我才悟过来,啊,有戏!怎么回答呢?我按住了兴奋,要拖一下!我说:"那要看你的'you'指谁了。如果指我,不,谢谢,太多了;如果是指科大,不够!"

这下轮到他蒙了。他很快不好意思地告诉我:"是给科大的,太少?你要多少?"我问他:"能不能给我一个亿?"他问:五百万差别大吗?我说,即使是九千五百万元,也破了香港捐款纪录了,同时没有任何附带条件,效果就更大了。我接着说:"当初我来香港时,你、马会和潘国濂都说会全力帮忙,现在你如果捐款一个亿,我就去找潘国濂,问他可以捐多少,或者他也会出一个亿;如果马会再出一个亿,我们开学需要的科研启动费,就差不多了。如果我说九千五百万,很可能他们就要开始还价了。是不是?"

他想了一下,说:"有道理!"希望我给他三天时间。

过了两天,他真凑了一亿给我。我立刻就告诉家玮说,好了,我搞到一个亿,你快去向你的富豪团募款吧!家玮大吃一惊,因为这件事情在香港从来没有发生过。大东电报局从来没有向大学捐过钱,香港大富翁就算捐过也是几百万而已,而且这四次都是他请我吃饭,是掏了腰包请客再捐钱啊!

不过重要的是,家玮应该请董事们帮他去说服这些富豪大佬们纷纷各捐一亿啊!(当然两亿也可以!)再一年多就要开学了!急人啊!

后来我问盖尔,凑到一亿元为什么要等两天?他说他原先向伦敦的董事会提出一个计划,说要用一亿元资助香港的高等教育。拿到以后,他打算把其中的九千五百万给我们港科大,剩下五百万给其他学校。他说这是公司营运税后的钱,所以不好回去再要五百万。我估计最后他私人捐了五百万凑足一亿港币。我们用这笔捐款按照我们的计划,成立了一个资讯技术研究中心,带动计算机系、电机系、物理系、数学系及其他一些相关科系教授的研究工作。由中心提出重要的大课题，相关科系的教授都可以向中心申请。

接着，我还需要一两亿的捐款成立生物技术研究中心，来带动整个生命科学及化学化工的研究。兴奋完了以后，家玮催促我说："快去找潘国濂！"我对他说："快去找帮忙找你的富豪团！"就满怀希望地分头努力了。

## 再捐一亿三千万港元——感谢马会

我去中华电力找潘国濂，他说大气候不好，所以一时不好办。我告诉他我相信下面马会也会捐款，实现他们的承诺。请他能够捐时，和我联络。不过后来潘国濂一直没消息，我猜他一定是遇到困难，就没再追问。

原来我们希望香港电讯破天荒的举动，可以引发家玮接触了一两年的富豪们东施效颦。可是几个月后，毫无动静，两年的努力，血本无归，而离开学日只剩一年了。

家玮忧心如焚，决定要"卖房子"：认为到这地步只有小本经营，用命名校舍来引发富豪捐款。所以他定下一个价格单：捐一个亿，就可以得到图书馆的命名；一个大讲堂多少钱，中型讲堂多少钱，等等。把还没有完工的每一个单元，都定下价格。一楼进门的大厅例外，那必须是"马会大堂"——感谢马会！可是问题来了，这些建筑都是马会先后捐的三十亿港币建的，到时一定会挂上大的牌子感谢马会的捐款造了全校，我们再卖一次，合理吗？所以我提醒家玮应该先和马会商量。

我没料到家玮说："你和马会比较熟，还是你去说吧。"其实马会主席是董事会副会长，两人都在董事会常委会上，每月见面好几年了，自然很熟。只是家玮说他去怕说僵了就不好办。可是募款是校长的主要工作，董事们任命了校长，就必须帮他捐款啊，怎么会谈僵呢？

不过最后我还是答应去了。其实我真担心的还是，两年过去了，即使我说服马会同意我们"卖房子"，如果几百万一千万地凑，要凑到哪一天去啊！如果心里没底，聘人时又如何对招聘对象说？如何不断地给院长和系主任们打气往前冲啊！或者，别再指望家玮的"富豪团三亿六千万计划"，设法找华金斯再捐生物技术研究中心，等家玮的卖房捐款累积起来时，可以应付通信和生物科技以外领域的零星计划。我们可以照样开学。

我又去马会找华金斯做我们每个月检讨学术大楼外部建筑施工的进度，及内部实验室设计的进度，他说外部十五个月的施工计划都按原定进度进行，问我内部设计进展是否满意，我说现在建筑方非常合作，处处在为我们节省空间，我们又想出一些办法，使实验室有效使用空间又加大了。他笑着说："看来你5%空间的胡萝卜还发挥效果了！"我为了让建筑公司和我们同舟共济，曾经和他们约定，留5%的空间供他们设计发挥，去拿设计大奖。看来，作为工程总监，他的消息蛮灵通的啊！他也问到四大服务中心的进展，他对硬件方面的建设既内行又关心。

华金斯恭喜我从盖尔那里得到的一亿捐款。他说，那在香港是破纪录的，他们都没料到。他小声地自言自语，"Maybe he is forcing my hand ..."（"可能他也逼我行动了……"）。他接着问我打算怎么用，怎么拿了这么多钱，还是愁眉苦脸的。

华金斯对科大真够意思了。捐了三十亿基建费用不说，当我指出原来的设计错误，他二话不说就同意重新设计，并且给了我那把"钱教授不签字，不能破土"的尚方宝剑，使得建筑师很配合，务必要造出一个能满足世界一流研究型大学需求的大学。他看到新的设计，一定也有成就感。他不过是董事会几位副主席之一,对我也只是1988年8月那顿晚饭上说了"我们将全力协助你"而已。对这样的朋友,我们必须诚实以待。

所以我告诉他我和家玮原来的计划。开学时不能靠RGC,来不及。我们估计需要三亿六千万私人捐款启动第一批教员的科研工作。主要花在信息和生物两个技术研究中心上,用矩阵管理方式来带动七八成创校教员的研究工作。一定要使他们的研究工作迅速展开,才能不断吸引更多一流的学者源源不断地加入,科大才能持续发展。幸好盖尔的大东电报局给我一个亿,成立了资讯技术研究中心。接下来我们需要成立生物科技研究中心,启动生物、化学、化工等领域的科研。

"有钱没有?"他问。我说,家玮说富豪们还毫无动静,看来一时不乐观。

"那你们怎么办?再几个月就要开学啦!"他关心地问。我摇摇头,没说话。他沉默了一阵子,然后说:"看来这几年,你真把创建科大作为你生活的全部了。"我说:"是的,感谢你和盖尔承诺全力协助,正如我两年多前对你们所说,一个世界一流的研究型的科大,将是你我留给子孙后代的一件宝贵礼物。""家玮怎么说?"他问。"家玮说,募不到钱,只有'卖房子'了。"我说。

华金斯一听我们还没开学就要把房子卖掉,急问怎么回事。我说不是卖,是把校内各部分建筑物标了捐款金额,捐款的人可以冠名。我们很犹豫,因为大楼全是马会捐的,到时一定有块大牌子感谢马会,然后又是各式各样的捐赠牌子,岂不乱了!他想了一下,说没问题,你们可以"卖",到时只要一块A3那么大的铜牌感谢马会就行。其他捐款人如果也是类似大小的铜牌,不会太难看的。"卖房子"募款来得及吗?够吗?我说多半来不及,多少就要看校长的富豪团能不能被感动一亿一亿地捐了。那时我感觉到他在想那晚餐他和盖尔同时对我做的"全力协助"的承诺。该出手了。

马会同意了，而且他们还捐一亿三千万港币，要我们启动生物科技领域，这样理工科系就有一半启动起来了，可以开始建立研究型大学的雏形。我向吴家玮报告了这好消息，这时又接到一个电话，是杨振宁打来的。他质问我为什么向马会要钱。我说我没有要钱，只是跟他们说家玮想"卖房子"募款。他问我为什么马会会给钱，我说我不知道，不过当初到香港的时候，张鉴泉他们都答应要帮我忙的，现在他们在实现两年前的诺言。

后来杨振宁才告诉我，他一直要马会捐钱给中大搞生物科技，所以马会晓得生物科技蛮重要的。杨振宁的生物科技中心放在港中大，因为中大是他的基地。最后马会捐了一亿七千万给中大，一亿三千万给科大，分别成立一个生命技术研究中心。

另一方面，用"卖房子"的方式，家玮的富豪团开始捐款。开学时，他告诉我已有数百万元捐款（原来预期的1%）。一年后，累积到四千两百万元（原来预期的十分之一）。幸亏那时我已从香港电讯及马会筹到两亿三千万元捐款，勉强能应付开学时的需求，相当惊险。

# 第七章　聘人的酸甜苦辣

这一章将谈一下科大创校时聘人的酸甜苦辣。成功的固然令我们欢欣鼓舞，失败的也令我们冷静以待，从中分析失败原因，吸取宝贵教训。

首先，我们要使香港兄弟院校安心，绝对不会去挖他们墙脚。我们不会去和他们抢夺已有的资源，而是希望大家联手把饼做大，改变香港科研环境，引进新的办学理念。

其次我们要把一些问题想透：三年开学、三年合同、薪水问题、如何留人、科大是三年制还是四年制、用中文还是英文授课，等等。这都是未来教授候选人关心的问题。我们必须找到答案，才有希望说服别人。

## 拜山：不挖兄弟的墙脚

回头再看，我1988年9月到香港后的最初四个月基本上都在摸清情况，到处拜山，拜访港大、中大等学校。一方面了解情况，一方面让他们觉得我们不是威胁，不是去挖墙脚的。去港大、中大拜会的时候，一见面我就先说，我答应不主动到你们学校来挖墙脚，因为我们认为当局大张旗鼓要办一所新的学校，有它吸引人的地方，我们应该利用这个优势到海外去把精彩的人才拉回来，提高香港整体的学术水平。我说我希望你们也参加这工作，大家一起做，慢慢地，整个香港的学术水平就会越提越高。我认为作为一个新学校，挖邻居墙脚是很没出息的事。港大、中大等同人们都说，对你而言那很方便呀，翻过墙来就挖了。我说，我认为最方便的方法，常常不是最好的办法。譬如，我决定，凡是我的同学、我的同事、我合作过的人（有好几百人），我一律不主动去聘请，为的就是逼着自己面向全世界，让全世界所有的研究型大学的教员都成为科大聘任的班底，不管他们看不看得起香港，我都要想办法说服他们来。所以绝对不会翻墙去挖你们的人。我还说，有些我们想聘的人，可能会怕我们是个新的学校，很快会垮掉，不愿意来；那我先打了这攻坚战以后，香港其他老牌大学的人再去请他们，可能就比较容易了。因为港大和中大都是老店，牌子比科大这个新店响亮。

我们这么在全世界聘人，对香港未来的发展，以及对香港人才的引进都会有帮助。我希望我们的攻坚战重点突破，然后大家联手把它扩展起来，香港的日子就会越来越好过。港大校长王赓武就告诉我，香港当局给所有大学的研究经费是两百万美金一年，我就笑了，我说光我们霍普金斯大学高能物理的实验群一年就有百万研究经费。唯一的办法就是我们帮助香港成立一个类似美国国家科学基金会的组织，大家互相支持，研究经费的问题就会慢慢得到解决。

我还顺便问了他们一下，我不会主动到你们这儿来挖墙脚，但是假如你们的教员到我们科大来申请的话，你觉得我们应该抱什么样的态度？他们不太懂我的意思。我说，你们如果真担心我挖墙脚的话，要不要我做出保证，不考虑香港本地的教员，甚至昭告所有人，香港教育训练出身的人我们都不考虑？他们说，你不能这样讲，这样就看不起我们港大，看不起港中大了。我回应，假如港大、港中大的人来申请港科大的工作的话，我们就用全世界一致的标准去考察他，不会因为他已经在港大、中大了就不考虑他。我们要做的事就是让大家放心,不是跟他们抢饭吃。这是吴清辉(时任香港浸会大学理学院院长,后来是校长)向我指出的,你们来香港,大家感觉到很大的威胁,你主动去拜山,表现得很谦虚,让他们感受到你的真诚,让他们知道你要做的事不是跟他们抢饭吃而是他们都没想到、也做不到的:把饼做大,大家受益。一旦做到,对全香港的大学都有帮助。

## 杯酒泯千年恩仇

那个时候拜山就从最近的香港中文大学新亚书院开始,我去见了金耀基,见了刘述先,然后再到港大拜访了中文系系主任赵令扬。赵令扬是位很有意思的学者。那时我在修家谱,我知道我跟他的渊源。他是赵匡胤的后代,我是钱镠的后代,钱镠的孙子钱俶跟赵匡胤是拜把兄弟,赵匡胤对钱俶非常客气。钱俶归附了赵匡胤,协助宋朝一统江山,所以那个时候钱家人是可以佩剑上朝的。不过最后钱俶还是献土除国,可是除国以后赵匡胤的弟弟、继任者赵光义对他还是不放心,所以我们的三世祖钱俶带了一千个宗室,坐了二百多条船,沿着大运河北上到当时的首都开封去做人质,从此钱俶嫡系家族不得回杭州。在他六十岁生日那天,赵光义派人送了杯鸩酒给他,他跪下喝了那杯酒,就往生了。这件事我记得很清晰,其间的过程也一一考据出来。当时在讨论文学院在香港的情况时,赵令扬提供了很多信息,给我出了很多主意。他说有什么人你想挖就挖,我说我跟高锟、王赓武有一个君子协定,我不主动到你们这里挖人。但是你们学校要是有人来申请的话,我们一定是一视同仁,不会歧视。

最后创校完毕我要走的时候,我请港大和中大文科的老师们吃了一顿饭,后来发现还是赵令扬付的钱。吃饭时他坐在我右边,金耀基坐在我左边,我问赵令扬,你是不是赵匡胤的后代?他说是的。我问他多少代，他说是第三十四代。我说我是吴越国武肃王钱镠的后代，也是第三十四代。我就跟大家说，我们的祖宗三十四代之前是拜把兄弟，后来到我三世祖的时候，他的祖宗杀了我的祖宗，讲完我就坐下了。赵令扬的回应很精彩，他站起来，连喝了三杯茅台酒，说他代表他的祖宗向钱教授主动道歉。我说，好了，从今天起，赵氏和钱氏家族尽释前嫌了。最后饭快吃完时，我站起来对赵令扬说，我要谢你的祖宗三杯酒，我就先喝了三杯茅台。他问，为什么要谢？我说，有时候重要的不是你做了什么事情，而是怎么做的。要杀人的话，可以赐死，也可以满门抄斩。赵光义派人送一杯酒来，既然和赵家是拜把兄弟，互相了解很深，钱俶拿起来就喝了。这表示什么？到此为止！假如不是这样的话，可能我们钱家就被赵家满门抄斩了。那样的话就不会有我，今天这顿饭也就没了。

科大三四年，让我交了很多文科的朋友，大大扩展了我的视野。总的说来，他们懂得吃、懂得喝，思维不一样，谈的东西也不一样。

我碰到很多从前都不认识的人，大家都心怀一个理念，想为中国人做点事，想为回归后的香港办一所研究型大学。用自己的人才、自己的理念、自己的方法，按照自己的文化培养出一批人来。在这个理念之下，我们克服了很多困难。起先大家都说，每个人都可能要找你麻烦，结果是他们都帮我们出主意。有一次有人问我有什么困难，我说教育局有时很难缠。他说，这些人真可恶，我们已经被坑了几十年了。我说："传统的英国品控制度对科大不适合，我们要采用自己的品控制度。"他说："对，你把它攻下来，我们也可以自由了，我们也采用这个做法！"所以大家一个鼻孔出气，一起想办法让香港变得更好，这是蛮重要的一件事。

其实这件事学术副校长做，可能比校长做容易些。因为校长跟校长碰头，都是要争经费的；如果只是以学者的身份谈，这件事就很容易做了。在这种情况之下，比如说三年合同的问题、将来退休制度的问题，港大、港中大的同人们帮我们出了很多主意。我们三校有很多建设性的互动。

## 三年创校面临的聘人困难

基本上，我们的创校工作受到了很急迫的时间限制。世界各国著名的大学都有这样一个共识，那就是要办一所研究型大学是非常不容易的一件事情。我接受香港科技大学的任命之前，找了包括约翰斯·霍普金斯大学的校长穆勒在内的很多美国大学的校长们咨询。当他们听说香港要创建一所研究型大学，并且要在三年之内在一片荒地上建成开学，都觉得这是一件绝对不可能的事。他们认为美国最后一所真正的研究型大学，是20世纪50年代末建成的加州大学圣地亚哥分校，那个时候加州大学动员了他们所有校区的上万名教职工，全力支援圣地亚哥分校的创立。财力方面调用的是整个加州大学系统的资源，人力方面则在整个教育系统里借调，向全美国招兵买马。这个工作进行了十五年。所以他们认为，在美国建成这样一所大学少于十五年都不可能，更不要说要在香港三年做这件事情。他们反问，香港人到底知不知道什么叫研究型大学？这让我心里感到非常不舒服和不安。

我在跟香港科技大学校董事会的人面谈的时候，也问他们这个问题，结果听说香港人自信做什么都快，还从原计划六年改成三年。当时居然就通过了。

当时我考虑了很久，最终觉得，办这样一所大学不仅三年内完成固然不可能，即便是六年内完成，仍然会很难。因为创业不能靠有空帮忙出出主意的顾问们，而是靠义无反顾卷起裤腿跳进田里的学者。

六年是一位在职业巅峰状态的学者生涯中很长的一部分，很难想象让他们放下手中的事业加入新学校的建设，六年以后才看到希望。如此这般，首先找校长和他的领导班子都会很难，再要聘请教授，要他们放下多年建立的基业，抛弃心爱的研究工作，搬到香港去等六年，更是困难——六年不做研究工作，也就废了。所以定成三年不见得比六年更糟。另外一点就是，1997年香港要回归，整个规划都与此相关，所以科大必须在回归之前就站稳脚跟，并且立下声名，不会因为政策上的变化而变化，这是很重要的一件事情。我们最困难的事，是怎么样说服人才来到香港，至于是1994年开学还是1991年开学，实际上分别不大。

此外，董事会也决定了，所有教员在创校期间，合同期限三年。一开始，我认为这个是最困难的问题，三年的合同，并且没有退休制度，没有健康保险等等。我曾经跟吴家玮说，或者我们可以要求参加美国TIAA（教师退休基金会）保险，后来发现TIAA只接受美国学校的投保。天下很多事情都是看你怎么利用，换一个角度去看，我想对没有自信心的人来说，给他十年合同，也未必能做得很好。只签三年合同也有好处——在美国的大学里，休假一年是很容易的，系里就可以批准，两年休假要院里同意，三年休假要校长批准，这就不是很容易了。所以三年合约其实也不是坏事，大家会有信心——如果我创建出来这个系将来会很好，我愿意留下来，三年合约到期的时候，是去是留，我自己可以做个决定。

聘人的时候一定要替对方着想。并不是说我们贴出了广告，就会有很多人抢着来，你一个一个挑就是了，那样的人选常常不是你真正需要的人。一定是我们看准了某个人，我们要想办法说服他。我们从一开始就知道，申请人一定会非常多，而我们真正想要的人往往不想来。一上来就请人家把积累了差不多二十年的基业都抛弃了，远渡重洋去选个三年的合同，是不可能的事情。所以索性现实一点，说服他请三年的假，把事业创起来，如果他/她觉得一切都如我们所说的话，到时候我们就留下来一起干。比如做系主任，三年也可以看出苗头。大概到两年多时他们就要做个去留的决定了，而那时学校就已经正式开学了。所以三年合同虽然不是一件好事，不是我们想要的，但也不是一件坏事，不会因为只是三年合同，很多真正有胆量、有见识的人就不来了。相反地，可能一些决心不太大的人从头就不考虑了。

刚开始的时候，钟士元董事长说，香港待遇非常好，三年后他应该就答应永远留在这里。我笑了，我说三年的合同是你们定出来的，对不对？你为什么不一开始定百年的合同请他来？他说，那不行，万一他来了不合适怎么办？要试一下的。我说，办一个研究型大学需要顶尖人才，我们必须要尊重他们。顶尖人才不是召之即来挥之即去的，而是需要求他们来。我们要让他们愿意来试试，来了以后觉得满意都不想走了。我注意到董事会那时有一个错觉，就是香港的教授们在当地属于上层社会，待遇很高，所以到香港做教授应该很有吸引力。我同意香港教授在香港的社会地位远比美国教授在美国社会里要高，可是就待遇来讲，不是那么回事。这也再度表明，科大要尽快建立健康保险及退休制度。

## 香港高校的教授薪水

很多人以为香港的大学工资一直是全世界最高的，其实不是。1988年刚开始创办科大时，香港长聘教授的待遇比美国低约两成。很难说服在美国处在巅峰状态的教授放下多年的基业，再减去两成薪水去香港。虽然吴家玮仔细算过，美国有联邦税、州税、县市税，香港只有一个15%的所得税，并且还有房屋津贴，所以香港薪水虽然低了些，但是税后收入反而"赚了"些。可惜很多人不吃这套说法，并且那时大家已经知道香港的大学校长待遇奇高，比教授们高几百万，所以校长本人没有太大说服力，有时还引起了很大反感。我告诉张鉴泉这个情况，我说再过三年就不是问题，因为香港待遇那时提高很快。不过我们迫切需要几位骨干教授立刻加入，不能等，否则三年开不了学。最后我们募到了一些特别基金，补上薪水的欠缺。三年后，的确就不是问题了，十年后的薪资几乎变成美国的两倍，真是十年河东，十年河西。为什么？

香港高校教师的薪水等同于公务员。为了"养廉"，香港公务员的薪水每年随私人企业的薪水涨幅调整。那时香港遇到移民潮，大量私企的经理人员离港，私企必须以高薪留人，造成薪水畸形增长，公务员的待遇理所当然地跟着急涨。涨多少呢？

香港的公务员有两种，一种是事务官，一种是政务官，像总督、副总督、各部的部长这类的管理阶层或称"首长级"（director），他们的薪水是在一般薪水调整之上再加很多的，比如我们创校第一年（1989年）教员薪水上调了19%，他们管理阶层就在19%的基础上再加上26%，所以校长那年加薪45%。连着几年都是如此，我觉得不对了，为什么首长级的公务员薪水连年暴涨？我想一定事出有因。我就猜谁要退休了，答案是财政司司长（一位英国人）要退休了。香港的退休金是一次性拿，数目相当于一个基数乘以年资乘以最后三年的平均工资。那三年财政司薪水涨了一倍，他的退休金就加了一倍。当然其他首长级公务员，包括大学校长，也增加一倍。

为什么这件事情我们需要讨论呢？因为创校时候，我们可以告诉当局，我们这个学校里哪些是管理阶层（或首长级），哪些是一般公务员。校长自然是管理层的，一般副校长也是的，院长也是。像香港城大、香港理工，他们都把系主任也当管理阶层。我跟家玮讨论了很久，因为把太多人列入管理层和校长一样每年薪水多加26%，一定会挤压学校其他的开支。我说这种涨法够高了，不要把副校长、院长系主任都搞成管理阶层。

另外一点，这也牵涉我们希望蕴育出一个什么样的校园氛围，希望阶级分明，还是较平等的？我觉得一个校园如果真正注重学术，就不宜把校级和院级主管抬得太高，给予太多特权。因为把他们搞成管理阶层，薪水一下子比教授高很多，大家要是都不当教授了怎么办？不能因为薪水高都抢着去当系主任。我觉得系主任应该是一个服务性质的职位，尽一个责任，所以有太多甜头不好。我们是希望院长系主任经常再回去当教授的，而不是把院长、系主任职务当成一个职业性的职位。这样好像剥夺了他们薪水增加的机会。

假如说我这个副校长是"首长级"的话，很快我的薪水可以比其他教员多一倍，我的薪水每年比教员多加26%，三年下来就多加一倍了。但是我们有个理念，学校是以教授为主，教员偶尔被抽调去当系主任、当院长，不过最重要的是，长期来看，他还是要回到教学和科研岗位上。我还有一个决定就是每个教员的教学工作量是一样的，不管他的职级高低。虽然港科大刚开始给的薪水比美国低，可是我们会放20%的钱到退休基金账户，总共放三年。要是想离开科大，可以一次性把这笔钱拿走；要是想留在香港可以继续保留，也可以把年资挪过去。所以不到三年就走人的话，这笔钱就拿不到，早走的人就会损失好几个月的薪水。

此外，大部分大学，当了官（校长、副校长、院长等）就有各式福利，比如有较大的办公室，配置汽车，等等。吴家玮认为我们应该尽量平等、节省，所以在科大只有校长有座驾，从副校长以下都没有，只有校长有大办公室，其他人的办公室都一样大小。

## 做到不论国籍同工同酬

到 20 世纪 80 年代末期，内地学者已经开始以访问学者的身份，来到香港的大学。当时，访问学者的待遇和一般学者很不一样。薪水很低（约四分之一至三分之一），而且由于没有房屋津贴，香港房租太贵，学者来不了。没有房屋津贴，加上薪水差一等级是不合理的现象。其实这里面有个历史渊源，因为香港是被英国殖民统治之地，华人跟英国人不是同一种待遇。后来英国人数不够了，就请其他白人来，这些白人跟香港人还是不一样的待遇。所以后来台湾、内地的人来了，也和香港人是同一个待遇。像内地学者金观涛在中大的待遇大概只有白人学者的三分之一。那个时候我就帮助持内地、台湾、香港这三种护照的人争取到大家都一样的待遇。对我来说，学术水准不合格的话，不管持什么护照，是什么人种我都不聘。我们据理力争最后打破了这种陋规，做到不论国籍同工同酬。

在我们还没有争取到设立文学院之前，创校元老里已经有很多人开始谈我们应该有什么样的课程，有一个共识就是希望有美学课。谢定裕和蒲慕明都强烈推荐李泽厚教授，后来参加的张信刚和尤乃亭也都支持这个意见。我看了李泽厚写的几本美学的书，很佩服他。我跟他谈了很多，他说看样子你们是很严肃地想把这所学校办好，于是问了我几个问题：第一，他的待遇是不是跟英国人一样？我说，所有科大教员不论国籍都是一种待遇。他说，那好，我是不是一定要用英文讲课？我说，英文是我们的官方语言。我们就语言这个问题讨论了很久。他说用英文讲有的时候发挥不出来。那我就帮他申请特例，用中文讲。不过我也提醒他，你是讲普通话的，香港人是讲广东话的，所以沟通上还是会有问题，那我们就想办法解决。他觉得中国人应该有权利用中文教。我同意，但是从美国来的华人学者都不会讲广东话，这会发生问题。还有一个趋势是香港是讲究国际化，所以用英文讲课的话倒也不是坏事。因为中国人用中文开会的话会吵起来，用英文就吵不动，他同意了。后来李泽厚来港科大的过程还蛮复杂的，这里不多讲了，总之挣扎了很久最后他答应来。科大为内地籍的教授争到了相同的待遇，不再受歧视。最后港大、中大也一起跟进。后来局势有些变化，李泽厚怕我们不方便，就暂时没来科大。

## 留住人才要靠创校团队的努力

聘到的教员，三年之后，我们怎么样让他留下来？这就加重了我们做校长、做院长的担子，必须在那两三年里让他们觉得受到了在国外没有受到的尊重，看到了在国外没有看到的创业的机会，并且对中国人这个民族产生更深的感情，觉得要培养下一代。说实话，我们在国外教书很多年，并没有想过下一代的问题，我们总觉得自己是客卿。可是到香港去办这个学校，知道这是为中国人办的，是家国情怀，是非常细腻的一种感情。

所以那时我跟董事会商量好，我们必须在三年之内把退休制度建立起来。那时候曾经讨论过是不是要保证所有创校的人都可以自动获得终身教职，后来我们觉得不需要这样的保证。比如说像谢定裕、蒲慕明这个级别的专家，他们晓得，如果他们不开心，他们可以随时离开，另有高就，不需要学校做任何保证。而对于刚刚聘请的助理教授，我想不宜给这样的保证，我们也需要有足够的时间（大概四到六年的时间）考察他们，是否有能力升到副教授，那等于有了终身教职。他／她不应该要求一开始就有这些保证，任何学校都不会给的。至于到时他们会不会"跑"，我想这就要看我们创校团队的努力了（见第五、六章）。

## 港科大的教员职称制度

1988年我们刚到香港的时候，香港的大学都是采用英国制度，大学教员的职称也是英国的：讲师（Lecturer）、高级讲师（Senior Lecturer）、读者（Reader）和教授（Professor）。其中"读者"一层最特别，基本上就是"准教授"的意思。并且每一层都有名额限制，教员中只有一成可以是教授，一两成准教授，两三成高级讲师，五六成（一半以上）都是讲师。显然教授的地位是非常崇高的。准教授要等教授退休、离开或去世，才可能被考虑补上教授。系主任必须德高望重，必须是教授；一个系如果有十来人，就只有一位教授，他自然做系主任，直到他退休、离去或去世。这使一个系很稳定，不过常常太"稳定"，又会产生一堆其他的问题。

反观太平洋彼岸的美国，到了20世纪80年代，美国高校大部分的系里，有助理教授、副教授和正教授。在"升级或离开"的制度下，一位年轻博士做完博士后研究以后，进入一个大学，从助理教授做起，四到六年后合格的才能升为副教授，再四到六年后，合格的才能升为正教授。一般学校，副教授就有长聘（tenure）的地位（少数学校要等到升为正教授才长聘）。干了十年、二十年的人，差不多都是正教授了。所以到80年代，美国大学六成以上都是正教授，因为，不能升到正教授的人都已被迫离开，或早就自动离开另谋发展。

这两个制度各自相安无事，只有到两个制度有交集时，才可能有问题。其实港大和中大早就看到这个问题，但是因为他们聘人，要么是刚起步的年轻人，要么是大师，那么英制的讲师或教授都很合适。并且不管职称怎么变，全校教员薪水的总量是不变的，多一事不如少一事，英制职称就在香港遗存了下来。

创校之初，我们对教员职称制度讨论很久，决定非改不可，原因有二：一、原则上，我们觉得英制阶级森严，不够民主，难以激发年轻人的雄心壮志；二、实际上，我们请的首批创校团队的人都是四五十岁，都是已经在北美名校闯荡一二十年功成名就的学者，要他们放下一切来香港，已经很难，还要他们从教授降级为高级讲师或者准教授根本就不可能。

职称是我们科大自己可以决定的事，我们把职称的改变构建为尊重教授理念的一部分，我们进一步地想让每一位教员——不论是教授、副教授还是助理教授——都感到被尊重，而且有前途。所以一开始的时候我们就定下来一定要尊重每一位教员，称每一位教员为"教授"，不再分辨究竟是助理教授、副教授还是正教授，因为我们预期每一位教授都会不断超越。职称的分别，只是暂时的。后来我也在全校教务会议上报告过，发现大家都接受，于是就这么做了。这就解决了从北美聘人时的职称问题。紧接着就要思考职称升级审核制度。

## 教员职称升级审核制度

1990年夏天，老友聂华桐来科大访问。华桐在台北师大附中和台大物理系都比我高三届。台大毕业后，他去了哈佛，是著名物理学家朱利安·施温格（1965年诺贝尔物理学奖获得者）的高足，后来成为一位有名的理论高能物理学家，在纽约州立大学石溪分校教书，是杨振宁的同事。我在耶鲁大学毕业后，常常到长岛做实验，所以和他一直保持联络。我们曾一起办过《科技导报》，并曾在科技教育协会共事，他的视野和判断力令大家深为折服，他和很多科大创校的人，如谢定裕、蒲慕明，都是老朋友。

那时正值我们一方面忙得天昏地暗，一方面想尽快制度化以图永久。他以一位客观的高教及科技专家的身份，帮我们检视一些宏观和微观的问题。他花了三个月的时间，用他三十多年从哈佛到石溪的名校经验，帮我们拟定聘人审核程序。同时也考虑到未来教员职称审核程序，包括长聘的审核制度，并顾及科大在这方面三五年内可能遇到的问题。

结论是正教授没问题，因为已经冲过审核各关；副教授压力不大，因为没有长聘问题，聘时已有把握，职称升级多半只是迟早问题；不过未来聘任的助理教授到任三四年后，将开始担心职称升级和长聘问题，希望我们眼光不错，到时都过关，否则会遭遇挫折。所以就要把这件事情从一开始就和教员们讲清楚，不要让他们事到临头搞不清楚状况。为了这个原因，我们与系主任沟通了很多。

不过我的经验是，这种信息听的人不会很仔细的，尤其是系主任，他们觉得自己是保险的，到时审核不过关的问题他是听不进去的。如果有年轻人问他这个问题，他的回答肯定就会走样了。这也就是为什么我们每三个月一定面对所有的教员，召开一次校长和教员的沟通会议。校长一定要面对所有教员报告校务的进展，报告我们碰到的困难，征求大家意见，给所有人一个发问的机会，然后我们记录下来，再开会讨论。

## 感之以情、晓之以理的聘人面谈

很多系在招聘的时候，意向中的人选不肯来，系里就把人请来直接跟我谈，我就感之以情、晓之以理，让他们了解我们学校的信念，了解我们的水平，然后让系里再去做细节的事情。

我一般会问他们，你教书多久了？开心吗？你觉得学校应该怎么办？研究工作该怎么做？我发现他们每个人都是有梦想的，但是这个梦想他们又不敢碰，觉得不可能实现。谈着谈着最后我们就有了一个共识，可以在科大把这个共识实现出来，在这里可以把他们的梦想跟我们原来已经有的梦想交织起来。我们的共识因着不同人的加入在不断微调，可以说这是我们科大教员的共识，至少是所有正教授的共识，因为有些助理教授我没谈过。共识的形成非常重要，而且没有任何捷径可走，不是送一朵玫瑰花就可以了，必须要拿出时间来跟他谈，并且谈之前让他们知道，我已经看过了他们主要的研究论文，让他们知道港科大的确是一个尊重学术、办教育的地方。我通过这个做法，得到了教员们的尊敬。并且让他们知道，我是以"后勤司令"自居的，有任何问题我事先都会想到。他们常常跟我说，他们想到了这个问题，我说已经做了；想到那个问题，我们也做了；还有这个问题，我们也已经做了，但是没有把握做得是不是对的，你们以后慢慢去看就是了。

## 聘请尤乃亭和施德信的故事

1989年6月7日，我飞到美国的亚特兰大市去拜访在佐治亚理工学院（GIT）教书的尤乃亭教授。事先我已经仔细看过他的资料，包括推荐信和几篇论文，也和他及几位化学界的前辈分别谈过，结论是他的学问绝对一等，我们在考虑他是否适合当化学系的创系系主任，顺便了解一下他家庭的情况，看他能够得到多少家庭的支援。那时遇到局势有些变化，我们谈了很多，见过他的同事、学生和博士后，也见过他的家庭。总的印象都非常好。跟他谈的时候我说，我想知道的问题都得到答案了，我很满意，但是三年之后系里至少要有两个人是可以接他的系主任的人选，要有这个胸襟。他说都没问题。

我说，最后一步，我想见见你的院长。他说我是化学学院的院长，我对学术副校长负责，你想知道什么？我说那我就和你们的学术副校长谈谈吧，我想从他那里了解你。当他拿起电话去安排的时候，我翻了一下他们学校的电话本，发现他们的学术副校长（即常务副校长）Thomas E. Stelson（后来知道他有一个中文名字施德信）有四个副手，这很不寻常。

我跟他见面时就问他，你觉得尤乃亭怎么样？他说：你是不是要来挖墙脚？我说，是！他说我不同意！我说这由不得你啊。他说，你把他挖走的话，我们这里就会有一个大洞。这表示他们对他的学术和行政能力都很尊重，对他的人格也非常佩服。那时我就已经决定科大应该聘尤乃亭了。

施德信问我，你来了两天，看到了什么？我说我注意到你有四个助理副校长，我想你被架空了，是不是学校要逼你走？他说我不会让他们得逞。我问他，你是不是一定要留在这里干到底？他说也不一定，现在我觉得哪里都行了。我就跟他说，我现在找尤乃亭做我们化学系主任，我们有三个副校长的职务，我是学术副校长，我们有一个负责技术转移的研发副校长职位始终找不到合适的人，我觉得你会很合适，你有没有兴趣，愿不愿意考虑？他说好，我就立刻打电话给吴家玮，告诉他情况以及我认为施德信可以把佐治亚理工学院的研发和丰富的技术转移经验带到科大，不过家玮需要帮他融入香港工业界。家玮很兴奋，当晚就打电话给施德信。接着家玮和我分别传真给尤乃亭和施德信，写下科大能给的条件，一个月后董事会就批准任命了。

我讲话很直，家玮讲话也很直，都讲实话。没有任何学校雇人是这么雇的，可是碰到自信、能力强的人，就臭味相投。我那时候胆子那么大，是因为家玮跟我有着非常深的默契，互相了解、信任。经常是他讲话讲了一半，我可以接着讲下去，我讲了一半他也可以接下去，家玮常常惊讶地说："这不可置信，这不可置信！"这是难以置信的默契，我这一生大概只碰到过一两次，我们都很珍惜。由于这宝贵的默契，我们办事效率极高，这是我们的幸运，也是科大的福气。

我那时跟家玮讲,其实我不该接副校长的,因为我们两个能力并没有互补,我们都是学物理的,我的副手又是学物理的。所以当初陈显邦不肯来,他说,我去的话就死定了,校长是学物理的,学术副校长是学物理的,副的教学副校长也学物理的,我是物理系主任,我铁定做不了事。我跟他讲,你来的话我们不会有任何干涉,我请你来是因为你当过系主任,科大全部十七个系主任里只有两个人当过系主任。

## 回归东方的平冈弘之教授

1990年化学系主任尤乃亭上任后不久,向我推荐一位日裔教授平冈弘之(Hiroyuki Hiraoka)为化学系教授,并且特别要求我和平冈教授谈一下再做决定。我看了他的资料和他在IBM(Palos Alto)实验室的履历,以及推荐信,都显示这是一位一流化学家,并且和工业界有很深的联系,他的研究成果,影响了后来微电子工业的发展,正是我们想追求的人才。唯一困惑乃亭的是平冈弘之想去香港的原因是"回到东方",不知道他会待多久。我到斯坦福大学附近他的实验室去拜访他,聊了半天,谈到他的工作,他的家庭(夫妻俩,孩子已成年离家)和他的愿望。原来他在美国IBM做研究工作多年,在功成名就之后,想回日本教书为自己的同胞尽力终老。无奈试了两次,都不为日本的社会接受,两次都只有回到美国,可是还念念不忘回归亚洲的初心。我完全可以了解他的痛苦,因为在那之前十年,在纽约长岛的布鲁克海文国家实验室里,有一位日裔的副主任和我是同行,都做高能物理实验,我们常在餐厅一起吃饭聊天。他告诉我他的郁闷,回日本两次都不被当地日本人接受,最后回到长岛继续工作、终老。那时我了解,日本人和中国人不同,如果一位同胞到国外太久,即使功成名就回国,他们也不接受,因为他们认为这位海归已经被西方文化异化了,不再是日本人。

我问平冈弘之，日本去不了，怎么想到去香港？香港怎么会取代日本成为他的落脚地呢？他说，他在科大的一个通讯上看到，我一个杭州人，虽然不会说粤语，还是决定去香港，还有我讲的一段话，感动了他，引起他的共鸣。我问是哪一段话，他用日本汉字工整地写在一张餐巾上："这是20世纪中国知识分子能够在自己的土地上，按自己的理想，办一所一流大学的机会。"他说："既然你不会粤语，还是愿意去香港，我不会中文也可以回到亚洲去香港，和你们一起完成创办香港科大成亚洲一流大学的梦想。"我注意到，他有传统中国读书人的想法，并且他温文儒雅的说话方式，可能比我的中国味还重一些。我们相互拥抱了一下，希望开学时，香港见。我把我的分析说给乃亭听，他也同意。我们就建议给学校完成聘任手续。

## 聘请蒲慕明最终功亏一篑

聘请教授一定要从他们的角度出发，解决问题，显示尊重。聘请教员并不是一直顺利的，因为1988年当我们去香港的时候，香港的长聘教授的薪水，比美国顶尖大学约低两成。所以薪水常常是一个雷区，因为很少有人愿意减薪两成远去他国就任一个新职的。理想归理想，现实归现实，每个人都要养家啊。这里举一个例子，说明当时遇到的困难。

蒲慕明是最初加入港科大的两三位教授之一，他和科大的故事有些曲折，我们也从中学到最多，值得一提。

当我上任理学院院长以后，有一次在机场，吴家玮清点了一下他找到的人，说已经答应要聘他们，让我作为理学院院长和副校长跟他们谈薪水，其中就有蒲慕明。家玮告诉我，已经和他们分析清楚了，说薪水不是问题。所以就可以按照我们的工资标准去跟他们谈。我去谈的第一个人是蒲慕明，他当时是哥伦比亚大学的资深教授。不料谈的过程中发现校长和他有一些误会，幸亏他以创校为重，误会澄清后，他还是同意以生物系主任的身份，继续为创建科大努力。

蒲慕明当年在台湾清华大学念完物理硕士，1970年到美国约翰斯·霍普金斯大学物理系攻读博士，我是他的新生导师。他是当地"保钓"运动的健将。念了一个学期以后，就非常出众，可是我发现他真正的兴趣在生物。我建议他说，既然你的兴趣在生物，不要再浪费时间等着转系了。我介绍他给生物物理系的一位比较年轻的教授李察·孔恩（Richard Cone），他就直接转进生物物理系。那时华裔学生的招牌还没有普遍挂起来，常常被低估。去了两个月时，孔恩还向我埋怨，说蒲慕明生物、物理、英文都不行。我就跟他说："唉，你不识货！他是非常特别的一个人，只是你一时看不出来。他不太讲话，不过他讲话时，你会大吃一惊。我佩服他，所以才把他推荐给你。你就试着好好带他，一年之后如果还有问题的话，我就把他请回物理系来，很可能两年他就拿博士学位了。"过了一个学期我再问孔恩，他们已经做出成果来了，报告上是孔恩和蒲慕明两个人的名字，他的导师说："蒲慕明使我出名了！"蒲慕明就是这么一位非常精彩的人物。短短三年，他就拿了博士学位去加州大学尔湾分校教书，一直当到正教授。

1984年，清华大学校长刘达慕名请蒲慕明做生物系主任，他去了，境外学者当系主任在那时是空前的，可以看出老教育家刘达的决心，也可以看出蒲慕明那时的学术声誉和勇气。

1985年以后，他先后转去耶鲁大学、哥伦比亚大学，加大圣地亚哥分校，最后2000年到加大伯克利分校任讲座教授。同年当选台湾"中研院"院士，九年后当选美国国家科学院院士，2011年当选中国科学院院士。

在那个背景下，蒲慕明自告奋勇参加科大的创校工作。那时我们把生命科学全都交给蒲慕明，由他去规划。他花了大量的精力，出了很多非常好的主意，我都照单全收。校董会也知道蒲慕明对科大的重要性，所以常问蒲教授什么时候来，我都说他在美国帮着我们张罗生命科学方面的事情。

后来当我到洛杉矶代表吴家玮去说服张信刚担任工学院院长时，蒲慕明要求我去密歇根大学和朱孝颖教授见面，我觉得有些愕然，因为我信赖他的判断，生物系的招聘，我很少去面谈，但我还是去安娜堡见了朱教授。他比我大六七岁，我看了他的实验室及同事们，如蒲慕明所说，都很精彩。他如果去科大，将是科大最资深的同事。那时我有一个感觉，可能慕明最后不能来科大，要请孝颖接任。

果然，在开学前半年校董会开会做人事最后清点时，我和蒲慕明联系，他问我，你觉得朱孝颖可不可以当系主任？我说那得看你到底来不来，我感觉你大概有另外更重要的事情。如果是，你就告诉我。他想改变内地神经科学的局面，想为内地训练出一批新的脑科学领军人物，所以不能去香港。他推荐朱孝颖接任生物系主任。董事会很失望，不过也批准了。很多人都很失望，校长也一直耿耿于怀。

我看得比较开。科大招聘的时候，标准很高，胆子很大，什么人都敢找！有时他们被我们感动了，发生了共鸣，就抛下一切来了，那是我们的运气，也是香港的福气。但是我们不可能每次都幸运。慕明为科大免费尽心尽力三年，但是他的能力出众，事业心强，一心想为中国的科学做更多的事，最后没来，我自然失望，但是感谢他为科大的付出，同时屏息以待，祝福他成功。果然，1999年他在上海创办中国科学院上海生命科学研究院神经科学研究所并出任所长，2014年1月，担任中国科学院脑科学卓越创新中心主任，2017年，放弃美国国籍，恢复中国国籍。

几年前我问蒲慕明:"你在上海努力了二十多年,按着你的理想培养中国的高端生物人才。办得怎么样? 还成功吗?"他说:"Yes and No ..."我问他什么意思, 他说:"我培养出五个院士。"他的研究所里不招本科生, 只招博士后跟博士生, 后来是集中精力培养博士后。我说培养出五个院士,任何人都会觉得很成功的。他说:"可是他们拿了院士都当官去了,不再做研究。那些人年纪轻轻的,四十岁就去当官,太可惜了!"所以他感到遗憾,这是我了解的蒲慕明。

科大在吸引他去香港一事上, 功亏一篑, 可是在促进未来的发展上, 科大虽败犹荣, 也为后来的招聘, 积累了经验。后来在争取张立纲时, 我们更有耐心和智慧, 两年后他终于去了科大。他也是一位三料院士。这证明了科大在聘人的标准和艺术上, 都不差。

## 争取郑天佐输给了另一个对手

那时候我们想拉郑天佐去科大物理系, 他是台大物理系毕业的, 在宾州州立大学校本部教书。我开车到宾州州立大学去拜访他, 可费了一些劲儿。宾州州立大学一共有二十四个分校, 遍布宾州。我曾去评审过他们在宾州南部的十几个分校。校本部的校园叫"大学公园", 坐落在宾州中部山野里的一个叫"州立大学"的小小的大学镇。可以看出那学校在宾州的地位。镇里主要就是他们校本部的六万学生。

我从费城一路开了三百多公里到州立大学镇去看他, 谈了一天。宾州的大城如东边的费城, 南边的哈里斯堡, 西边的匹兹堡, 都在州境的四边, 中部广大地区, 相对不发达, 这可能也是他们把州立大学本部, 放在这里一个小镇上的原因, 远离政治和商业中心, 虽然偏僻, 倒是一个安心做学问的好环境! 我不禁想到, 如果说服了他去香港, 对他、对我, 都将是多大的一个"休克"(shock)。

他带我参观他的很大的实验室，我们谈物理的发展、台湾的情况、内地的情况等等。最后谈香港的未来和科大的理想。我发现他有强烈的家国情怀，可是对香港有和我当初一样的那种陌生。他很安静，可是有很强的事业心。我建议他去香港看看。

喝啤酒时，我问郑天佑是不是他的弟弟，他说，为什么不是哥哥？我说中国一向以左为大啊。他说天佑是哥哥，他是弟弟。我告诉他，天佑也是台大物理系毕业的，比我低四级。1961年我去耶鲁大学念物理，1965年他到耶鲁大学念生物，那时中国学生很少，中国娃娃更少，我的大儿子11月出生，能吃能睡，胖嘟嘟又爱笑，他们每周来看他，所以很熟。谈着谈着，我们自然亲近了很多。我说天佑生物很棒，科大正在努力拉他去香港。人生聚少离多，如果你也去，你们将能常常见面，兄弟同院，也是一段校园佳话。他似乎有些心动。

第二天分手时，他答应考虑去科大。但是过了一个礼拜之后，他说还在考虑，最后他说："不好意思，我不能来了。"我问，你是不是要到台湾南港"中央研究院"去？他说，你怎么知道？我说我一直觉得南港的物理所需要一个强的物理学家带领团队研究突破，更上一层楼。我又说，如果你愿意来港科大，我们还是欢迎你来，至少有一点，我们薪水比台湾高。他说："薪水对我目前不是最重要的，我想为台湾的科学实际做点事情。"我说我尊重你的决定，假如我是你的话，我肯定也会同样为难，希望你跟我们保持联络，以后互相合作。

又输了一次，但是输给一个高级对手，值！

## 孔宪铎的故事

到了1989—1990年，港科大在华人世界里，已经小有名气，所以不少有身份的学者也会主动申请，渐渐科大就越来越多元化，成为卧虎藏龙、群英汇集的地方。每个人都带来迥然不同的经历，非常不同的看法，结果也越来越难预料，招聘工作就越来越曲折。

在我接了学术副校长，卸下理学院院长以后，学校就公告招聘理学院院长，孔宪铎是应征者之一。我和他谈过很久，了解了他很不平凡的经历。他1935年出生在山东临沂，他是孔家宪字辈，所以该是第七十二世裔孙。抗战时在江浙一带逃难，战后回到临沂老家。内战开始后，他从山东只身辗转经过上海南下，1949年4月国共和谈破裂解放军渡江时，他到了香港调景岭，在南海纱厂做工。一位老师傅教他数学，使他在1954年能以港澳侨生的身份考取台湾的台中农学院（1961年与其他学校合并为中兴大学），八年后他到加拿大留学，先到圭尔夫大学（University of Guelph），后来到多伦多大学（University of Toronto）攻读植物学博士。（当年在多大教他的一位助教王子晖，二十年后是最早到科大的教授之一，创立了生物化学系，世界真小！）1971年毕业后，他辗转经过加州大学到马里兰大学开始教学生涯，曾任系主任，后来主持马大在巴尔的摩的生物技术研究中心。他是生在抗战历经战乱的那一代的一位代表。历练使得他圆顺世故，善于和人相处。

他送了我一本《孙子兵法》和《厚黑学》，教我御人之术，要注意"害人之心不可有，防人之心不可无"等。我告诉他我不愿意花精力处处设防，所以一般我对同事都不设防，偶尔被人坑了，也无所谓，还是比处处设防好。所以我决定以德治校，以理服人，不想玩弄权术，也不希望任何人如此想。我希望科大有一个和谐互信的风气，有益于做学问。

他建议任命名人名誉职务，给科大增加即时名声（instant credibility），又给我一张长长的名单，任命各院名誉院长、各系名誉系主任。谈到如何彰显我们尊重教授，他说，他会拜访几位有名的教授，告诉他们有任何问题他会随叫随到。每当他们的生日，他一定请秘书送上一支玫瑰花。我告诉他我们在科大相信脚踏实地、稳扎稳打，把精力放在每一位教授身上，包括年轻教授，帮他们展开研究工作，不上电台，不上媒体，脚踏实地，追求持续发展。他说的做法，对年轻人不利，资深教员虽然感受优待，不过他迟早会失去他们的尊敬。

他的这些想法，显然和我们在科大试着建立的踏实和谐的风气不一样。不过我想可能跟他坎坷的经历有关，如果他来了科大，进入一个比较规范性的环境，只要我和家玮以及其他创校元老在，会被其他人感化，所以并没有太在意他的作风。有容乃大，他在系、院、校各级的行政经验，是我们当时很缺乏的，或者值得我们借鉴。

但是当他了解参加创校需要早三年去香港工作时，他就不太起劲。他觉得三年要办一所大学太难了，并且他在马大巴尔的摩的研究所，做一方之主蛮开心的，不想放弃去做三年披荆斩棘的工作，他希望一来立刻就可以"上台演戏"。他的犹豫，完全可以理解，人各有志，不是每个人都有披荆斩棘辛苦创业的愿望，不能勉强。将来科大要有上千人的教员，不能要求都是一个模子里刻出来的，贵在扬长补短，共创未来。所以我和他相约，等快到开学时，如果我们仍有空位，他能够接受我们的做法，并且仍有兴趣，我们再谈。

后来我跟吴家玮谈这些经过细节，他也说，这么难找的话，就先找我们缺的，比如先帮工学院赶快充实起来，商学院尽全力建立起来。理学院已经搞得差不多，实力强的系主任都到位，实验室也都设计好，十年规划也都做出来，品控制度也决定了，一时没有太多开疆辟土的事情，院长晚一点聘没什么关系的，先把精力放在其他事情上去。等到最后快要开学了，院长应该到位的时候再说。

1991年初，董事会做开学前人事最后清点，我们需要补齐院系领导团队。那时蒲慕明决定不来了，我们请朱孝颖接任。至于理学院院长,数学系主任谢定裕已经成功地代理很久,我们多次考虑由他担任,可是他没兴趣,我们也不舍得他放下数学系。数学系那时是理学院第一大系,我们期望很深,希望他继续把它建设成一个大数学系的典范。我们预期开学后系主任的工作将加重,而院长在创校期间的繁重工作会相对减少,所以请谢定裕继续领导数学系,我们另找理学院院长。如果每一个院都有两三个系能做到气氛和谐、科研踏实、教学认真,它们就可以带动整个科大迈步向前、稳定发展。

另一方面,开学后,我的创校任务完成,很快会离开,无法再替校长顶起半边天。短期之内,内外的重担将落在吴家玮一人身上,所以校长必须要和院长们合作无间,否则会累垮。但是文学院和商学院一时不会找到永久院长,家玮和工学院院长之间蜜月期已过,理学院院长就非常重要。如果理学院院长没有经验,或者和校长不能合作无间,那么校长的工作将非常艰巨,气氛就会出问题,会影响全校。同时,我离开后,家玮需要找新的学术副校长,可能要一两年的时间,才能找到经历合格及能跟他合作的人。在那之前很可能要由理学院院长暂代,所以我鼓励家玮和孔宪铎多谈一下。

于是我跟孔宪铎又联络了一次。他说他考虑了我们上次的谈话,还是有兴趣,并且如果受聘,可以在开学大典之前赶到。所以我就邀请他来科大看一下,也和校长谈谈。那次访问,很不平凡。

他来访问时,没有再送我什么书,我正在对理学院学术咨询委员会人选做最后的安排(见第五章)。我给他看了名单,他立刻建议我们应该请几位名校校长和诺奖得主,这样学校立刻就会得到报道,如果需要,他可以介绍。我感谢了他,告诉他那时四位华人诺奖得主我都可以打电话,他提的美国名校校长我也都有交往(见第十章)。但是科大的学术咨询委员会是学术品控的重要部分,我们需要委员们对我们的理学院花几天时间,对每一系的师资和规划严肃地检查,并提出坦诚意见，供学校及教育当局参考。至于学校声誉，要靠教授的科研工作，以及他们培养出来的学生的品质，不必在公关上花太多力气。

家玮特别到我的办公室来接孔宪铎，要我们一起到他的办公室去谈，那里比较宽敞。我们三人一起走到一道双玻璃门时，宪铎一个箭步跨到前面替我们开门。可能宪铎对"长官"是太有礼貌了一点，可是家玮却火了，因为他最讨厌拍马屁的人，而宪铎的行动，有那个嫌疑。后来我留他们俩自己谈，我回到办公室继续处理工学院和文学院学术咨询委员会的人选。

后来宪铎回到我局促的办公室时，他感慨万千，沉默很久。然后说："为什么这么不一样？""你们两人都为科大努力拼命，都说'教授是大学的灵魂'，可是为什么那么不一样？他的办公室那么大，还有气派的阳台，你的办公室这么小，两张沙发都放不下……你我看法不太一样，不过你客客气气地老实告诉我，要来科大，必须改，为了科大，我可以考虑……我只是好意为他开个门，他把我大骂一顿说是马屁精！他对你很尊敬，可是对我为什么这样？我也有两百篇论文，我还当过院长、副校长啊！"

我老实告诉他："你如果来科大，会发现这是卧虎藏龙的地方，很多教授学问比我们强。会发现每个人有他的麻点，一碰反应就会很大。科大讲究实干，家玮不喜欢吹牛拍马的人。科大在三年之内能够从一片荒地办到今天这地步，使你愿意放下舒服高位来这里，就是靠着实干精神。你如果来了，一定要注意实干，少花时间在公关或奉承少数人上面，否则很快会失去教授们的尊敬。如果你能做到这一改变，又能和家玮合作，我想你在科大可以发挥你的经验和能力，赢得大家的尊敬，实现一些以前没机会实现的理想。"

我和家玮也讲了类似的话，我们反复讨论，也问了谢定裕、蒲慕明的意见。最后决定请孔宪铎做理学院院长，他也接受了。1991年6

月8日马大放假,他就到清水湾担任理学院院长,6月26—28日,举行理学院学术咨询委员会第一次会议;10月2日,科大开学;10月10日,科大开学典礼,我们都穿了博士服走上讲台,庆贺我们三年脚踏实地埋头苦干的成果。

## 你愿意当一位受尊重的资深教授吗

本来我们雇人的制度是在每个院系设立审查委员会,系主任都在里面,最后才上报到我这里来。这些申请人都要经过外审、都有介绍信,我都要亲自去看过这些人。系主任要是觉得这个人行,就向院长推荐;院里要是觉得可以,就向我推荐;我觉得行,就向董事会推荐。这种推荐,一般都要把薪水谈下来。

有一次工学院院长直接把一个人的资料给我,要我看看。我看了一下那份资料,是一份很漂亮的履历。但是他们不推荐给我,因为他们心里没数。我说我不能每件事都亲自过问,他们说只有这件事碰到困难,希望我来把关。我就决定亲自去看看那位申请人。他们问为什么要亲自看,这花时间可多了。我说这个人申请机械系,这是制造业的基本,你们要是雇错人,制造业发展会延迟三到五年。要是他自己来香港,我们就看不出他的问题。

我找到这个人之后,他就带我去见他的系主任。看得出来系主任对他非常尊敬,而且还问我是不是来挖墙脚的。最后我们谈了谈,我觉得这个人实在精彩,什么东西都是自己设计的。我到他的车间去,那些机工都跟他很熟,显然他都是自己动手。不过我直觉上觉得不对劲。他很直接地问我到底要不要聘他,我说要聘他当教授没问题,但是当系主任我没有把握。因为系主任跟当教授是两码事,尤其是在创系阶段。

后来我要求见他的夫人，想问问他妻子对去香港的看法。他就说他们家的事他说了算。我说，不是啊，要是我聘了你，你老婆不肯去香港怎么办？他就说，那好，就去我家。我问他要不要先打个电话，他说不需要，开了车就把我带回家。他们家花园很漂亮，玄关放了一张全家福照片，照片里就他一个人坐着、他的妻女都站着。我就知道这个人不能当系主任，虽然这个人非常精彩，但他习惯于众星拱月，希望大家围着他转。

最后他送我去机场，又问我到底聘不聘他。我说我决定不聘你当系主任，因为聘你去的话就把你浪费了。我跟他说当系主任会牺牲至少一两年的研究工作，因为大部分时间要出去找人，而且机械系的费用不能只花在自己的领域上，否则其他领域就发展不出来了。我问他能不能去当一位一言九鼎的资深教授，他说他已经在美国当了二十年教授，再当下去也没什么事好做。

我请他跟我保持联络，况且我们港科大也有可能办不起来，因为凭空办个机械系不是这么简单。不如三年之后，我们港科大站稳了你再来。他说这样他就当不了系主任了。我说系主任不值钱的，要换随时都可以换，主要的骨干还是教授。听说后来他还是被一个名校挖去当系主任，帮助改造一个系，可是过了一学期就离开了，因为他发现做系主任吃力不讨好，牺牲的确太大。

科大有幸建立了很多很好的系，都要感谢当年一二十位一流学者，牺牲了他们做科研的宝贵时间，到清水湾披荆斩棘、筚路蓝缕，创立了一个个一流的系和院，他们是科大的英雄。

## 三顾纽约争取张立纲

张立纲到香港去，我得负很大责任。他很早就成名，有一次我陪吴家玮一起到纽约州波基普西（Poughkeepsie）的 IBM 华生实验室（Watson Lab）拜访他，他问我可以做什么，我说你可以当院长。他问哪一个院，我说要么工学院，要么理学院，由你挑。他说哪有这样由我挑的，我说你的确是极少数可以当两个院院长的人。张立纲是斯坦福大学电机系的博士，他个人搞半导体超晶格等研究课题，在理学院的物理系也是完全合适，的确可以跨两个院。他说，你已经是理学院院长了。我说你来我的位置立刻让你，我现在还在找系主任呢！反正三年之后创好了校，我要走的。接下去谈得就比较深入了，但他还是说不行，问我为什么一直找他去，我说理学院怎么做很重要，我觉得你会比我好。工学院会发展很快，你在 IBM 待过，肯定会比我了解。我们还唱歌喝酒，不亦乐乎。结果他后来打电话回复不来港科大。

我认为他未来可以引导科大向前去，所以不久我再去访问他，谈了很多，他又问我到底看重他什么，我开玩笑说看重的是他家的录音带，里面有白光、周璇这些歌手唱的。我说我要带录音带去港科大，你跟着我走好了。但他最后还是没答应。

后来偶然的机会我和康奈尔大学物理系一位资深教授谈到，为什么他们系里科学院院士特别多。他说，一方面是他们每年有年轻的人进到系里教书，一方面是他们系里有一个传统，要一代一代地培养有希望的年轻人。培养有两方面，一方面在系内鼓励他们，给他们机会做漂亮的物理研究，另一方面是让更多的人有机会看到他们——先把他们推上系内的各式委员会，时机成熟时，把他们推上全国性的委员会，久而久之，选院士时，自然很多人会想到康奈尔的年轻英才。

我知道 IBM 华生实验室的院士也很多，突然想到张立纲是否也正在被推为院士，他自然就不能离开，也不能说。我于是又去了第三次。这次去的时候，见了他的同事们一起聊聊，过程里我发现了，IBM 已经在推他做科学院院士，推了两三年了，看样子再过一年会成功的，到那时工程学院多半也会颁给他院士头衔。提名院士是需要经营并说服很多人的，做法要很细致。最后我发现了他一时不能离开IBM，否则对不住IBM的。所以我离开时跟他说，我猜想你是要等院士公布时才能决定，现在你走不了，他笑笑没吭声。

不久他来了香港一次，我跟他一边聊物理、聊科技发展，一边喝酒，喝到凌晨3点。他酒量非常好，并且会品酒，给他一瓶葡萄酒，他会告诉你这瓶酒值多少钱，真是一个奇才。他讲话非常没遮拦，他也会把自己损一顿然后笑笑，所以从来不得罪人。那天凌晨，我问他家里的一些情况，他告诉我他爸爸是张莘夫，抗战结束时到东北接收抚顺煤矿，在抚顺被刺杀身亡，最后是他去认尸的，因为他是长子。这个信息对我很震撼，因为它让我想起四十年前的往事。我感慨地说，人生真是难以预料，当初我父亲被派去东北接收抚顺电厂，因为家中孩子太多太小，母亲不肯去而改去台湾。如果去了东北，可能也会有同样遭遇，作为长子，也会是我去认尸！人生就这么回事，所以我跟立纲有份非常特别的感情在。

当下我就跟他说，我猜想你一时离开不了IBM，等你成为院士以后，我希望你还继续考虑港科大，我走的时候，会专门跟校长跟校董会写信说明这件事的，那个时候虽然我离开了，但请你别拒绝，因为很多我们做的事需要他来完成。所以在我即将离开港科大的时候，也就是1992年2月28日晚上（我是3月1日辞职的），写了两封信给了校长和董事会，第一封信就说明张立纲的事。我告诉学校，他将来到港科大的时候会是四料院士，美国科学院和工程学院会颁给他院士，中国科学院会颁给他院士，台北"中央研究院"一定会给他院士头衔，我希望我走了以后，学校一定要派专人负责跟他保持联络。后来张立纲1993年来科大接了理学院院长，1994年他成了四料院士，1998年当了副校长。我体会到聘人要讲究实才，要不拘一格，而且要有耐心。

我离职前给校长和校董会的第二封信,是有关什么的呢?我们从1988年开始找人,一直到我1992年离开的时候,四年的时间里,香港公务员的待遇增加了两倍半,这是另外一个话题。不过这导致很多后面去的人待遇比前面的人高,我觉得作为主管最重要的一件事情是公平,制度要公平。照理说这跟我没关系,当初经过谈判也都签了约,有什么好抱怨的?但人是很微妙的,他们觉得主管必须是公平的,如果事后他们再要求然后你再给的话,就不是公平了。对人最重要的是尊重,是你随时在评量他值多少就给他多少。所以那个时候我一直在敦促各个学院院长,检讨哪些人待遇低就适当地调整,否则将来学校会付代价的。但是没有一个院长有动作,他们的想法就是,提高待遇的话,其他人怎么办?所以我临走那天晚上,我把整个人事资料看了一遍,大概有五六个人,我建议该提升多少待遇,就在信里头说明他们应得多少调整。我说这个是为了学校前途,为了公平正义。

这两封信留给校长和董事会后,我离开了港科大。那时候我有相当大的把握,张立纲是要去港科大的,认真讲起来我们眼光真不错。

## 面试商学院人选的各路神人

在面试的过程中,我认识了不少学问很好的人,也有各式各样的怪人,尤其是商学院的候选人。那个时候董事会听说有一个姓陈的香港人在华尔街,这个人很有原创性。我就去华尔街找到他,他请我在一个酒吧谈了一晚上。这个人的确很精彩,原本是学物理的,很有创新性。他当时请我们先不要找他,因为付不起他的薪水,即便是付得起他也不会来,因为他当时正在创建一种新的股票,后来知道叫"衍生股票"(derivatives),就是把卖不出去的房子、车子打包起来做成股票卖掉,这样资金就流通了。他用理论物理的技巧,编写估价及运行的方法，一层层的保护机制。他说等他把这些东西弄完之后，发了财，就会回香港服务，那时候就不用付他薪水了。不过后来这个衍生股票越来越红，他就没去港科大了。二十年后一天早晨我打开《巴尔的摩太阳报》，发现由次贷危机引起金融海啸，我存在股票里的退休金，隔夜蒸发了54%！这次金融危机推迟了千万人的退休规划。仔细研究了两天，发现这就是那位陈博士二十年前和我解释的那个股票，只是当时他说的安全机制都因人性贪婪而纷纷失效。假如当年我把他拖下水当个教书匠，社会是否可以逃过那场浩劫？

有一次我在美国各地招聘，吴家玮作为代理商学院院长，告诉我很多不错的人都在申请商学院院长的位置。他传了两个最好的候选人的资料，请我去场勘一番，如果真是好，就代表科大邀请他们去香港看看。

第一位A教授是南方一个名校的经济学讲座教授，出身香港，剑桥三一学院数学系毕业，后来改念经济博士，著作等身，真是一位一流学者。他有一位欧洲夫人，还有一位用人，把他家照顾得一尘不染、井井有条。他"不粘锅"的脾气，也呈现在工作上。譬如，我问他创院院长最重要的工作是什么，他说带头出论文；如何在全世界去找一流学者？聘助理院长负责；如何建立各系？由教学副院长负责；如何找到这些精彩的副院长？雇猎人公司负责；等等。我把情况报告给代理院长吴家玮，他赶快说不要、不要。如果能找到这么多很棒的副院长，为什么还需要他？

另外一位B教授，也是出身名门，学问很好，知识很广博，是一位习惯于卷了袖子干事的人物，我们好喜欢，虽然来自台湾，却对香港很感兴趣。我们交换了电话，我问了他几个问题请他考虑，约好如果感兴趣，一周内再通一个电话就可以讨论一些具体问题。我告诉了家玮，他也很高兴，催我加油。不料周末我兴冲冲地按他给的号码打去时，两次问 B 教授是否在家都被挂断。第三次我坚持请教是号码拨错还是错的号码，一个恐慌的女声说："这是他女朋友的家，你怎么得到这个号码的？"我连忙道歉挂断！

当我汇报给家玮时，他也长叹不已。问题是，下面如何处理？我们应该考虑院长申请人的私德吗？如果应该，我们需要问所有其他的申请人吗？这是一个道德问题，可能需要大家讨论。但是一个星期过去了，B 教授没有打回来，显然他没有兴趣，我们就结束了这个申请案。

香港一般聘人都是在香港报纸上登广告。我们到香港以后，就把广告投放扩大到人才主要的来源——北美，在美国高教界通用的《高等教育纪要》（*Higher Education Chronicle*）上刊登，也在相关学会的会刊上登，对理工学院相当有效。董事会看我们在北美都找不到商学院院长，就建议家玮去欧洲找。我们就在英国的《经济学人》杂志上登了广告，果然就有不少欧洲的人来申请。有一次吴家玮收到一个申请，他看了非常兴奋，董事们也很高兴，因为他们的建议有效。

那是一位荷兰教授的申请。家玮来找我说他们觉得那人什么都好：学术论文、学术出身、经历、爱香港……，简直难以置信。所以他心里没数，希望我帮忙出面约他来香港了解一下。我看了家玮给我的厚厚的精美资料，有好几种文字的，虽然不全懂，但是好像很正式。我告诉他我的直觉常常是对的，如果难以置信，那多半就不是真的。你对他没把握应该不是因为他的学术履历，而是你心里觉得不对劲，假如我们把他请来香港面谈也是看不出来的。要是商学院院长聘错的话，我们三五年翻不了身。我就干脆跑一趟荷兰帮忙看看，反正我当时要到日内瓦一趟，就在阿姆斯特丹停一下。

我跟那位荷兰教授约时间，他说他要来香港。我说我本来就要去欧洲，跟他约在阿姆斯特丹如何？他却推说他没空。我就直接订机票到阿姆斯特丹，然后告诉他我抵达的时间。到荷兰之后，他来接我了，我要求到他办公室看看，他说不行，因为学校在翻修。我就请他带我逛逛校园，然后我们一路逛一路谈。我觉得越来越不对劲，他对商学院实在了解不多！我跟着他逛，一下就到了红灯区。困惑之余，我沉着气问他，这个红灯区，每年对阿姆斯特丹的经济贡献是多少？他说这没办法估算，政府发表数字我们就知道了。我问他这里每次交易收入大约是多少，他马上告诉我各式价钱，我们就步行测出红灯区的面积，有多少楼，多少是"一楼一凤"，多少是"一楼多凤"……估计出来一年二十亿欧元左右，他很惊讶地说好像差不多。（我在网上查了一下，2014年那个红灯区收入是三十四亿欧元——在两倍之内。会点估算真不错，可以少被人忽悠些！）

基本上我运用我和家玮第一次去哈佛面试的经验，"给他足够的绳子，他总会吊死了自己"。后来这个申请人说，我觉得你们学校的商学院院长职位对我来说不太合适。他要求把他的申请资料还给他，并且要把他的申请撤回。我跟他说这是董事会要我来的，你要是退出，我们会很遗憾，并且没办法交代。结果他当场在路边咖啡店就写了封信给我，声明他要退出。我觉得他是心里有鬼，至于是什么地方有问题，我不知道，不过这不是很重要，重要的是我亲自去谈，拆穿了他的烟幕，他发觉不对自动退出，这样就不会出去指控我们作弊，或说我们根本歧视欧洲人。几十年来，常听说我们有大学被骗了。其实有时候如果多思考、多花点时间，可以省掉很多头痛的麻烦。

## 猎头公司能找到好的院长吗

到欧洲找人结果也不理想，所以董事会就建议吴家玮用猎头公司找商学院院长。家玮就找了世界上最有名的三家猎头公司之一去帮我们到全球去找商学院院长，并且由我负责遴选委员会。说好是他们去找人，然后推荐最好的人给遴选委员会审查。三个月后猎头公司老板很兴奋地告诉我，他们已经找到十位精彩的候选人，建议我们安排他们去香港面试。我们一算，十个人加上猎头公司的人到香港的来回旅费及招待，代价太大，而信息不多，不如我们到洛杉矶机场去面试他们。我就请那猎头公司安排在洛杉矶机场酒店面试。我早去了一天，请那老板替我安排和每一个人单独喝咖啡半小时，随便聊聊了解情况。我在飞机上的十二小时，已经把这十人的资料仔细看过，对他们的学术水准和资历，已经了解，并且标下问题，印象是，很少有突出的人。和他们单独聊了以后，印象类似，不过记下了有待厘清的问题。十位候选人里，有四位经济学教授，两位商学院其他系的教授，两位小公司的CEO，两个经费几十亿的拨款机构的副主任。面试花了我们一天一夜的时间。结论是没有一个合格。

几位教授经验不够，学问不够博，两位CEO好像是创业不成功，想到学校发展，那两位几十亿经费的拨款机构的副主任，大概是公务员走到底了，想退休到大学开始第二生涯。总之，都不满足科大的要求。后来我和猎头公司老板一起单独吃晚饭，我问他对每一个人的意见，虽然他的背景和我完全不同，他的看法和我却非常相似。他说他的公司有一百多位猎人，不过能够做关键性判断的，只有他和另外一位合伙人。同时他告诉我，其实每次见到一个人，最初的十分钟提供了八九成的信息。"不过你还是得和他花上两小时见一面，否则他会觉得你已内定或者走投无路了，"他大笑着说道，"所以你有同样的经验啊。"

## 以身作则，认真做事

有人问，我是怎么让学校的人员都那么认真的呢？我说因为我认真。比如我们开院长大会，第一，开会之前我要准备和大家讨论的议题；第二，任何人有其他问题在会上可以提出来，开会我们一定都有记录。记录什么呢？左边三分之二记录大会的流程，做了什么决定，右边三分之一记录的是，某件事落实交给谁做。第二次再开会的时候，首先就是看这个会议记录，比如这件事是物理系做的，做得怎么样了，碰到了什么困难。这个做法我在南京大学开会时也沿用了，这样效率就提高了，这就是认真。

还有就是讲话，我讲话时绝不对他们提任何私人要求，全部集中在公事上面，格局一定要大，讲话一定要算话，讲过的话一定要做到，有时候做完再讲。还有坚持事先就问大家的意见，比如工作满三个月的时候就会去问他，过去三个月碰到些什么问题，我们是怎么想的，怎么解决的，未来一年我们会碰到什么样的问题，目前我们的想法是怎样的，大家的想法是怎样的。每次都是连续的，你说了你要做，你就得做到。比如某系主任有一个十年发展规划要评审，他说今年要聘一个正教授、两个副教授，还有几个助理教授，那我就得问他评得怎么样了，他就得认真带头做。

1991年我们压力又大了。从1991年1月1日开始，我们开始倒数计时离开学还有多少日，每天更新。我们的办公楼一进去，大家就会看到很大的一个电脑屏幕上有这个倒计时的数字。每个礼拜院长跟系主任开联席会议，开会很快，都没有废话。我认为要形成一个认真的气氛，老板很重要，他是精神领袖，他要从自己做起。那时候我从来没有让员工帮忙做我的私事，从来没有过。在台湾找秘书办私事，我都很犹豫，因为那么一搞，纪律就完了，公私一定要分开。开学那天，典礼结束以后，所有人都觉得，我们做到了！大家都很高兴，拥抱着跳起来。一千多个日夜忙下来，都说不可能的事，我们做成了。还有一件事，那时候家玮说要开始接受记者采访了。我都拒绝了，我说那是你的事。我实在没精力去做，我也不鼓励我们的人上电视，那样做整个就乱了。

我想我们认真的态度感动了国家教委副主任朱开轩，他亲自来看港科大，然后说不想见校长，我说我也不接待你，我找一些助理教授陪着你看。那些助理教授都是"人证"，实验室是他们自己建起来的，人都是从美国名校回来的，我们不需要替他们打广告。他们在美国那些学校大概都不会有这样躬逢其盛的经历，这是一辈子一次的事情。

有朋友不相信我打了江山不坐江山就回家了，觉得不可思议。我的看法是：我去做了一件大家都觉得不可能的事，也是一件应该做的事；人生难得有机会给子孙留下一件礼物，我居然把它做成了。我去的时候没有100%的把握，只是我觉得这件事情该做。不过，去了以后我变成了不同的人，胸襟大多了，毕竟碰到这么多人一起共事，这些人真是精彩，校内碰到一批人，校外又碰到一批人，可惜现在很多人都不在了。希望还在世的战友，能看到这本书，重温昔日旧梦。

# 第八章 我们建成科大了

大学的灵魂在教授，所以聘一流的教授是关键。但是在招聘开始前，需要硬件和软件的基础建设。软件方面，包括建校宗旨、办学理念、人事制度、管理结构、学术结构、院系设置、权责划分、课程要求，等等。一般的大学，经过十年二十年的摸索，都已经有规可循，或者有关单位有各式各样规矩要遵循，所以不必或不能考虑太多。科大是白手起家，无所依靠，又必须在三年之内开学；学术要求很高，目标是一所世界一流的研究型大学，所以计划必须非常细致正确，不容差错。另外一方面，香港对我们规章管理限制都很少，我们可以从一张白纸开始规划，在一片荒地上按我们的理想、依照香港当地的经费标准，建立起一所前所未有的大学。所以我们必须充分发挥我们白手起家的优势，建立起一个有效、前瞻、合理的现代化大学。

由于起初香港教授薪水比北美低，以及难以对抗那时香港人才大量外流的移民潮，第一年招聘非常缓慢，到达香港的只有我和吴家玮两人（另外有几位很早就自告奋勇，但是到任的细节有待克服）。我们就借此机会和同道仔细探索这些软件的创造。吴家玮在1986年9月，就进入了科大筹备委员会，一年后，受命担任科大创校校长时，他已经在各地招兵买马，他也津津乐道在各地招人的旅行。不过当时科大那些努力，虽然很热闹，但是就最终获得的人头来算，并不成功，因为到一年后1988年9月我上任时，三个副校长中除了原有的行政副校长麦法诚外，其余都仍出缺，所有的院长和系主任，除了理学院院长（我）以外，都没有着落。后来我又陪着家玮跑了一圈聘人，收获不大。当他把跑了两年已经有把握的名单交给我时，我发现只有三人（其中一位后来没来）。而此时离开学只剩两年。怪不得董事会经常追问他招聘的具体结果，显然我们必须改变招聘方式。

漫天散花的方式，虽然热闹，但是很少有结果，需要精准招聘。不能假设每人都急着被说服去香港。那是牵连全家两代往后二十年的大事，我们需要帮他们思考所有问题。那时大家已经知道在香港大学校长的薪水比教授高几百万，所以校长很难从爱国的道德角度去说服教授们，更要避免用所得税细节，去证明到香港税后收入可以比美国多几千块钱，那有点侮辱读书人的智商，只会让人却步（见第七章）。在初期，只有从理想愿望出发。所以我们需要在软件的理念上好好思考，把所有问题想通，绝对诚朴，才能博得对方信任，才可能应允和我们一起去香港大干一场。

从教授的角度着想，最重要的问题是他去香港后，他的研究工作是否能继续，多快才能上轨道，如果不行，或者耽误太久，他多半不会去，或者去了发现不对，一两年一定离开，那么以后就不可能说服更多的人去科大。我们一方面推动当局成立科研拨款局，一方面要自筹科研经费应付最初三四年的需要。当实验室设计和四大服务中心大致就绪时，我们招聘工作才有底气，海外教授才可能放心前来，招聘工作才可能迅速展开。这个必要的基础建设常常被忽略，也是新校聘人困难的一大原因。

前面七章已经仔细谈过我们如何在这些问题上挣扎，如何选择决定。这里我大略梳理一下前期工作结论，然后进入最后的工作——我们如何建立科大的院系。

## 科大的建校理想是什么

我们逆向回到香港建立科大的目的：汇聚一群在海外教书二十来年的中国知识分子，在自己的土地上，按自己的理想，建立起一所一流的研究型大学。这个目标挑战很大，但是我们认为只要我们全力以赴，拟好计划，团结合作，我们可以做到，这将是20世纪中国知识分子唯一的机会。并且如果方向正确，开学以后，科大可以持续发展，在二十年内成为亚洲最好的大学。我们的目标是为未来在经济、政治、意识形态都处在转型中的香港，培养人才，引领香港屹立于21世纪。

我们把研究型大学定义为：注重研究，也注重本科生独立思考、解决问题等重要能力的训练。总结我们百位教授在国外研究型大学多年丰富的教学经验，我们体会到国外很多研究型大学过分重视数量化的科研成果，而忽略了本科生教育，所以我们定下以人学分计算工作量、分配资源，从制度上扭转教学的颓势，确保我们以通才教育培养出大口径的尖端人才，应付21世纪变幻不定的社会需要（见第二章）。我自己因为曾和国内外百来位名校校长深谈过，了解他们办学的理念、困难和成就（见第九章），所以深知困难重重，但是相信我们可以聚集足够的、志同道合的朋友按部就班地去做，实现我们对大学的理想。

## 建立理想的教学科研环境

我们认为阶级化的校园不利于学术发展，我们想建立一个较平等的学术体系，所以在学术职称上，我们采取美制。为了减少教授们及管理群的区隔，我们只有校长享有所谓"首长级"的待遇——薪水及配置汽车等，希望教授和管理群（副校长、院长、系主任）合为一体，互相流动，把科大注意力都集中在教授的教学和科研工作上，那是科大扬名立万的关键。我们认为常务副校长（Provost）应该担起教学研究后勤司令的任务，动员科大的力量为每一位教授创造教研的环境。我们尤其要注意年轻教授，为他们创造条件。年轻教师快速成长，全校教师不断突破超前，是科大不断发展的唯一保证。所以我们在研究室、实验室条件，及教学工作量方面，都尽量做到机会均等（第二章）。我们也建立了机会均等的学术休假制度，鼓励每一教员休假进修，且为以后思考了教员借调制度（见第五章）。

我们到香港时，大学教员退休年龄是六十岁，对我们科大来说是太早了，所以我们把它修正到六十五岁退休。我估计创校团队最资深的同人可以工作十到十五年，把他们的系建设成功时，就可以功成身退交给第二梯队继续发展（见第五章）。

吴家玮主张采取英国的本科生三年制。我们很多教授从科技的发展着眼，都觉得香港迟早要改四年制，事实上，英国一些有名的工学院，那时已经在考虑五年本科制。最后，我们同意校长主张沿袭的三年本科制。我们本科生招生对象主要是香港生源，为了加强与香港中学的联系及了解，我们经常访问香港的中学，邀请中学生访问科大，如参加科大奠基典礼（见本章后述）。研究生将占科大学生三成以上，面对世界招生。为了加速国际化，我们采用英文为主要授课语言。

为了给教员提供理想的校园环境，我决心要科大充分发挥科技优势，在香港经费的限制下，建立四个一流的教学研究服务中心，包括一个高度数字化、网络化、有中文检目的图书馆，一个全世界首个拥有计算机光纤网络的大学校园，以及一个全面规划的研究设备处，这个设备处拥有微电子制造中心（Microelectronics Fabrication Center, MFC），后随着科技的发展，演化成纳米系统制造中心（Nanosystem Fabrication Facility）。另外，我决定排除万难，建立一个在理工领域非常关键的材料表征和制备中心（MCPF, Materials Characterization and

Preparation Facility）。基本上借用大学的力量及互惠的措施获得仪器公司大量折扣优惠，再借用中心管理，大量提高精密仪器利用效率（三四倍左右），即使在固定的经费下，每一位教授都有机会用到昂贵的仪器（见第四章）。

教育是百年大计，一切要为三十年后打算，切忌急功近利。我到港半年后及时发现已经完成的学术大楼设计不能满足研究型大学的要求，经过一年的坚持和持续努力，我们集合所有相关人员利用现代科技完成了一流研究型大学的实验室及教室设计，并且保证每一位教授有研究室，坐着能够看到清水湾，创造了一个安详美丽的工作空间，营造了一个和谐的校园（见第三章）。办大学，如果只是强调口号，而不能以行动呈现在细节上，就不可能办成一流大学。

## 健康完整的院系结构

经过反复考虑，我们决定设立学院并且保持系的结构。参考和百所名校校长交流所得到的经验和教训，我们决定设立基础学院及基础学系，这样最利于未来的长期发展。我们相信人文社会教育对培养拔尖创新人才十分重要，我们坚持成立人文社会学院，最终确定文理工商四个学院的架构，每一个学院经过一年的考虑论证，成立四到五个大口径的基础学系（见第二章）。这是大学教育一条非常重要的规律，可惜新的大学常常忽略而影响到大学长期的发展。

观察无数名校的历史和教训，一个大学要保持长期兴盛不衰落，关键在健康完整的学系，他们会随时代需要而演化，大学上层管理阶层难免经常更换，只要大部分的系能够健康运转，科大就可以历经风霜而持久不衰，所以我们决定院和系都是实权机构。院长和系主任都有人事权和财权。创校第一年结束时，每一个系都完成十年发展计划，每年学生和教师数目、预算和设备费都已大致决定，系主任按共同决定的发展计划，有序地按规定品控步骤在院校的协调下，聘人招生，不会因为上层人事的变动，而发生大幅度变化，这一优势后来很快呈现出来。

## 共同编织出一个理想

在三年之内完成一个研究型大学，这个不可能的任务如果要成功，必须和创校团队及以后加入的教授，共同编织出一个理想，才可能为大家接受，才可能促使大家日以继夜地并肩前进。所以我们做了很多努力，反复讨论，聆听每一位后来者的声音，每三个月举行一次会议，向全校教职员开放，报告三个月来遇到的问题和处理方法，并且提出未来三个月要解决的问题，征求大家的意见。同时每周有院系联席会议，和已到港的创校班子讨论每周的工作。

除此之外，我们在开学前每半年举行一次教务会议。第一次是1989年初在旧金山机场举行，那时还只有我和吴家玮到职，其他的朋友都是我们想罗致的各系系主任。我们反复讨论办校理念、教育目的、通才教育、学分要求、院系设置，等等。第二次是在巴尔的摩，那时家玮已经全时投入艰巨的香港富豪团募款的工作，无暇顾及其他，开始由我主持。第三次是在洛杉矶的圣莫尼卡，开始讨论招生标准、研究生教育，决定由各系招收并管理硕博生，而不是任由硕导博导单独处理；以人学分计算教学工作量，人人平等；研究室和实验室应该相邻还是可以分开；等等。透过这些实际的工作讨论，一个多方多面的共识开始呈现，并变成科大的凝聚核心，使得后来的奇迹得以实现。

有句英谚说得好，"当你把一些聪明的头脑聚集在一起时，没有什么是不可能的"（When you put brilliant minds together, nothing is impossible.）。虽然这些会议内容相当繁重，我们都能苦中作乐，达到意想不到的效果。譬如，第二次教务会议在巴尔的摩召开，会后，我带大家到码头附近的螃蟹店享受巴城有名的螃蟹大餐。我们吃饱喝足我正要付钱时，尤乃亭突然说："我来付！"

这好像不对劲，他们都是义工，免费为科大的创立贡献智慧，还要他们请客，说不过去啊！结果尤乃亭说，他是佐治亚理工学院的化学院院长，学校给他一张金卡，专门为联络学术和企业界的应酬使用，所以他就抽出卡片，一刷，付了！我带领大家一起大声说道："谢谢尤伯伯！"从此，每次聚餐，"尤伯伯"都会慷慨买单，在"谢谢尤伯伯"声中，这个团队就凝聚得更紧一些。

还有一次，我想说服一位教授来工学院建立一个系，我们在一家他推荐的饭店里，谈了很多教学和科研上碰到的管理老问题，以及在科大想试的办法。账单来时，他一把抢了过去，用他学校的金卡付了。他说，我们谈了很多问题及好主意，他回去就在他的系里试办，所以应该他们付。我说，我们还没谈薪水呢。他说，能做事最重要，至于薪水，他信任我会尽力而为。就这样，科大得到一位系主任。

## 各路人马先后抵达科大

第七章我们已经谈了很多聘人工作的酸甜苦辣，创校的人员来自各地，除了最初的黎黄美玲和麦法诚在1988年初就到任之外，其他人员从1988年秋也纷纷到港，下面是1991年开学前到校的人员：

1988年9月1日　　钱致榕
　　　　10月1日　　吴家玮，艾伟林
1989年8月21日　　莫里斯·克拉夫特（Maurice Craft）

| | |
|---|---|
| 9月18日 | 陈介中 |
| 1990年4月 | 周敏民 |
| 5月 | 董平 |
| 6月 | 张信刚 |
| 7月 | 王子晖、陈显邦、尤乃亭、谢定裕、胡立人、徐泓、张咏磐、沈志刚、沈运申 |
| 9月 | 班克礼 |
| 1991年1月 | 施德信 |
| 5月 | 农唐诺 |
| 6月 | 孔宪铎 |
| 9月 | 各系教授到任 |

在人员到任前两年，港科大负责校内学术方面的管理人员，几乎只有我一个人独撑门面。1989年夏天，张信刚、谢定裕和理工两院系主任纷纷到港，突然一下热闹起来，就可以谈谈各院系的建立经过了。

## 理学院的院系建设最早完成

在一般的大学里，理学院通常是比较重要却单纯的学院，它的专业非常基础，有古老的历史、明显的客观标准，也有团队合作的习惯，常常比较理想主义，所以是科大最早成型的一个学院。谢定裕和蒲慕明也是最早和吴家玮联络，自告奋勇帮助建立科大的学者。谢定裕和蒲慕明对理学院的建立厥功至伟，对早期科大办学理念的形成也贡献良多。同时他们俩有敏锐的观察力和卓越的判断力。在创校初期，制度未立、人手高度缺乏的压力下，很容易急功近利、因陋就简，有他们两位诤友在，我就不容易偏离方向。（譬如，1990年当科大受邀组团回内地访问，我们讨论访问方向和原则时，吴家玮宣布谢定裕是科大的良知，并封他为访问团的"书记"，提醒大家不忘初心。）

我在1988年9月1日到达科大在香港花园道、美国领事馆对面的圣约翰大楼里的办事处，开始筹建理学院的工作。9月14日吴家玮抵达，我的理学院长聘书到10月1日完成。那时的标准做法，除了校长外，都是"先上马，再置鞍"。1989年4月，我开始负责基建设计，及构建四大服务中心，开始承担常务副校长的工作，由于理学院建设尚未完成，我仍继续兼任理学院院长，同时积极招聘院长。1990年7月理学院大致上轨道，完成各系长期发展计划及实验设备费用之规划，请谢定裕代理院长一年，我开始抽时间代替校长承担募款的工作（见第六章），及建设文学院（见本章）。1991年6月8日，开学前三个月，理学院专任院长孔宪铎及时上任。理学院创建工作完成，共有四十二位专职教授，并且负责生物技术研究所及材料表征和制备中心，在教学与科研上和工学院都保持了密切的互动。

先谈**数学系**建设，系主任是谢定裕。

开学时，数学系有十一位全职教授：谢定裕、项武忠、许为厚、杨重骏、沈美昌、于坤瑞、冯志雄、郭宇权、李健贤、蔡克敏、沃尔特·伯格维勒（Walter Bergweiler）。

创校之初，我们就决定科大设置大口径的大系，以为师生提供最大的学术空间。谢定裕创建的数学系就是很好的例子。它到满员时将有五十名教员，涵盖了纯数学和应用数学的各个领域。谢定裕是我在台湾师大附中和台大的学长，因为他比我高六级，所以我在学校虽然听到他的故事，却无缘会面。后来工作时，才开始见面。他在台大数学系毕业服完兵役以后，到美国东岸罗得岛的布朗大学攻读数学博士，完成后，又到西岸加州的加州理工学院做博士后，遇到冯元桢教授，完成博士后课题到布朗大学数学系任教，直到来港创建科大。开学时数学系较早到校的有杨重骏和项武忠教授。杨教授在教研工作之外，还志愿辅助学生工作，住在学生宿舍的教授套间，担任本科生导师。项武忠教授是世界著名的拓扑学家，台湾"中央研究院"院士，曾任普林斯顿大学数学系教授及系主任。在谢定裕和我讨论他的任命时，我们都很珍惜他加入科大，希望他能代表科大的学术水平，并且把科大的科研工作引领到更高的层次。所以，在得到他的同意后，在举行开学典礼时，我们请他扛了科大的学术权杖，象征着科大对学术的重视，引领科大教授们的行列冉冉走向主席台。

谢定裕从头就参加科大的建校工作。1990年他到香港时，送了我一本《蔡元培传》，带着他的招牌微笑说："希望你学蔡元培，试着把科大建设成北大！"我说："那不行，学到北大至少要一百年！"他说："那就学蔡元培的做法吧！"那天，我正好碰到一系列的烦心事，晚上没上班，一口气把那本书看完。发现蔡元培的原则，基本上可以总结为"学术自由，兼容并包；坚持原则，尊重学术"。为了坚持这些原则，他数度辞职，所以他真正在北大的时间前后不过六年。幸亏有蒋梦麟在北大前后二十多年静静地执行他的理念，才有后来的北大。所以一个好的校长，一方面要有丢乌纱帽拂袖而去的勇气，以维护大学的理念，同时还要建立一个稳定的行政团队，践行他的大学理念。

**生物系**经历了从蒲慕明到朱孝颖的系主任人选变化。

科大开学时生物系有七位全职教授：朱孝颖、张才、倪怡训、黄玉山、罗伯特·N.霍尔德弗（Robert N.Holdefer）、龙李梅瑞、尹广祺。

在第二章提到创校时，生物这一领域吴家玮是委托蒲慕明规划的，包括后来决定同时成立生化系。不幸他们两人在谈细节时，有些误会（或是价值观的冲突）。虽然我上任院长后及时发现，并且试图弥补，但是最终蒲慕明还是没能来科大，后来去了上海，创办中科院上海生命科学研究院神经科学研究所（见第七章）。但是他已经完成开学时的人事布置，由朱孝颖教授接任系主任。朱教授临危受命，很快完成了开学的准备，达到了开学的需求。

**生化系**主任是王子晖。

科大开学时生化系有五位全职教授：王子晖、王仕中、林兴一、高锦明、黄允强。

王子晖是香港人，在多伦多大学念完本科和博士后，就在那里教书，直到回港创建科大。他还带领一个五人的队伍回来，由于他们互相熟悉，年龄相近，回来工作展开很快。当初我们决定把生化从生物系里分出来另成立一系时，就是考虑到生化可能会发展很快。由于他们都在香港长大，融入社会特快。记得子晖在跑马地买了一套公寓，坐在他家阳台上，就可以看到跑马地赛马。后来我们用马会一亿三千万港币的捐款成立了科大的生物技术研究所，请子晖担任创所所长，由于实验室已经完备，所以当经费到位，他们几乎立刻就带动了生物科技相关的研究工作，速度惊人。这对后来的招聘，帮助很大，因为年轻人都知道科大是高效率、容易出成果的地方。后来我告诉华金斯，科大的生物技术研究所所长，坐在自家阳台上也在关注跑马地的跑马情况，他不禁笑着说，"That's fair!"（那很公平啊！）

**化学系**的创系主任是尤乃亭。

开学时，化学系有三位正教授，四位助理教授：尤乃亭、平冈弘之、高保罗、车镇涛、梁华雄、李晓原、温思明。

尤乃亭的履历很简单明了：本科，台大；博士，麻省理工；在美国亚特兰大的佐治亚理工学院教书，晋升至正教授，化学院院长。我去亚特兰大拜访他时，已经有把握他的学术很精彩合格，通过在地的访问，想了解他是否适合做创系主任。那时刚好时局有些变化，我们心情比较沉重，但是还是静下心来谈学术、行政和香港前途。那是一个很成功的访问，不但谈妥了乃亭出任化学系主任，还说服了他们的常务副校长到科大当研发副校长（见第七章）。

尤乃亭很快地就推荐一位 IBM 实验室的日裔材料化学家平冈弘之教授（见第七章），他渴望回到东方教东方年轻人。理学院有好几位教授，有工业界的经验，他们把教授的研究工作及学生的出路都大大拓宽，更接地气了。

**物理系**主任是陈显邦。

开学时有十一位全职教授：陈显邦、戴伟翰、王克伦、王宇、冯国光、欧德孟（Michael S. Altman）、吴大琪、苏荫强、司徒国业、黄锦圣、王国彝。

很多人都对物理系主任一职感兴趣，但是谈到立刻去香港三年，创立一个研究型大学，就都有些犹豫，只怕自己研究工作受到影响（见第七章）。我们需要一位学问很好，最好有些行政经验且很快可以去香港的学者。陈显邦是一位菲律宾华侨，早年他的祖父陈求（Chen Cue）从福建移民去菲律宾时，移民官员误把名当姓，从此他的子孙就不姓陈，改姓 Cue，所以陈显邦的英文名字就成了 Nelson Cue。这名字提醒我们千千万万东南亚华侨早期的遭遇。显邦在马尼拉的菲蒂大学（Feati University）毕业后，就到美国西雅图的华盛顿大学读物理学博士，然后到纽约州立大学奥巴尼分校教书二十年，晋升到正教授，又当了多年系主任。他专攻纳米结构，从事教学、科研工作多年，还有一个小公司。我注意到他除了教学、科研和学校行政工作经验之外，和企业界也经常联络，并且有创业经验，可以帮助科大价值多元化。

他从英国埃塞克斯大学（Essex University）请来了戴伟翰（David J. Barber, 1935—2020）教授，戴教授毕业于英国布里斯托大学（Bristol University），英国的物理系常指定一位教授负责和当地企业界保持联络与合作，戴伟翰教授就有着这样的经验。科大开学时，把他从埃塞克斯大学借调来科大五年，除了教学与科研之外，他还在我们那时刚成立的材料表征和制备中心（Materials Characterization and Preparation Center, MCPC）兼任主任。MCPC不只是第一个材料表征和制备中心，很快地也成为后来类似中心的模范，对科大后来三十年科研工作的发展，帮助很大。

## 开学前突然加快的工学院建设

工学院是很重要的一个院，既要搞学术，又要和企业界及当局保持联络。校长上任后，就四处听取建议，寻找顾问，还花大力气别出心裁地聘了一位有名的学者，指导校长建院的工作。过了一年，发现无效，于是开始放弃外力，走科大自己踏实的路。科大创校时真是人才济济，不只专业人才众多，理工两院里，有不少文理兼备的人才，张信刚就是其中之一。

张信刚和我一样，中学、大学都是从台湾师大附中和台大毕业，虽然差两班，但是相互听说过对方。毕业后我去了美国耶鲁大学，他去了斯坦福大学和西北大学。保钓运动时，他是纽约州立大学水牛城分校的《水牛》杂志的主笔，发表了很多精彩文章，我则在华盛顿与媒体、大使馆、政府、国会打交道。那时都是书信来往，并没有见面。创办科大时，他是南加州大学生物医学工程系的系主任。吴家玮曾接触他好几次，想请他来科大主持工学院，他都未置可否。后来董事会告诉校长，各院院长位置不能再长期空缺，于是吴家玮托我专程去美国，设法说服他来科大（见第七章）。我们从希腊罗马文艺复兴、春秋战国百家争鸣谈起，谈了三天两夜，一个月后他同意接受工学院院长的任命（见第四章）。1990年6月到任，工学院的建设突然加快。到开学时，除化工系以外，基本上各系到位，共有专职教员三十四人。

**土木系**主任沈志刚，大学在台大毕业后，在加州大学伯克利分校拿到博士，从加州大学戴维斯分校来科大创建土木系，开学时有四位专职教授：沈志刚、尼尔·科林·米克尔伯勒（Neil Colin Mickleborough）、李建文、戴夫·杰兰特·维尔汉姆（Dave Geraint Wareham）。

**机械系**主任董平，他在台大毕业后，到加州理工学院读博士，是冯元桢的高足。后来在麻省理工学院教书，也在美国交通部航空安全研究所工作多年，每有重大空难，都由他主持调查，厘清原因，并作改进建议。他为科大工学院带来了学术、企业和当局的经验。开学时有五位全职教员：董平、许金造、葛时俊、袁铭辉、冷扬。

**电机系**主任张咏磐。电机系和硅谷关系密切，所以家玮早期曾找过很多人，他们都难以立刻放下硅谷，远去香港创校。最后华盛顿大学的张咏磐接受了挑战，到香港创立一个全新的电机系。值得一提的是开学前两年，我们接受了很多专家的建议，为电机系成立一个微电子制造中心（Microelectronics Fabrication Center, MFC），由罗台秦负责建立。随着技术的变化，一路演变，三十年后发展成纳米系统制造中心（Nanosystem Fabrication Facility, NFF）。开学时，该系有十一位全职教员：张咏磐、刘瑞文、陈正豪、罗台秦、张群辉、黄河楣、潘明昌、单建安、曾宪国、姚争锋、廖家俊。

**计算机系**系主任沈运申。1988 年，我们预期在 21 世纪人工智能将突飞猛进，所以把计算机系从电机系独立出来。因为科大是当时世界第一个全光纤电脑网络校园，配上香港电讯捐的 T1 专线，使得科大计算机系有先天的优势。同时我用从香港电讯募来的一亿港币捐款成立信息技术研究所，帮助推动计算机系的科研，及以后超网（Supernet）的成立，带动了香港的信息产业。开学时有十三位全职教员：沈运申、乐创基、方柱华、迈克尔·卡明斯基（Michael Kaminsky）、庞鼎全、郑绍荣、谢维德、杜建中、穆尼尔·哈姆迪（Mounir Hamdi）、

Qing Li、庞民治、杨赕仁、拓跋（Stephen M. Thebaut）。

由于招聘的困难，化工系延至 1992 年开学才成立。

## 文学院的创建惊险无比

1988 年 9 月我到任以前，科大校董会的规划里面，只有理工商学院和一个通识教育中心，没有文学院。那时董事会已经通过人事部登报招聘，从英国招聘了一位曾经做过副校长的英国教授来当通识教育中心主任。吴家玮从头参与科大筹备委员会，那时已是待任校长，全程参与这些决定，所以知之甚详。他告诉我当时曾经轰动一时，大家认为"英国大学的副校长，愿意到被殖民统治的香港，担任科大通识教育中心的主任，可见国际多么看好科大"。我上任后，坚持科大必须有文学院，才能有机会成为一流大学，并且告诉他们我遍访世界名校，包括拜访麻省理工和加州理工校长的结果（见第十章），终于说服董事会成立文学院（见第二章）。没料到董事会就顺理成章地任命那位主任为文学院院长。这为后来造成很多困难。

这位先生初到香港时，我还是理学院院长，吴家玮要求我跟他谈谈。我跟他见面以后，就发现很难谈学术的问题，他对理工领域没有兴趣，那不奇怪，可是请教他当时社会学方面的课题也有困难。倒是哪篇论文有多少页，他记得很清楚。回想起来，我觉得做错一件事，当时决定成立文学院时，我应该坚持全球范围找一位文学院院长。当时董事会让这位英国来的主任顺利升任为文学院院长，顾虑到不能歧视他是英国人，家玮就说既然董事会决定了，就不要过问文学院这件事。当我接任常务副校长之后要管所有的院系，就发现这位文学院院长聘的人都是从英国来的，而且不是来自最好的学校。我问他有没有考虑世界上其他的学校，他说他听说过哈佛大学，但是没听过加州大学洛杉矶分校，而且从来没去过美国。最后我说服了他去美国招聘，发现他不能独自旅行，只能安排他太太作为学校秘书陪他去，一路为他打点订房、订飞机票、打电话等他不会做的事情。可惜他的视野不宽，除了没去过美洲和亚洲，跟英伦三岛以外的学校接触也不多，所以招聘教员进展较慢。一直到1991年初，董事会开会检查业务，发现再过九个月要开学了，文学院只聘到两位英国助教。

开学时，全校的学生都需要去文学院选课，如此一来10月2日开学时一定开不成课。起先我提醒董事会、其他委员会和院长们开课会有问题，他们都偏向于学校新创，尽量少变。在文学院组建遴选委员会时，我建议所有学院的院长都参与其中，以保证文学院聘到的教师都是高水平，开学以后他们可以大力推荐自己院里的学生好好地去选文学院的课程。其他院长参加委员会之后，理学院院长谢定裕第一个求饶，他吃不消文学院院长找人的做法。譬如，为了"公平"，他主张面试时把所有应试者放在一起，告诉他们所有信息，面试官问每一个候选人同样的问题，并且问题尽量同等量化，如：为什么你的论文比规定的长度多了七页？这位文学院长解释这是英国的制度。接着孔宪铎、张信刚都求饶，要求退出，直接说这样不行。

另一方面，这位文学院院长也缺乏行政方面的能力，比如，那时我们每一个院、系都有自己的预算，各项花费每周入账，并且可以互相参考。每月开会时，都要检讨各院系预算状况，比如说每个月开会要先看预算，以便宏观掌控和微观调节。最初很多系主任不习惯，但是久了以后，预算报表就成了各院系管理工作的有力工具。显然这位先生做副校长时，既没人权，也没财权，所以科大层层授权，人人负责，高速、高效的办法，他都难以适应。可是他又不时想教我和文学院同人怎么做系主任和校长，这就成了阻力。校董会开会清点各院进度时，他们觉察到事态严重。董事会觉得不能用他当院长，立刻命令学术副校长即日接管文学院，务必保证准时顺利开学。那真是科大创建过程中惊险的故事之一。

这个时候很麻烦的是，为了开学授课，文学院要在六七个月之内聘六个教授。我当时也没头绪，就打电话问了美国很多学校的常务副校长以及麻省理工学院的教授，他们都说理工学校不能没有文学院，要是没有，就不可能成为一流学校（见第十章）。我们的文学院，设定五十个教员名额，大家都同意不要分系，他们认为大致合理，也认为设立两个部门不设系是好主意。但部门里面要有什么构架，有待探讨。比如，思想史可以纵向、横向贯通；比较文学也便于贯通比较；既然要研究中国，就要有民国史，等等。总之，尽量拓宽一点领域。

那时已经是1991年2月初，离10月2日开学只有八个月。我临危受命，立刻全力投入。刚好留美文史权威学者杜维明和张灏在夏威夷举办一个题为"二千年中国历史与文化：回顾与前瞻"的国际论坛，有两百多位学者参加。他们两位是旧识，也是当时华人文史大家，可以帮我恶补文史常识和提升品位。所以我立刻打电话给杜维明，告诉他港科大的需要。他立刻问他们可以帮助什么，我提了两个要求：邀请我参加会议，并且请他和张灏陪我坐在最后一排，评点每一个报告，指点我报告学者的精彩及不足的地方。他说他从来没做过这样的事儿，不过很慷慨地答应了。

那年春节是2月15日。当天科大同仁在我海港城的公寓里团拜，七个月后即将开学，三年的奋斗，开始见到曙光。大家都很兴奋，我不慎扭了腰，不过第二天还是出发到夏威夷。在那一周里，不但见到了近两百位华人文史学者，还在两位大师的讲解下，了解了文科的品位和每一位学者的长短处，一时长进不少。说实话，到了第二天，我就觉得很自在，因为那时西方人文社会学界正值"韦伯热"，那次会议几乎每一位学术报告者，开口闭口都是马克斯·韦伯，就像我们中学作文，都是引用"国父说……""'总统'说……"开始，然后以"可见……"为结论，最后张灏捉弄我说："你听了五天，也该做个报告！"我就上台分享了我的感想，惹得哄堂大笑。我趁机告诉听众，香港科大已经决定成立文学院，欢迎大家共襄盛举，或推荐人才加入我们的行列。

在向杜维明、张灏请教的过程中，我心中有关一个文学院的构想已经大致形成，计划中的五十位教授已经达到临界值。本着设大系的原则，设人文和社会科学两部，不再分系，这样年轻教授的学术空间更大一些。如果他们能以三十年的时间，整理中国固有传统，对中国文化未来的发展，一定有很大帮助。并且香港是三十年之内海峡两岸暨港澳完成这一时代任务最合适的地方。当时评估，我们需要一位博学又有高度包容精神的学者做院长，带领此项工作。可能要花几年的时间孕育这个文学院，不可能一蹴而就。他们还给了我一份文史领域国际公认的几位大师的名单，并允诺有疑问可以随时电话向他们讨教。

回想起来，他们两位的大力帮助，实在非常关键。我和杜维明是1951年在台湾就认识的，那时我们都参加了童子军，他代表建中（省立建国中学），我代表附中（省立台湾师范大学附属中学），两个学校是那时台北两个拔尖的中学。每次有校际露营，我们都会参加，因而见面。大学时他去了东海大学，我念了台湾大学；大学毕业后，他去了哈佛，我去了耶鲁；他研究新儒学，我搞高能物理。张灏在附中、台大都比我高三届，虽然不是同班，但是共同的朋友很多。我们任难得见面，但是互相欣赏很久。在关键的时刻，他们两位帮了科大大忙。

那时我也拜访了麻省理工和加州理工的校长（详见第十章），了解到在一个理工大学内，创建一个文学院非常不容易，需要长期的努力。接下来的两个月里，白天的办公时间，我处理校中事务，晚上的时间，则都在电话上和欧洲、美国东岸和西岸的学者请教创办文学院的事情，并且请他们推荐和评鉴人才。那些谈话,也证实了文学院院长难求,所以我一方面继续努力,一方面把力量集中在聘请教员上。同时我们也得到中大和港大好多朋友的积极帮助,如金耀基、刘述先、赵令扬等朋友的支持。

很快地,我们请到了六位教授,其中台大的徐泓和北卡罗来纳州立大学的齐锡生分别承担就任文学部和社会科学部主任的重任。尤其难得的是徐泓同意代理院长,他带来台大文学院的经验,积极推动科大文学院的发展工作,使得科大得以在几个月后准时开学,功不可没,值得大家感谢。

## 钱新祖与徐泓的聘任

我咨询了六位重量级学者,问他们思想史最厉害的学者是什么人,结果六个人里有四个人提到同一个名字,就是钱新祖。不过也有人提醒我他有些争议,但绝对是一流学者。我一查,发现人在台大。我后来发现钱新祖的经历的确非常复杂,之前他在美国芝加哥大学职称晋升没成功,回到中国台湾又换了两所学校。所以我就找他谈了。跟他一谈之后我觉得这个人思维真是精彩,不过他标准很高,讲话不留情。这时台大的徐泓也进入我的视野,我觉得这两个人组队是蛮好的。徐泓可以主持行政,并且可以容人。我问他们两个人能不能合作,他们说可以。事后我发现钱新祖是我中学同学的弟弟。再后来我了解到余英时与钱新祖学术争论的事。

我和新祖坦诚谈了很久。我觉得他第一次在芝加哥大学职称碰到的问题,可以说是余英时小气了些,对年轻学者太不留情。可是他在台湾新竹清华和台大第二次、第三次碰到类似的问题,可能就需要自我检讨一下,是不是自己有哪些习惯跟别人完全不兼容。科大现在给了他第四次机会，并相信港科大不会有人欺负他，所以如果在科大再出矛盾就是他的问题了。他很坦诚地接受了这分析和期待。那时的遴选委员会里面有中大新亚书院的刘述先教授等数位中大和港大的教授，最后决定同时聘徐泓和钱新祖为文学部教授。在那过程里，我们非常谨慎，因为辞职的那位英国前院长在移交档案的时候，把所有资料都销毁了。创校之初，不能有任何原则性或者程序性的差错。

当我们聘到徐泓和钱新祖两人之后，胆子就大了。社会科学部方面，那时开学的工作已经不容许我再外出招聘人才，我委托聂华桐在美国就近审查申请人资料，其中北卡罗来纳州立大学的齐锡生是可能的人选。聂华桐就去北卡罗来纳州立大学与齐锡生面谈，觉得他可以当社会科学部的主任。文学院的两位主任上任后，他们分别去招聘各自部门的教授，很快就完成了开学时文学院的创院队伍的组建。

人文部：徐泓、钱新祖、王靖献、Martin Lu、蔡志祥。

社会科学部：齐锡生、罗谢尔· E. 波尔（Rochelle E.Ball）、Yi-Rong Young、张赞贤。

## 文学院首任院长的辞职

院长任命这件事情要特别讲一下，当时的院长兼管人文社会学部。我把这六个教员都找到了，那位首任院长当时很不开心。不过我想他也很辛苦，他的英国的经验，不能适用于一天当五天用的科大。有一天他写了六个报告给我，我看完两个报告就把其他的都退回去了。他问我为什么没看剩下的报告，我说我们把人事权、财权都下放到院里、系里，我预期你们都会把问题处理好。我们有四个学院，每天我顶多只能每个学院看两个报告，结果他第二天就把五个报告订在一起送给我。因为家玮说这是董事会任命的人，不要碰，我就跟家玮谈了一下，他叫我不要再跟这位院长讲理。

其他院长建议我把他开除，可是家玮不肯，因为他不想惹"不必要的"风险。由于我们刚刚开学，其他院长都是从美国聘来的，好不容易从英国聘来一个人，家玮就担心这些事，叫我去跟董事会说。我说现在已经开学上正轨了，这些事情应该是校长去跟董事会说，可是家玮就是不肯。

那个时候真的很头痛，因为这位前院长经常跑来建议我要怎么做。有一天我实在烦了，就直接问他，你觉得你是常务副校长吗？他说他曾经是副校长，他知道怎么办学校。我给他看一叠资料，请他下午马上回复给我，因为下午就有更多的文件进来等待处理，他说他要三天的时间，结果当然没有完成。

后来有一次他又来烦我，我就跟他说假如想当常务副校长，就辞职直接来申请我的工作。结果他突然一下子呼吸不过来，我赶紧给他一杯水，他喝完就走了。过了一会儿，他回来说他要辞职，我说这是一件大事，影响会很大，一定要仔细思考，看在校长面上，我说了一些话挽留他，他坚持不干了。那个周末我把这件事告诉家玮，他说："你应该立刻接受啊。"我大笑说："家玮，我跟你学啦，我也不想冒'不必要的'风险啊！"

星期一开院系联席会议，文学院院长坐在我旁边，我直接问他有没有改变主意，他回答说："No！"我又问他能不能把他辞职的决定告诉大家，他说可以。我就跟其他人宣布，现在已经开学了，这位院长功成身退，他要辞职了。我就说要报告校长，董事会要立刻启动遴选工作。一散会我就告诉家玮，家玮立刻通知人事部，当天发出征人广告，同时汇报董事会。

结果第二天那位院长跑来说他改变主意，不想辞职了。我说不行啊，校长已经报告董事会，而且广告已经发出去了，他立刻脸都灰了。

我就劝他，说他一个搞人文的学者，在理工大学工作，做事方法跟其他人不一样，是真的辛苦；或许他能在香港找到一个更好的工作，例如空中大学（即广播电视大学）这些英国制度的学校，可以换个环境。说不定他太太也能找到高薪工作，这样的话收入会变成现在的两三倍，何必在这里继续受气？后来我又跟他说，要是真的不想辞，就赶快写信给董事会，把广告撤回来。他说不必了，就这样吧。后来他当了那个空中大学的副校长，也是各得其所。代价是文学院的发展耽误了两年，使我一直耿耿于怀。

开了学之后我们要找文学院的正式院长，那个时候是徐泓代理院长。本来考虑要直接让他当院长，但后来考虑他不是一个很露光芒的人。我当时的想法是这应该是一个非常不同的文学院，所以我决定给他们五十个人员的名额，包含博士生做研究。希望他们花三十年时间，把中国文化跟历史整理一遍，这就为自己打出一条新路，也是一个不得了的贡献。这样的话，考察学术水准就不需要受 SCI 期刊引用次数的束缚，我们有自己的任务跟标准。所以找人一定要找有格局的人，招牌硬、学术广、能融合各路豪杰、撑住大场面的。

我当时去找了许倬云，这是台湾清华大学人文社会学院院长李亦园建议的，因为许先生有社会学、历史学和人类学的学科训练和人文修养。要把这个文学院凝聚起来，学识要非常广博。许倬云当时在香港中文大学访问，我把这个理念告诉他，他说他愿意考虑，于是我安排了校长跟他谈。后来不知道为什么，居然没有谈成。好像是谈话方式起了冲突，一个想谈学问理想，一个想谈薪水经费。后来我们找到李欧梵，他本来也答应了和校长做最后讨论，但最后也没谈成。之后我就离开了港科大。后来换齐锡生担任遴选委员会主任，最后他受命担任院长，继续开创科大文学院。

## 商学院最难办

理学院的院长比较容易到位，工学院的张信刚已经上任了，文学院的事董事会不是太关心。董事会开会的时候，我们决定聘一个商学院代理院长，那就是吴家玮。吴家玮负责商学院的组建，我管基建、科研、学术和各式各样的教务内部事务。他假如看到适合的人，就向我推荐，有时候他也碰到困难。最后我们请了一个香港出身的南加州大学副教授当代理院长，他升上正教授之后就成了正式院长。商学院最难办，因为薪水是一个大问题。

成立商学院，我跟吴家玮都是外行。我们拜访了好几个著名大学的管理学院，他们一听说香港要用三年办一个研究型大学，都非常好奇，都答应见面，花一整天跟我们谈。他们说我们成功的地方你们可以参考，我说你不必告诉我成功的地方，我们学不了的。因为我们没有你们的教授、经费跟历史。他们又问我们想知道什么，我就要求他们把近十年来失败的经验尽量告诉我们。我说我们野心不大，只希望不要重蹈覆辙。他们也觉得这想法不错，可以少走冤枉路。

我们那时候找人，第一优先是找从香港出去的学者。后来我们发现不必浪费时间，正如丘成桐为家玮分析的，那时的香港人对回香港兴趣很低，短短三年，要创立一个新的大学，风险太大，通常不愿意冒险。我替吴家玮到欧美各地面试了二十多位院长候选人（大部分是香港出去的），都没有结果（见第七章）。

我也在中国台湾留美的学者中，找到三位非常成功的管理学教授，他们不但学术上卓有建树，并且都当过系主任、院长等，在美国的管理学界都大有名气，也有兴趣考虑来香港。我安排了他们分别来香港看看，和吴家玮单独谈，其中有一位年龄较大（六十左右），可以看出体力较差，难以适应我们的速度。另外两位五十来岁，当过系主任、院长，学术上很有声望和成就，不知为什么，谈了两天都没有结果，可能又是因为和校长看法不同。

家玮和我检讨了一下我们对招聘商学院院长的努力，付出很大，除了南加州大学的一位年轻教授陈玉树之外，都没有结果。可是家玮需要全力去募款，我需要一天三班充实学术建设，以免到时不能开学。我们的工作越来越重，不容许长期徒劳无功。最后我们决定，由吴家玮出任代理商学院院长，全权负责招聘院长及构建商学院，等找到他满意的人选时，再向学术副校长推荐，进入招聘流程。

我们两人都知道商学院的重要和机遇，但是应该如何切入，看法稍有不同。我觉得学术没捷径，需要自己踏实前进。既然陈玉树很行，并且有心，不如先聘了他，代理一个系，一步一步地扩张；同时由家玮继续代理院长，一个系一个系建立起来，两年之内，可以有点结果。家玮想借用外力来建设科大商学院，借用他们的名声，快速出名。我觉得关键还是在别人能够借多少名教授给我们，或帮我们找到多少一流教授。否则只是延缓了我们必须做的事：找大量一流的教授！天下没有免费的午餐，对方必须得到对他们有利的东西。

在这一思路下，吴家玮选择了加州大学洛杉矶分校商学院。他们的院长即将退休，退休前，希望在亚洲建立他们的影响力。这个合作的确在规划课程设置及设立第一个EMBA、建立科大商学院的知名度方面帮助了我们，但是在招聘创院教授方面，帮助不大。加州大学洛杉矶分校只能派一位副院长担任我们的顾问，一位主管学生事务的助理院长长驻香港负责联络，无法派出资深教授来香港。一两年后，吴家玮终于回归自力更生的路，请陈玉树代理院长，开始走稳重踏实的路。很快地，商学院开始在国际上崭露头角。

## 我们所记得的 1991 年

　　1991 年，科大三年建校工作已经进入最后冲刺，创校的院系负责人都已经到位，开始从海港城搬到清水湾，开学需要的一百零八位大将也纷纷到位。距开学日的倒计时，不再以月、以周计，开始以天计。校园充满了忙碌和盼望。同时我们周遭的世界也巨变不断，加深了我们知识分子的责任感，我列一些我记得的事，反映那时的气氛。这些事有大有小，有远有近，但是还都触动了那时紧绷的心情。

　　1 月 1 日，高能物理欧洲中心（CERN）向全球研究机构开放万维网（World Wide Web, WWW），8 月，成立世界第一个网站 info.cern.ch，加速了已经开始的全球化。这对科大也有特殊意义，因为那时世界第一个全光纤校园的科大校内电脑网已经运转三年，第一个投入万维网，对以后三十年科大的发展影响巨大。

　　1 月 17 日，以"沙漠风暴"为代号的海湾战争爆发。它在地缘政治和军事科技上的意义，引起我们深切的注意。虽然我们开学已经进入倒计时，我们晚餐时经常听到研究中心的陈介中为我们讲解每一种科技武器的性能。

　　4 月 15 日，中国"希望工程"开始实施。那时科大有很多教员已经多年为内地偏远地区的义务教育努力。"希望工程"的启动给我们带来了鼓舞。

　　6 月 9 日，菲律宾吕宋岛发生 7.7 级大地震。皮纳图博火山爆发，数千名居住于丛林中的东南亚的原住民遇难，巨量的火山灰对气候的影响，引起我们的深切关注。

　　6—7 月，中国华东地区发生水灾，苏皖两省受灾人数超过一亿，7 月 11 日，北京发布救灾紧急呼吁，触动了海峡两岸暨港澳华人的心弦，香港演艺界在跑马地马场举行"演艺界总动员——忘我大汇演"，电台播放《华东水灾筹款之夜》,为灾民筹集善款。短短十天,捐款达到五亿港币,大家都深受感动。

9月1日,科大学术大楼装修完成,教职员开始迁入。有实验室的教授们和四大中心的团队"疯狂"开始安装工作,准备三十天后上课。

10月2日,科大开学,10日举行了开学典礼。开学后,计算机操作系统Linux核心首个公开版本0.02版发布,半个月后,苹果电脑公司PowerBook笔记本电脑正式上市。提醒我们信息革命已经到来,整个科大校园已经布局好,准备迎接挑战和机遇。

11月28日,港英当局开始在九龙城寨展开收楼行动,准备清拆九龙城寨,在回归前,清除一百五十年前《江宁条约》(即《南京条约》)留下的最后遗迹。

12月15日,中国第一座核电厂——浙江秦山核电站正式并网发电,那时深圳的大亚湾核电站已经动工三年,虽然有百万人签名反对,但是由于科大早早开始测量香港本底辐射,三年后大亚湾并网发电时,辐射仍在本底辐射水平,因而消除疑虑。科大在开学前就开始舍我其谁地为香港社会做贡献。一个一流大学就应该如此!

另外,世界局势在1991年也发生了巨变。美日英法德签订的《广场协议》已经生效六年,日本经济已经失去我们刚到香港时"日本第一"的豪气,开始明显地陷入三十年长期低迷状态。3月起,苏联各加盟国开始纷纷独立,导致12月26日苏联正式解体。这些巨变,自然影响到科技的发展。希望科大的人文社会学院,能够带着我们检讨过去,展望未来,引导我们迎接巨变。

## 邀请五百位中学生参加奠基典礼

《华严经》里说:"初心易得,始终难守;不忘初心,方得始终。"

我们办教育的都知道学校是为学生办的，教育要办得好，必须满足教授的需要。但是在漫长的路途中，常常会急功近利、因易就简。这就是"初心易得，始终难守"，所以在整个设计过程中，我和建筑师们时刻提醒自己，这是为了科大的教授和学生。我们的学术大楼建筑工程，有好几个典礼：1988年11月4日，举行破土典礼；1989年11月8日，是奠基典礼；1990年11月30日，举行封顶典礼；最后，1991年9月1日，大楼完工，移交给我们，一个月后，于1991年10月10日举行了开学典礼。

1989年11月8日的奠基典礼在香港是一件大事，由行政副校长麦法诚负责为董事会筹备。他来和我协调典礼的一些事情，见我不感兴趣就警觉地问："你会去吧？"他告诉我典礼由钟士元主持，请到了查尔斯王子为主宾。我问查尔斯会不会来，他说会的。我问，为什么邀请他？他说他是太子，代表皇室，香港是他们皇室殖民统治之地。我说再过几年香港就要回归了，有什么意义呢？麦法诚跟我解释，说找查尔斯王子来的话，捐钱会容易一点。接着我去问家玮，他确认是这样的安排，他说，一年多了，他找的香港富豪都不肯捐钱，告诉他们这个奠基仪式上查尔斯王子要来的话，富豪们就会动心，因为王子来了。他们会想蹭上去的。

我计划那时去美国招聘教授的，没时间参加这些涉及大量繁文缛节的活动。并且这是对外的工作，是校长负责的范畴。麦法诚说你还是来吧，他问我想请谁，他去安排。我说不是请一个人，我要请四百个人。他问，你有那么多朋友？我说不是朋友，我要请二百个男学生，二百个女学生，都是香港的中学生。一半是三年之后毕业，一半是四年以后毕业。我们请他们来，再过两年有一半的人就要申请大学了。那时候校园建设已经动工，动工到完工是十五个月，我说你们都在担心，两年后开学到时候没人报名怎么办？想一下，假如你是十六岁的年轻人，参加了大学的奠基典礼，后来学校开学招生了，是不是就比较容易来科大了？学生，学生，他们是我们的初心啊！

奠基典礼上，我们会埋下一个时间胶囊，准备二十年以后打开。我要告诉学生们，我希望开学后他们会来港科大念书。毕业后他们在香港服务社会，二十年以后再回学校来，再回想二十年前从国外回来了一批学者，想为他们办一个一流大学，希望香港在他们手里面能够兴盛繁荣！这是我们办科大的初衷！麦法诚平常一激动面孔就会涨得通红，他听了我的话，脸又涨红了："说得好！我们去办，你突然把我们的来宾人数增加了四倍！希望他们也能帮助感动家玮的富豪团开始捐款！"

看来麦法诚不只同意了，大概还决定豁出去，办一个中国味的奠基典礼。他问，那要不要搞舞龙呢？我说，那当然！龙代表吉祥、勇敢和希望，这正是科大想带给香港的礼物！后来由于各个中学反应踊跃，报名人数超出原定名额一百多人，五百多位学生和英国王子一起来参加科大的奠基典礼，把麦法诚和他的团队忙得晕头转向，不过舞龙、鞭炮鸣放和五百多中学生，把现场弄得喜气洋洋，带来无限的欢乐和希望。

两年后开学时，我们遇到很多参加过奠基典礼的学生。

我认为我们常常喊在口上的尊重学术，不只是尊重教授，我们是尊重教育，一切都从教育出发，从学生出发，而不是从募款、应付官员和富豪出发。我们这种从学生出发的做法，对香港的大学又是一个震撼，很少有教育机构在奠基典礼的时候正式邀请中学生去观礼，还请了那么多人。我觉得这很自然，大学不就是为他们办的吗？他们觉得受到尊重，对自己就会要求高一些，学校自然就会办好一些。

很多新的大学都为生源发愁。忙了半天，最后来的不是你想要的，你想要的学生又不来，怎么办？科大创校的时候，也有很多人警告我们这个问题。我想到《大学》里说的"诚意""正心"，首先我们办学目标一定要实在、正确。我们说学生是大学的目的，教员是学校的灵魂，就是说凡事必须以学生为本，从培养人才出发。只要我们目标正，办得好，好学生自然会来。事实上也的确如此。1991年，我们计划招五百个本科生，很多人都担心学生要去港大、中大老店，不来科大。我有信心考生会佩服我们的高质量及以学生为本的精神。结果共有一万两千人报名申请，令人跌破眼镜。学生的眼睛是雪亮的，与其挖空心思全国去抢学生，不如静下心来，好好为他们办一所学校，会有足够的学生看清楚的。

## 招生口试小故事

接着的问题是，如何从一万两千名学生里，挑选五百人？这些都是本地中学较好的学生，都是高分学生，如果按分数录取，取与不取大概在小数点后一两位左右，完全没有意义。所以我们决定面试！

这里我顺便讲几个小故事，谈谈本科生招生的问题。那时我们报到的教授只有十多人，远远不够。有五十来位教授还在犹豫不决，做最后考虑。我们决定邀请他们来香港，访问香港的中学，并且帮助面试。他们经过几天忙碌的面试，接触了几百个各式各样的香港学生，最后几乎都接受了科大的教职，开学时变成创校团队的一分子。

每个学生口试是十五分钟，口试委员觉得，十五分钟怎么够？主要就是看这个人怎么样，其实还是可以看出来学生是不是很怕羞，因为每位学生都应该用英文回答，可是由于中学的学校水平差异很大，有的学生英文就是不行。所以我们让学生讲广东话，旁边配了一个香港的秘书，这样必要的时候可以帮忙翻译。

介绍一下我见到的两个学生。一个是从印尼来的，她爸爸是缅甸人，妈妈是泰国人，在香港打工，她的英文显然是不太行。我看她很紧张，就问她最熟悉的问题，让她放松，她脸越来越红，然后变紫了，然后就用广东话讲了一大串。我大概可以猜出来怎么回事，我说你就用广东话讲好了。我说你这个家庭情况是非常困难，你能够念到今天很不容易，对自己一定要有个期待。我们学校日常教学是用英文的，今天口试我决定让你过关，可能你中学的英文成绩不行，不过没有关系，我相信你在科大的熏陶下，会改进赶上的。

还有一个学生，身材高大，他是位疍民（以船为家终生漂泊水上的族群）。有八个兄弟姐妹，他是老八，他的家人住在船上，只有他一个人住在岸上负责念书。我问，你们一个月的开销大概多少钱？他说他不知道，是大姐管钱的。你们的收入都是打鱼来的？他说是的，每两个礼拜到东沙群岛去一次，回来把鱼卖掉。每一次卖鱼收入大概是多少？他说这个是大哥去卖的。我说我们能不能估算一下你们抓到多少鱼，他说这个可以。他说他们用鱼钩钓鱼，每次放二十条线，每个线上是五个钩，平均两个钟头拉起来一次，平均八成的钩子上有鱼，所以每一条线上有四条鱼，二十条线上八十条鱼。然后再推算每条鱼大概多重，鱼的价格之类的，他住在岸上，是负责购油的，他知道油钱花费多少，所以他们的收入立刻算出来了。我就跟秘书说我们决定收他，秘书说你还没有问到物理的问题，我说只要能思考就行了。我跟他说今天我没有问你物理的问题，原因是我要看你能否思考，有没有观察这些现象和推理的能力。因为你在中学的物理成绩差一点，我想以后你进来的话，可能会比别人差一点，不过你的能力绝对很强，一定会为你的家庭争光的。后来那个学生就来了，我想他比一路有父母安排培训的学生会强很多的。

因为每一位学生可以同时申请几个学校，可能被几个学校同时录取，所以大学还要担心学生录取了也不一定来。但是后来我们统计，成立的材料表征和制备中心（Materials Characterization and Preparation Center, MCPC）兼任主任。MCPC 不只是第一个材料表征和制备中心，很快地也成为后来类似中心的模范，对科大后来三十年科研工作的发展，帮助很大。

## 开学前突然加快的工学院建设

工学院是很重要的一个院，既要搞学术，又要和企业界及当局保持联络。校长上任后，就四处听取建议，寻找顾问，还花大力气别出心裁地聘了一位有名的学者，指导校长建院的工作。过了一年，发现无效，于是开始放弃外力，走科大自己踏实的路。科大创校时真是人才济济，不只专业人才众多，理工两院里，有不少文理兼备的人才，张信刚就是其中之一。

张信刚和我一样，中学、大学都是从台湾师大附中和台大毕业，虽然差两班，但是相互听说过对方。毕业后我去了美国耶鲁大学，他去了斯坦福大学和西北大学。保钓运动时，他是纽约州立大学水牛城分校的《水牛》杂志的主笔，发表了很多精彩文章，我则在华盛顿与媒体、大使馆、政府、国会打交道。那时都是书信来往，并没有见面。创办科大时，他是南加州大学生物医学工程系的系主任。吴家玮曾接触他好几次，想请他来科大主持工学院，他都未置可否。后来董事会告诉校长，各院院长位置不能再长期空缺，于是吴家玮托我专程去美国，设法说服他来科大（见第七章）。我们从希腊罗马文艺复兴、春秋战国百家争鸣谈起，谈了三天两夜，一个月后他同意接受工学院院长的任命（见第四章）。1990 年 6 月到任，工学院的建设突然加快。到开学时，除化工系以外，基本上各系到位，共有专职教员三十四人。

**土木系**主任沈志刚，大学在台大毕业后，在加州大学伯克利分校拿到博士，从加州大学戴维斯分校来科大创建土木系，开学时有四位专职教授：沈志刚、尼尔·科林·米克尔伯勒（Neil Colin Mickleborough）、李建文、戴夫·杰兰特·维尔汉姆（Dave Geraint Wareham）。

**机械系**主任董平，他在台大毕业后，到加州理工学院读博士，是冯元桢的高足。后来在麻省理工学院教书，也在美国交通部航空安全研究所工作多年，每有重大空难，都由他主持调查，厘清原因，并作改进建议。他为科大工学院带来了学术、企业和当局的经验。开学时有五位全职教员：董平、许金造、葛时俊、袁铭辉、冷扬。

**电机系**主任张咏磐。电机系和硅谷关系密切，所以家玮早期曾找过很多人，他们都难以立刻放下硅谷，远去香港创校。最后华盛顿大学的张咏磐接受了挑战，到香港创立一个全新的电机系。值得一提的是开学前两年，我们接受了很多专家的建议，为电机系成立一个微电子制造中心（Microelectronics Fabrication Center, MFC），由罗台秦负责建立。随着技术的变化，一路演变，三十年后发展成纳米系统制造中心（Nanosystem Fabrication Facility, NFF）。开学时，该系有十一位全职教员：张咏磐、刘瑞文、陈正豪、罗台秦、张群辉、黄河楫、潘明昌、单建安、曾宪国、姚争锋、廖家俊。

**计算机系**系主任沈运申。1988年，我们预期在21世纪人工智能将突飞猛进，所以把计算机系从电机系独立出来。因为科大是当时世界第一个全光纤电脑网络校园，配上香港电讯捐的T1专线，使得科大计算机系有先天的优势。同时我用从香港电讯募来的一亿港币捐款成立信息技术研究所，帮助推动计算机系的科研，及以后超网（Super net）的成立，带动了香港的信息产业。开学时有十三位全职教员：沈运申、乐创基、方柱华、迈克尔·卡明斯基（Michael Kaminsky）、庞鼎全、郑绍荣、谢维德、杜建中、穆尼尔·哈姆迪（Mounir Hamdi）、我们录取的学生几乎都来了。因为从来没有学校那么关心他们，投入那么多教授的时间去了解他们、面试他们。所以这次史无前例的招生面试，达到了两个目的，一方面帮我们了解学生，选出最合适的学生，另一方面，也让学生了解科大对学生的重视。

## 与内地联合培养研究生

我们那时候招不到本地研究生。香港人都觉得念五年博士毕业，而香港当局的工作都只认年资不认学位，他们就"白白"损失了五年年资，所以没兴趣。我们想收内地的学生，可是香港当局不答应；他们说这是香港的钱，为什么要去教育内地学生？我们和总督说，从前港英当局遇到科技问题，都是雇专家顾问来香港做事，顾问走了之后把数据都带走了。像香港的大亚湾核电站计划要启动了，假如没有香港的本底辐射测量数据，怎么知道核电站运转后量到的辐射量是原有的本底还是新增的？所以香港一定要开始建立自身的科研能力。在核电站运转之前，我们就开始测量香港的辐射本底了。因为这样的工作，总督愿意用心听我们的意见。我们跟总督讲完之后，教育局就不再反对了。我们向全世界招收研究生，如果他们学成归国，就在为香港做宣传；如果他们念完留下不走，香港就赚大了。总督同意这点想法，所以香港以后不再靠外国顾问公司做研究。

但是当时香港跟内地之间，人才流动很难，连聘人都不准。之后我们就用与内地名校联合培养研究生的方式，打通了与内地学校的联系。这是聂华桐帮忙出的主意，当时他暑假来香港找我，为科大做义务顾问。他在港科大坚持无薪工作了三个月。我请他仔细看了一下当时我们延聘教授的做法，他拟了一个详细步骤确保质量和公正。接着帮我们思考研究生教育的问题，提出了与内地学校联合培养研究生的方案，并且提醒科大招研究生应该由系里招、由系里统筹管理，而不是像内地那样由硕导博导个人收学生，那样容易出弊病。我向国家教委打了联合培养的报告之后，就直接找国家教委朱开轩主任，谈了很久关于港科大和内地大学联合培养的方案，但是之后大半年都没消息。

忽然有一天下午，我接到朱开轩的电话，说他在深圳，隔天会来看我，也要来学校看看。我问他有什么要求，他说他在学校不要见吴家玮也不要见我，就当作他来申请学校。我说我安排一些助理教授带他看学校实验室，他说这样太好了。他看完科大一天之后，我跟他见面，他说他同意国内大学和港科大联合培养博士生。他当时担心博导是要国务院批准的，可是我们这里助理教授都能带博士生。他是想来看一下我们的助理教授有没有设备，有没有能力培养博士生。他在科大走了一圈之后，发现这些人真是行，他们对学术的热诚和安装仪器时的能力和兴奋，深深地触动了他。他说，你们这种精神要到内地去推广，是不是博导跟年龄没关系，学校对每一个教员都应该给同等的机会和支持。港科大创校时，我们规定每个人实验室的大小都一样，研究室也一样。这一点虽然对正教授不利，但由于我们在初创的时候争取到了正教授的同意，连带的副教授也就没有意见。研究生教育这招牌我们总算是挂出去了，不能全靠招收香港的学生。

一个大学的校风，最重要的是尊重教授、尊重学术，注重学生，并且要体现在实际行动上。如果事事都把学生和教授放在心上，就不会误入歧途，就可能办出一流大学！

## 用别具一格的开学典礼向教授致敬

我们一再讲教授是学校的灵魂，教授治校，校长要尊重教授，等等。可重要的是怎么让教授觉得他受到尊重？第一就是当"官"的人——系主任、院长、校长，自己不能把自己当"官"来看待；第二就是尊重所有的教员，不必再称呼正教授、副教授、助理教授，只要他当了最低的助理教授，就称呼他为教授。我觉得必须让教授跟院长是对等的。我们在做学术讨论时，绝对不提职称，或者说请某院长先讲话之类的客套话，我觉得这才是真正的学术至上。怎么样让教员们觉得他受到尊重，有很多办法，比如在霍普金斯大学，规定所有系馆都以创系的教授名字来命名，而不是以富翁的名字。譬如物理馆就是以1876年创系的名物理学家亨利·罗兰（Henry Roland）命名叫"罗兰馆"。所以每一个系有个骄傲的传承在，不容任何人侵犯。

1988年霍普金斯大学向一位富翁募到数千万美元启动生物技术研究，他们把原来的物理系馆罗兰馆改用那富翁的姓命名，另外给物理系盖了一个新的大楼，比老楼大一倍，但是命名为"彭博中心"（彭博Michael Bloomberg，后来是校董会主席、纽约市长）。我们气坏了，我说你们把物理系出卖了，校方说那我们这么办，我们把你们的系改名为"亨利·罗兰物理系"，永远纪念两百多年前的创系教授，保持你们的光荣传承。这比叫"罗兰馆"神气多了。由于这种传统，教授有很强的自尊心，物理系也有很强的责任感，要团结努力把系里办得越来越好。如果很多系都这样，这个大学的学术就一定很棒。

港科大在三年内能圆满成立，首届的院长和系主任厥功至伟。他们能放下一切，来到香港，细心规划，设计实验室，规划科研及课程，才有开学的一天。可惜我们不能把每个系的"系馆"用他们的名字命名，但是我们可以用其他的行动表示我们的尊重。同时创校的教授团队也值得我们感谢，当几百人还在犹豫不前时，他们"冒险"来到清水湾，做先行者。开学典礼是无数人屏息等待的时刻，三年了，我们终于成功了，我们可以借这个机会，以行动和仪式让教授们感受到科大尊重他们的学术、感谢他们的贡献。所以我们想到在我们开学典礼的时候，当官员、来宾学生都坐下以后，教授们穿着博士袍绕场出来会呈现背后的意义。

台上座位如何安排？我们反复讨论，发现如果所有校董坐在主席台上面，那就二十几个人了，然后还有官员来，加上前来观礼的兄弟大学的校长们，就五十来人。后来我做了个建议，让所有创校教授坐上去。有人说会不会太多，我说不多啊，底下是七八百个人，我们上面坐一百个人，有五十个是教授。家玮问教授一定要上去吗？我说是他们创校，他们按我们要求，辛苦了三年下来，你成天讲"教授是大学的灵魂"，这就是让他们深切感觉到了这种尊重的机会。假如让每个教员都觉得这是我的学校的话，这个学校将来垮不了的，最后董事们同意了。

然后讨论他们穿什么衣服，我提议为他们租博士袍，假若他们有自己毕业的学校的博士袍的话，就让他们穿自己的。有人提意见，那这样的话，大家穿的不一样了。我说大学要开放兼容，就是要大家不一样。有董事说其他学校都没么做，我说其他学校都不是研究型大学啊。讨论来讨论去，最后的共识就是衣服大致一样，流程是等所有的董事坐好了，来宾坐好了，然后教员出场，走在最前面的人是拓扑学家项武忠，拿着学术权杖，象征科大注重的学术水平，然后我带着所有的教员走在后面，这表示着我是教员的一部分，是他们的"后勤司令"，不是长官。

1991年10月2日开学上课。在10日的开学典礼会场，当数十位校董及当局官员、社会贤达坐上主席台后，台上的嘉宾及台下数百位观众都瞩目另一个队伍的到来！在学术权杖及庄严的音乐引导下，五十六位创校教授队伍，缓缓步入会场，穿过了观众席，步上了主席台，顺序坐上教授席。在这一刻，台上台下的人都体会到大学里教授的重要性；在这一刻，教授们也深刻体会到自己的责任和重要："这是我们的大学，我们是大学的灵魂，我们要把它办到最好！"

后来香港三联书店总经理董秀玉说,她被这个场面震撼了,我邀请她作为嘉宾去观礼,她在台下第二排就坐。当我们说尊重学术、尊重教授时,我们必须让他们感觉到被尊重,然后他们对自己的要求就会高,才能不断提高学校的学术水平。

## "这是我们一生中最幸福的一天"

1991年10月10日下午举行开学典礼,上午我们很多人都各自带了自己的家人,在校园逛,向家人解说我们三年来放下家庭日夜努力的结果。在学术大楼红色大圆拱窗前,我和君玮碰到化学系教授平冈弘之(见第七章)和他着盛装的夫人。我为他们拍了一张照片,那真是一幅非常温馨美丽的画面。他夫人用小小的碎步走到我面前,细声用英语说:"钱教授,我想让你知道,这是我们一生中最幸福的一天!"日本妇女很少和陌生人主动说话,她的几句话,真触动了我们。他们终于回归东方,教育东方子弟!我们好想拥抱他们两位!

后来半天的时间,我们都在欢乐气氛中度过,平冈夫人骄傲地坐在来宾席里,开心地看着她老伴在博士服盛装里,和同事鱼贯走上主席台教授席中坐下,他们台上台下开心地对望着,终于回到了东方!我想,那天台上的几十位教授,都各自有他们的温馨时光。

当天,我们晚上9点多才回到宿舍,刚坐下,接到电话,说平冈夫人住院了。等我赶到医院,平冈教授断断续续地告诉我,开学典礼后,他夫人很累,他就带她到他面海的研究室看清水湾,然后她趴在桌上休息了一下。后来见到她吐了,发现她神志不清,连忙把她送到学校附近的一个社区医院,就没有再清醒过。我在心中默默怒吼:"你为什么不叫我?为什么不送去威尔士亲王医院?"他看出我的沮丧,细声地说:"我很抱歉,你们要照顾这么多事情和这么多人。我们不想打扰您。她很高兴,平静地离开了……"他心疼我当天忙坏了,不愿打扰我!老天,你为什么要这样?!

平冈夫人再也没有恢复知觉,第二天病逝于医院中。我请同事陪伴弘之,一方面通知安抚震惊的同事们,一方面帮弘之安排后事和追悼会,同时通知校长。我们在学校里举行了一个隆重的追悼会,纪念她回归东方的一生。经过这一打击,科大创校的团队感觉到命运之手,凝聚得更紧密了一些。

平冈弘之和尤乃亭在建立科大化学系的任务上贡献极大,后来平冈教授退休回到他们在旧金山东湾的吉尔罗伊镇(Gilroy)的家,每次我经过旧金山都去吉尔罗伊和他小聚,静静地喝一杯茶。

经过了三年多日夜的努力,科大终于如期开学。各院系及四大中心顺利运转,我们完成了给后代的一件礼物:耸立在清水湾的一所研究型大学——香港科技大学。天下无不散的宴席,我决定留下全心的祝福功成身退,1992年3月1日,告别了清水湾。

# 第九章　我来为种树，我去花未开

一方水土造就一方人才。漫漫人生，很难知道未来引向何方。人生充满了选择，不同的选择常常造就了不同的机会，累积了不同的经验和视野。我五十岁以前的前半生，深深影响了我协创科大及后来功成身退的想法、做法。在此摘要写一些，或有助于外界了解。

1960年我在台大物理系毕业。那年我们毕业十五人，中国台湾没有工作，也没有研究所，所以我们纷纷申请美国大学的奖学金，借了旅费，去了美国。靠着微博的奖学金，一边读书，一边养家。那年毕业的十五位同学中，三位去了耶鲁大学，一位去了哈佛大学，哥伦比亚大学去了两位，普林斯顿大学一位，加州大学三位，还有几位去了中西部和东部的几个名校。大部分的同学毕业后都在美国当了教授（一位去了巴西）。那时中国台湾经济尚未发展，通胀严重物价飞涨，我们能有那样的求学工作机会真是幸运，改变了我们的人生轨迹。我学到的是，事在人为，绝不放弃任何机会，随时充实自己，老天照顾准备好的人。

## "我毙了你"

台大毕业后我被派到第十军重炮兵团服预备军官役，官拜陆军少尉，月饷新台币一百六十元，当时折合美金四元。记得报到第一天，军长张立夫中将召见，交代三件事情：不准请假回家，不准申请出去留学，不准跟战士混在一起。他大声问："做不做得到？"按照一般规矩，标准回答是："做到！"这样行礼如仪，保证没事。

但是偏偏遇到认真的我，觉得三个要求都不合理，所以大声回答："报告军长，做不到！""哪一条做不到？""都做不到！""为什么做不到？"我理直气壮的解释让他气结无语。高吼："我毙了你！"我不为所动，结果我们成了好朋友，过了五十年，台湾一位退役的将军朋友告诉我，后来张军长当了步兵学校和陆军军官学校的校长，他还提倡不应对部下提不合理的要求。这位朋友评价，看来当时的军长不但没毙了你，还接受了你的意见。这一年在部队里的经验对我收获很大，不但接触了来自各个省份各个阶层的中国人（一半是文盲），了解自己能上大学有多幸运。还了解到，如果你是对的，就应该坚持，苟且偷生对人对己都没好处。要以德治校、以理服人、以义待人，绝不接受任何威胁。

## 宇宙里到底有几种夸克

1961年我服役期满离开台湾，9月29日横渡太平洋来到美国耶鲁大学，开始另一种新奇的经验。语言、气候、衣食住行的变化自然很大。应对进退更不一样。

那时我的一位导师跟我说，先不要决定以哪个专业为研究领域，你们是很幸运的一代，五六门学科在萌芽时期，你们可以任选一门，和那领域一起成长。可以去研究地球板块运动，那就会发展出现代地质科学；可以去研究夸克，就发展出高能物理；研究类星体，发展现代天文学；也可以去研究DNA，和现代生物学一起成长……大约有六七个新的研究领域都从那个时候爆发出来的。我一向比较天真，觉得越简单越好，选了研究夸克，想了解宇宙的基本构造。我们需要非常高能量的粒子束流（Particle Beam）去对撞，看能打击出什么样的粒子来，从打出来的粒子里可以了解物质的基本构造，所以就叫高能物理。随着科学和技术进展，打击的能量就越提越高。六十年来，我们的研究获得许多进展，建立了标准模型理论，不过也发现了更多的挑战。

最初我们几个耶鲁师生一起做实验，很简单。到了后来就必须跟别的团队合作，要从加速器造起，还要造粒子束流、探测器。60年代初我们大概十来个人合作就行了，到了70年代、80年代研究团队逐渐就超过一百人、二百人了。再后来就常常需要三四十个世界一流的大学合作，并且常常来自一二十个国家，原因就是仅靠一个国家财力不够，必须要好几个国家一起合作。做这个实验，一般都是先有一个理念，想解决什么问题，想探讨比如说到底有几种夸克等，是这样的一个事业。比如80年代初期我们开始做这个实验，那个时候大概是十七个学校合作，由麻省理工学院的丁肇中做发言人。他的能力惊人，他可以跟任何一个国家的元首或政府打交道，并且说服他们，因此能帮我们解决很多问题。这些实验刚开始的时候都只是一些教授参与进来的，后来把他们博士后卷进来，然后是研究生，因为在不同的时段他们为了物理生涯都需要研究结果。所以常常一个教授会带来十来个年轻人，那就很容易地把人数一下子增加到几百人。大家日夜都在忙做实验，就是为了一个理念，我们回答解决这个问题：宇宙里到底有几种夸克？

那时候我们要做的事是：假如知道有六种夸克的话，我们有一个标准模型理论就可以确定下来了。这个标准模型理论，是我们这个领域里全世界大概六千多个教授，花了快三十五年的时间，做各式各样实验，建立起来的。因为很难证明一个理论是对的，我们只能说我们实验做出来的结果跟理论的预测是一样的，要证明一个理论错了很容易，一个实验跟它预测的不一样，理论就错了。为了证明它对的话，就要做各式各样的预测，不断地用实验来证明，所有能想到的方式都测试过了，证明了，最后大家才会接受这个理论。这个标准模型理论做出来以后，冲击会非常大，比如说我们就可以根据那个理论探讨宇宙是怎么产生的，是多少年前产生的之类的问题。理论模型建起来之后就好做实验。要做实验的话，牵涉到很多的经费，很多的技术，而且我们用的探测器市面上都没有卖的，都得自己研发自己造。于是有人造这个，有人造那个，大家一起合作。怎么样跟人合作是很重要的一件事。

而更重要一件事情，就是怎么样在实验开始之前说服一批人，大家接受共同的理念，大概花十年的时间，一起为这个方向去努力。一旦开始的话，十年之内就做不了其他事，过程中还要照顾到年轻人怎么接上来？年纪大的人怎么退休？等等。一大堆问题，这是一个相当庞大的组织工作。所以我做研究的时间前后大概做了六七个实验吧，越做越大，最后一个实验有六千个人参与。我发现其实组织工作最重要一点就是理念必须对，让大家接受这个理念，并且觉得个人在里面很重要，是可以做贡献的！所以去香港办大学时候，我觉得好像是蛮简单的一件事。

## 处变不惊的习惯是怎么养成的

1963年我在耶鲁大学做博士生的时候，每礼拜六要租一个小飞机飞到纽约长岛，使用当时美国原子能委员会（AEC）在长岛东部的布鲁克海文国家实验室的计算机，那是当时世界上最大的计算机，用一个小时要付一千美金。那时一千美金大概是副教授一个月的薪水。有一次飞机起飞后，起落架发生故障，既收不起来，也放不下去。驾驶员把飞机交给我飞，他自己钻到仪器台底下修飞机，我按照他的需要驾驶飞机，有时平飞，自由式俯冲，有时猛升。修了两小时不成功，最后塔台命令我们在长岛湾上不断地飞，把油用光，然后擦地迫降。前后五小时，机场上空都关闭，我做什么呢？不断地打电话给实验室要他们保留我的计算机时间。飞机迫降后，我立刻坐了另外一架飞机去长岛分析我的论文数据。这一类的经验，养成了处变不惊的习惯。凡事自有章法，兵来将挡，水来土掩，天下只怕看不到的问题，没有解决不了的问题。

有的时候我会到纽约市，使用原子能委员会在纽约大学的超大计算机。也会抽空去哥伦比亚大学，拜访吴健雄教授和几位犹太教授的团队。这让我慢慢地养成了喜欢拜访各名校的习惯，学到很多东西。那时逐渐体认到，在美国做实验，都是动用团队的力量。出去做实验的时候，经常要跟人家谈判合作，自然比单干复杂，但是可以完成更多的事情。这些我们都习以为常了。

## 在美国大学里教课

1966年博士毕业之后我开始找工作。在美国东岸、中西部各州找到了工作，但那些地方冬天太冷了，我就选了加州大学洛杉矶分校。薪水一年一万元美金，那时算是不错的待遇。我到了物理系，系主任就分配我教某某课。从如何分配教员教课就可以看到系主任的功夫，还有系的未来是否有前途。那时低年级的课都是让年轻人来教，资深的教授教高年级或研究生的小班课，工作量较小。那时候我们并没有觉得不公平，只是觉得我们年轻教师没办法教得好，本科生教育会受影响。那时就觉得大学教育这一点必须改革（详见第十章）。

我在加州大学洛杉矶分校教了三年，就去找第二个工作，最后到了约翰斯·霍普金斯大学。我问系主任工作是怎么分配的，他说所有教授的工作量都一样，不过还是资深教授教高年级班级。我说这样不对，必须改，他就让我去教研究生一年级的课，说可以多花时间去做研究，但要是做不出来就要请你走路了。不料第二学期时我又被拉去教大一的课，因为之前的教师是一个博士后，他让一半的学生都不及格，学生就开始闹事。系主任说我的主张是对的，应该要用有经验的教授教大一的课，但他一时说服不了那些正教授来教基础课，就麻烦我来教一年。

后来我教的那班大一物理课上有二百五十个学生，学期终了时，我当掉五个学生。当系主任在分数单上签字时，他把一个学生的分数从F改成D。我问他为什么要改，他说那时全美在闹学生运动，那个学生是黑人学生会会长，你当掉他，晚上我们的大楼可能就会被烧掉了！他问我该怎么办？我当时想了一下，就把成绩单拿回来，跟他说，谢谢你提醒，看来我不宜于决定这个分数，然后我把我的签名涂掉了，再递给他。他说你这是做什么，我说因为决定权在你啊。我说，这是一个原则问题。我一共当掉五个人，你把其中一个改及格了，其他四个学生怎么办？他说，再看一遍，都改成D就是了。我又问，有二十几个人被我打D，他们是不是应该改成C呢？他觉察问题大了，说我们慢点解决，不然请另外一个教授再来考一次这个学生？我说行啊。结果第二天那个给学生重考的教授说，我们根本不应该收这个学生，你还是直接跟他打交道吧。我又直接跟那学生沟通，前后花了三周的时间。

我在这件事里学了很多东西，那时我从来没接触过黑人。这个学生显然很聪明，他站在黑板面前，问我，会不会英文？我说，会啊，可是我听不懂你的语言，你到底是讲非洲语还是英文？他说他当然讲英文。我叫他把刚刚讲出来的那几个字写出来，因为他动不动就讲脏话伺候别人的祖宗。然后我就拿了一本字典查，结果查不到"fuck"

这个词，最后借了一本韦氏大辞典才查到。他问我是不是在捉弄他，我说双方语言要通啊，我现在才知道这个词是这个意思，原来我从前都搞错了。他说这个词是比喻性说法，我说你不能把白的比喻成黑的。最后我问他到底要什么，他说我要一个A。我问，为什么我要给你A？他说因为是你们欠了我的，然后他开始讲一大堆从前黑人在美国受白人欺负的故事，所以现在应该补偿。我说，你的意思是我欠了你一个A，因为我的爷爷欺负了你的奶奶吗？他说，啊，你终于明白了！我说，那就没问题了。他说，这样的话，我就及格了吗？我说不是，你还是不及格。他说，你刚刚不是说没问题吗？我说，没问题的症结点在于，我爷爷从来没来过美国，你奶奶也没去过中国，这件事不会发生，所以我没欠你。他就呆在那里了。然后说他被我搞糊涂了，累了，我就请他回去休息，他说明天再来。

　　第二天系主任知道我一直去借字典，就问我英文课上得怎么样？我就问他："'fuck'是什么意思？"系主任跟我说，你不懂英文，我说，我是不懂黑人的英文。系主任给我二十块钱，给我一个任务，要我去看一部电影。那时候一张电影票七八美元，他叫我看不懂就再看一次。我去查了一下，发现这电影是×××级，意思就是里面有极端色情暴力的内容。然后那部电影从头到尾都是讲"fuck"，就跟中国人用"他妈的"三个字开头一样。电影看完我深有体会，第二天再跟那个黑人学生讲话就对答如流。我叫他好好念书，毕业后可以找好工作赚钱。他说你根本不懂，在黑奴的社会里，谁冒尖谁就会被砍头。大家都希望奴隶身体壮但不思考，谁开始思考问题就要砍头。我问，是你爸爸这样跟你说？他说我不知道谁是我爸爸，妈妈也不知道谁是爷爷，他家已经三代没男人。

　　他们黑人的文化就是不鼓励孩子出头。但是我鼓励他出头，这是跟传统不兼容的事。我就在黑板上写下某某题，问他，为什么不会做？他问我怎么做，我就问他，你怎么想的？然后他就开始在黑板上写，最后就把它做出来了。他只是不知道怎么思考，要是知道就很简单。我说，你不需要背公式，力学背一个 F = ma 就够，他就做出来了。然后他说，我不需要你了，我自己会了！我就回他一句电影里学来的粗话。他就回答说，嘿！你可以说话了耶！我说，是呀，说粗话了！最后我叫他下学期重修，而且要拿到 A。他说 A- 行不行，我说可以。他要是冒出头的话就会有点本事，之前他觉得只要凶，白人就会让步，结果他没想到会栽在一个中国教授手里。重要的是，他第二个学期学得很好，得了一个 A-，那和 F 很不一样啊！

其实教书很无聊，为了教书要做一大堆不一定需要做的事，但是后来发现我在这方面还是有点贡献。虽然学生们不常写信来感谢或谈他们的生活，但我知道，他们的一生变了。当家庭教育和中小学教育都失败时，大学教育就更重要了。

有个周末晚上我在学校工作完回家，出来发现四楼走廊头上的办公室的灯是亮的。那是大一普通物理课秘书的办公室，开门进去发现里面窗子是开的。我正打算把上下拉的窗子关下来时，忽然发现不对，往下看有八个手指趴在窗棂上。我深深吸了一口气，退了一步，说，我不知道你是谁，但是我现在要离开了，请你走的时候要把窗子关上、把门锁上。第二天早上我进办公室找秘书，我告诉她昨晚的事，要她点一下考卷数量。她说她印了二百五十三份考卷，回去点一下发现只剩下二百五十份。她说她要马上报告给学校。我叫她慢一点，再过半个钟头就要大考了，这样一搞，就考不了了。我当场口述了一份考卷给她，让她打完立刻去印。我叫她不要用白纸印，要印在绿色纸上。在考场助教发考卷的时候，我就在旁边看，发现最后一排坐了三个彪形大汉，桌上放了白纸。我过去问他们周末过得怎么样，今天好不好，等等，他们就开始坐立难安了。再过了一会儿，这三个人就走了，他们把绿色跟白色的纸都拿走了。我猜这三个宝贝把考卷偷走了，先解了题，然后直接写在白色的考卷上，打算来这里签个名就要直接交卷。结果他们发现考卷是绿色纸的，就开始冒汗了。我没证据证明这三个人偷考卷的事，往上报告又能怎么样呢？就干脆让他们考不了。我那晚不在办公室拆穿他们，就是怕他们真的摔死了。后来我去找了足球队的教练，这三个人是他们队上的主力。教练说可惜他们都退学了。有人就开始批评我放纵偷窃的学生。不过我觉得教师的任务不是抓到犯人处决，而是要尽量感化年轻人做好人。

作为大学教授，传授知识是我们的天职。但是韩愈说的"传道、授业、解惑"呢？现在大学教师升迁都以发表论文篇数为准。这些和学生的互动工作，跟我的高能物理研究没关系。像这种人性的行为方式，是完全没有标准的，完全凭良心。我在霍普金斯大学教到第三年的时候，就想不干了。系主任说，你教得很好，刚得了最佳教师奖怎么就不干了？我说这些人感兴趣的都只是分数，教学生我顶多只能影响其中一成的人。系主任说这已经很多了，你大概会教上五十年的。如果你每年能影响五个人，每个学生如果再影响五个，三代之后社会就会变了。这个系主任是印第安人后裔，常常说我们要联合抵抗白人，他的儿子对中文感兴趣，就是有名的汉学家宇文所安（Stephen Owen）。

## 投入保钓运动

一个人工作后要开始决定怎么活。活得有声有色是一种活法，混口饭吃也是一种活法，前提是你也能把它当成生活的一部分全身投入。我跟我的学生说，每个人一生想做的事情常常没有机会，非做不可的事大多是我们不想做的。做什么我们常常无法决定，但是怎么做常常是我们的选择。人要开心，就要有成就感。要有成就感，常常需要全部投入。作为父母、老师和主管，都有义务使我们身边或手下的人天天在成长、天天有成就感。

我找工作的时候碰上美国经济不景气，找工作找了一年，想要赶快拿到长聘的教职，因为要供养一家五口和父母。我就全心投入工作，那两年系里引进六位助理教授，八年后，只有我升了正教授。那个时候压力很大，我决定不想什么升迁的事，每天尽量开心地全心投入教学和科研的工作。1971年之前我是一个典型的书呆子。我一三五在巴尔的摩霍大校园教课，下课以后就飞到芝加哥国立加速器实验室去做实验，我的实验仪器、研究生和博士后都在那边。一三五凌晨坐夜机回巴尔的摩，在机上备课，到达后直接去学校教课。但我周末一定回家，带着孩子种菜、种花，帮他们做玩具、家具。由于那时收入低，通货膨胀严重，所以一家五口的衣服都在家一起做，其乐融融。这一切因为1971年的保卫钓鱼台运动而发生了变化。

20世纪60年代末期，世界各地各式各样的抗议运动风起云涌，比如日本羽田机场由于农民的抗议，以及各式各样的抗议运动，完工十年都不能使用。这也波及了美军在日本本土的各个军事基地。1970年，美国为了永久确保拥有在日本的军事基地以围堵中国，决定把琉球交给日本，以换取永久保持美军基地。在拟议的条约里，把中国属于台湾宜兰县的钓鱼岛也划做琉球群岛的一部分，要割给日本。1970年底，这件事被在美国的台湾留学生发现，就开始组织美国各地的留学生抗议，这就是后来轰轰烈烈的保卫钓鱼台（大陆叫钓鱼岛）运动，简称保钓运动。运动也引起了在台湾和香港的学生的支持。1970底年在芝加哥大学念物理，也是我的台大低班同学林孝信开车来巴尔的摩，找我讨论创办一个科普杂志《科学月刊》的事，谈到了保钓。后来他用《科学月刊》的通讯网，联络各地的台湾留学生，在北美三十五个城市都成立了"保钓行动委员会",组织群众。高潮是 1971 年 4 月 10 日在华盛顿市举行示威大游行。有美加各地四千多位华人师生参加。游行打的口号是"外抗强权,内除国贼""打倒日本军国主义",等等,唱的是"同学们,大家起来,担负起天下兴亡……"等等 20 世纪 30 年代的爱国歌曲。

那时候,保钓运动要调动全美国的华人,过程中又有左派右派的争论。当时中美还没建交,在美国各地的中国学生(大部分是台湾去的研究生,也有一部分香港去的本科生)都投入了,我就卷到这个运动里。我那时教书研究正是忙得天昏地暗的时候,连备课都是在飞机上做的,同时君玮正怀着老三,真不知如何挤得出时间来。教课不能改动,所以一定会影响到家庭和科研。台湾的亲人也很担心,怕我们被政客利用,但是君子敢为天下先,我还是决定参加了。

为了负责任,我告诉了系主任乔治·欧文。他有八分之一的印第安人(Cherokee)血统,因为我俩都是行动派,所以相处投缘、说话投机。他估计我在芝加哥的两个实验刚刚启动,投入不够的话,很可能被同侪抢先,影响我的职称升级。几年后回顾那时的情况,大概真是延迟了一年。不过 1977 年我还是升了正教授,只是家庭生活的确受到压缩。不过天下没有免费的午餐,重要的是在对的时间,做对的事情。至于结果如何,不在我们控制之中,只求无悔、无憾,这一点,我做到了。

那时,虽然各地华人都轰轰烈烈地动员了起来,但是大部分人都忙于写刊物文章,开会,基本上还是和中国人谈。我指出真正要发挥功用是争取钓鱼岛主权,只靠自己抱团取暖是不够的;我们需要说服美国国务院和参议院,影响主流媒体,还要和日本与中国台湾的对外机构交涉。可是大部分人都不愿意或不敢去,所以他们就任命我为"保卫钓鱼岛运动大华府地区总发言人",抬头很长,因为需要和这些机构交涉，也需要应付 FBI 的调查。我们跑去跟美国国务院交涉，拆穿他们的意图。国务院的做法，就是用钓鱼岛埋下日后中日武装冲突的导火线，美国参议院外交委员会知道得很清楚。我们没有能力阻止美国把钓鱼岛交给日本，但我们让美国国会参议院的外交委员会在条约但书条款中注明："中日宣称对钓鱼岛有主权，美国没有主权，只是把管理权交给日本，主权问题应由中日自己协商。"这是当时保钓运动唯一有形的结果。

在运动过程里要跟各式各样的人讨论立场，协调行动，所以我认识了纽约的袁旂、普林斯顿的项武忠、费城的程君复、特拉华的吴仙标、芝加哥的林孝信、水牛城的张信刚，及马里兰的李雅明等一大批各地的负责人。这个时候我开始思考民族的命运，还有我们知识分子能做什么事。保钓运动我忙了两年，我们在历史上留下了痕迹，在这时间点上我能做的事都做到了。

后来有人说我是号召保钓这群人来创建香港科大，其实不是的。任何一个时代里面，只有百分之二三的人既关心这个时代，又愿意投入，所以不管出了任何事情，这些人都是带头的人。在全美国保钓运动里带头的人群里，有四五个是我的中学同班同学。回想初一开学时，我们老师说我们班是荣誉班，中学六年考试都不监考，培养了我们的荣誉心和责任感，鼓励我们做正人君子。所以一开始我们的自我期许就不一样，也有很深的家国情怀。我们班四十八个人里面，出了十几位教授、三个大学校长。这些人的家庭背景也不一样，有"副总统"的儿子、"空军司令"的儿子，也有士官、普通公务员跟农民家庭；同时年龄差距也很大，最大和最小的差六岁之多，但是大家都处得和谐无间，七十年后仍然如此。这就是教育的力量！有些东西到大学再教就晚了。

## 喜欢到处探索，使人生更丰盛

1971 年对我而言是个分水岭，那个时候我开始关注国内外形势。我预测"中华民国"的联合国席次随时会丢。虽然有人说美国的友谊长久，但我觉得没有永远的友情，只有利益。果然过没几个月，台湾的联合国席次就丢了。新"大使"开始担心美国对台湾的支持能维持多久，但当时美国内部对此事的反弹很大，美国对台关系可能还会维持一阵子。这件事对我来讲是一个觉醒：除了家里的事之外，还有家国情怀。人生是个多面体，很多人在一个面上走一辈子，我就是喜欢到处探索，不时发现世界还有这么多面。所以我决定好好做研究工作，尽快拿到长聘职位，让家里安心，然后再经常抽出约一成的时间做跟物理不相干的事情，使人生更丰盛。

比如我参加保钓运动，以及后来我在巴尔的摩办了一个中文学校，教华裔小孩学习简体中文，接着又推动了巴尔的摩县中小学的教育改革。1978 年中国宣布改革开放时，很多人都欢天喜地地迎接一个新时代。但是我了解中国这个民族只要十年不打仗，发展就会不可同日而语，1927—1937 年就是一个例证。等中国强大了，不可能经常听从美国指挥，就会冲突不断。因此后来我说服了霍普金斯大学和南京大学的校长，1986 年在南大校园合作创立"中美文化研究中心"，为中美两国培养四千名互相了解的涉外人才。即使将来因为文化和历史的差异而发生冲突，可以避免误判情况，化险为夷。

这些事都跟高能物理学无关。但是日后创办香港科大时，给了我很多启发。

## 我对孩子的教育

没人做，我就去做；我觉得需要就去做。

我的孩子在美国刚开始是进的私立学校，我在挣扎，考虑自己的孩子该进公立还是私立学校。起初我听老师话，把孩子送到私立学校，念得很开心。可是后来我醒觉，如果有能力的家长都把自己孩子送去私立学校，这会加速公立学校的沉沦，因为大部分学生（约九成）都要靠公立学校的教育，那不行，所以两年后，我将孩子送回公立学校。既然发现当地的中小学教育不合理，我就当了家长会会长，开始从事全县的教育改革。

我家大儿子读的是公立学校，二年级念完要读三年级的时候，老师把我找去。他说，钱教授，你的孩子应该送去私立学校。我说，孩子书念得好好的，为什么要去私立学校？老师说他已经教到头了，因为孩子太聪明了，学习能力比同班同学高一个年级。巴尔的摩有私立学校，但每个学校收不到一百个学生，人很少。这对我是晴天霹雳，因为私立学校学费很贵的，还得每天接送。但我还是送儿子去考了，几个私立学校都收了他。去了以后又出问题了，这里我讲两个故事。

我看儿子学乘法，他是用加法算上去的，好慢！我教他背九九乘法表。他用五分钟就背下来了，用中文数字特别快。然后他做乘法就做得飞快。第二天他的老师打电话来，问我昨天教了他什么。我说我昨天教他数学，老师说你毁了我的学生。他说乘法是要用讨论法教的，不能用背的方法。他又问，你是大学教授？我说是啊。他就叫我去他们学校看看。他们教 $3 \times 2$，是用 $3+3$ 的定义，然后叫每个孩子加出来看看，之后让孩子解释为什么给这些答案。因为光知道答案不够，你要思考出来为什么是这个结果，我想立意是在这里。过了一个学期，我又去了学校，他们说我的孩子没问题。我问，什么叫作没问题？他们说他考试都是 100 分,算数、语文都是 100 分。我说,这个不妙啊。他问,这有什么问题?我说这样不好,我不要我的孩子十全十美。

我回去跟我孩子讲,假设努力跟成就的曲线刚开始是上上下下,以后就会一帆风顺:这说明一分努力,一分收获。但是当你达到 90% 左右时,那直线就转平了,你要真正的十全十美就必须花上三倍以上的时间。我说你与其花三倍时间去争那最后的 5%,不如省下时间去做你想做的事。这一点老大学会了,后来他大一开学时,把必修课选了以后,就到各个学院教室乱逛,只要他喜欢的课,他就选了。大一上学期,他一共选了四十个学分,选了以后他各科 ABC 分数都有。我问他,你学物理,选有机化学实验做什么?还拿了个 C-!他说因为他想学遗传学,这是先修课。他又选了莎士比亚文学、计算机方面的课。三年后学校要他毕业,因为他的成绩已经满足了理学院各系的毕业要求。之后某天有个教授来问,钱其斌是不是你儿子?我好久没见到他了。我说是啊,他到剑桥大学去了。他说他曾经跟其斌合写了一篇论文,发表在有名的期刊上;原来还计划写第二篇的,一直在等其斌。我都不晓得他和别的系的教授合写文章,我就觉得这孩子的教育成功。所以我在这个过程里思考教育该怎么做,然后慢慢就越想越多。这些思考深深地影响了我对大学教育,尤其是通识教育的看法。

我的二儿子就是另一个脾气。再难的考试都可以考到 87 分,可是很简单的题目他也考 87 分,因为他觉得这分数够了。我说好吧,你这样也行,那你省下来的时间做什么?他说他有很多事情。后来我跟他说将来如果要申请大学,87 分可能不够的。他说,我将来不一定要念大学啊!我说好吧。后来他在高二的时候就说他不想念高三了,因为很少人好好念。我说你一个月前不是说要念高三的吗,他说他想跳班,立刻申请大学。我说你高三都没念,考大学要靠老师给你写介绍信,你分数又是 87 分,不好办,而且学校申请都快要截止了。他说他找到两个学校还没截止申请，一个就是我教书的霍普金斯大学，可是我希望他离家到别的地方去闯，免得在家整天想叛逆。他说那剩下一个是加州大学伯克利分校，那里有天下最好的电机系。我就说好吧，你去申请啊。他问他的分数不很高怎么办，我就问他还有什么全国性的考试能去考？他说他要去考 SAT，然后他就考了个数学八百分回来，就去申请伯克利大学。后来对方来信告知不录取，他气得不得了。他问我，成绩这么好，怎么不录取他？我反问，对方为什么一定要录取你？他说我比他们能录取到的学生都强。我说问题是你要证明给对方看啊！最后他决定写信给伯克利大学，过了七天后，伯克利大学回信录取了他，他看了开心了。

于是，我问他什么时候去伯克利大学，他说他刚写信给伯克利大学，他们第一次白白损失了机会，虽然后来又录取了他，他也不去了。后来我遇到伯克利校长田长霖，我就直接问他，你们怎么看到我儿子 SAT 数学八百分就收了？他说他们工学院有个规定，任何人 SAT 数学满分就收。但他们好像是在第一轮筛选时没注意我儿子考了满分，平时成绩跟老师介绍信又不怎么样，所以他们没收。结果我儿子写信去抗议，他们才注意到他居然考了满分八百分。而且他们学校亚裔收得很少，不能被人说种族歧视；如果我儿子不高兴不去念，就会给学校的反对派借口，说亚裔不好伺候。我儿子拒绝了伯克利大学，就只剩下霍普金斯大学能去了。所以我要他住到外面去，不然住在一起容易影响父子关系。他说他也想住到外面去，试图找到自己。后来他去加州大学洛杉矶分校念硕士的时候，回来跟我说他找到自己了。

## 孩子和学生都要放着养

我的理论是这样的，不管做父母或老师，第一件事就是要了解孩子的能力跟兴趣在哪儿，帮他发展兴趣。我的经验是一个人智商到一百的话，够用了，做什么都不是问题。重点是你背后的动力，就是你想做些什么？比如说我的大儿子，他上大学什么课都选，一口气满足了物理系、数学系、化学系、生物系、电机系等好几个系的毕业要求，但他不追求文凭，因为我从来不告诉他什么能做什么不能做。我的小孩从小都是自己挑书看，一周看五十本，培养自己的判断力。我的原则是，他们不管做什么都要尊重，不过一定要有一个原动力，就是好奇心。但是一旦做了选择就要完成，不准半途而废。对待学生也是一样，最好是让学生自己动手，从中发展出自信心来，敢于面对世界。老师就是教些方法，另外就是帮学生把视野打开。课程是一种载体，通过课程把学生的视野打开，不管什么课都没关系。在这个过程里，你一定要很爱他们，让他们感到安全，不是说你考七十分就不爱你了。我对家长们演讲的时候说，每个小孩都是幼苗，只要有足够的阳光跟水就行，偶尔加点肥料，定时换个大一点的盆子，最后把他们放到郊野去。今天很多妈妈要小孩补习培训，就等于在做盆栽，这样放出去是不行的。这是我的基本理念，我教学生也是这样子。

教育的问题终究还是父母的责任。1971年我开始注意学生教育，到现在五十多年了，发现他们大部分的问题都是来自家长。我有个学生说谎，结果我发现他爸爸就说谎。所以我就对他说，可能要请你爸爸一起来。他想了一想，说可能也要找他爷爷来。他爷爷在"文革"的时候可能靠说谎以求生存，现在富了还继续说谎，变成常态。现在我们了解"文革"时期人性受到扭曲，影响了两三代。可能2000年后出生的孩子开始会好一点，社会安定二十年了，而且他们没有历史的包袱跟政治偏见。

## 只有费米这种水平的人才能教通识课

我去加州大学洛杉矶分校的时候是学校最年轻的助理教授，所以他们就把通识课教学工作交给了我，这非常难教，全校所有的学生都要跑来学物理。我班上有个篮球明星叫卢·阿尔辛德（Lew Alsinger，即NBA著名球星贾巴尔），他从不做功课，我只好每天考试。我觉得通识课应该让最资深的教授来教，因为他们有学问的宽度，而且有威势可以镇得住这批人。当时我找了几个助理教授一起去跟系主任谈。

系主任叫第谷，是一个捷克人，他帮我们写了一个报告，也把这件事跟其他资深教授提了一下。他是一个海港俱乐部的会员，周六便邀我去这个俱乐部吃饭，在游泳池旁边谈这些事。他说我们是对的。我就问他，那你为什么还不改？他说那时候他刚当系主任，传统就是这样。我又问他，你当大学生的时候是怎么样的，他说是诺贝尔物理奖（1938年）得主费米教授教低年级。之所以后来变了是因为那时候科研经费太多了，大教授都跑去忙研究。他就说，以后教大一的课的人要特别表扬，因为低年级的课，只有费米这种水平的人才能教，但世界各国大学教大一新生的教师，都是用最弱势的年轻人。他说这个教学改革等于要颠覆整个体制，需要二十年的时间。他虽然觉得这有道理，但侵犯到很多人的既得利益。我说目的不是要帮年轻人，而是教育就应该这样。后来我到了霍普金斯大学教书，又过了十五年，美国才扭转这个现象——大教授开始教核心通识课。那时我就发誓，有朝一日我办学校，教学方面的规矩，我一定从头就要做对！

我当时是在物理系任教，那个时候大教授一般不教课，年轻的教员才教课。大教授若是教课都是由他们先挑，剩下来就是给年轻的。这些剩下来的课我们后来都叫通识课，那个时候通识这个名词还没出来。美国有个系列课程叫作 General Education（国内后来翻成通识教育），直译的意思就是非专业的教育。

大教授教通识课可能最早开始于霍普金斯大学。不过这是物理系教授们的一个共识，没有政府文件的指导。原因是后来学费开始涨了，学生会常常埋怨教授教得不好。学校开始抢生源，觉得不能让大一学生埋怨，所以就产生危机感。可是当初没有人研究过，为什么让资深教授讲通识课是个重要事情？有些事要天翻地覆的改变是可能的，不过你一定要把它想清楚，再有效地一步步解决它。

## 做科学实验筹划是很好的工作训练

物理领域有很多值得研究的问题，我对粒子对撞这个问题感兴趣，我就想做。想做的话就要说服很多人，因为我自己做不成。得先说服我的同事，然后说服其他学校的人。等到人手够的时候，大家就一起到美国国科会、国防部，或是英国政府去申请经费，申请到了以后才能开始做实验。要开始做实验需要造大的加速器，我们再鼓动另外一批人造加速器，然后造探测器。造探测器的话要把零件仪器组装拼凑起来，同时要造一个实验大厅。通常我们会告诉负责搞土建的专家，我们需要一个实验大厅。而且我们一定是参与建设的，因为事先跟土建专家一定讲不清楚，所以要从一开始就实际参与设计和建设过程。有这样的工作经验，使得我在后来的工作中从来不会说这个是我的工作，那个不是我的工作，而是为了达到做成事的目的，需要什么就去做什么。钱不够的时候去搞钱，美金不够就搞卢布，需要工具就去搞各式各样需要的工具——这是一种非常独特的训练。

即使后来到了港科大办学校的时候，我还同时在瑞士做实验。我们在瑞士造了个大的加速器，在地下深一百五十米圆周五十七公里多的一个圆环里同时进行四个实验。我在瑞士和香港之间飞来飞去，非常自在，对我而言两边的工作是一回事。在瑞士做实验，四组实验的价值观不一样，方法也不一样，但是目标是一样的，都想发现某一个粒子。在港科大办学，学院文化相互间非常不一样，教的课程也不一样。不过目标都是共同培养一批学生。实质上都是同一回事。在瑞士我搞实验的时候，我们就参与设计土建，参与以后发现方便多了。建造各式各样的设备更是如此，能雇人尽量雇人，雇不到人就自己做。

## 科学是文明，有用的是技术

我们常常把科、技连着一起谈，其实科学跟技术是两码事。我们一般讲的都是技术的进步，比如说中国的四大发明都是技术，只要社会有需要，技术就会发展，这是我从历史里面归纳出来的一个规律。科学的发现则不然，刚开始没有任何需要，是基于人类的好奇心，比如说牛顿发现万有引力定律。我们现在的嫦娥奔月，登陆到月亮上去，基本上靠的是牛顿的万有引力定律。万有引力定律是一条自然规律，是当初牛顿对开普勒的三条行星运动定律感到好奇：为什么那么复杂？

这三大定律是开普勒根据第谷等人的观测数据和星表，进一步观测和分析出来的。第谷在16世纪和17世纪之际花了四十年的时间，用尽了他自己以及他舅舅的家产，雇用了四十个学徒，自己造天文台，用非常简单的六分仪，测量天上七百个星体的角位置，整整测量了四十多年，才得出那些数据的。那时候这么做是没有任何实际用处的，耗尽家产，就是因为第谷对世界充满非常强烈的好奇心。当然也有宗教信仰的支撑，他想把上帝造物的规律找出来，就这样坚持了四十年。但是第谷并没有发现什么规律，留下的全是测量的数据。他退休前两年收了一个徒弟叫开普勒，没多久，第谷就去世了。开普勒把全部数据带走之后,花了二十年时间,从数据里一点一点地分析,最后了解到每一个星体的运行轨道是椭圆的,并且它在单位时间里扫描的面积是一样的,还有行星运动周期是跟它的轨道大小有关系。

开普勒研究出来这三条定律在当时是没有任何用处的,可是牛顿看到后,他觉得上帝造东西不会那么复杂,后面一定还有一个规律。传说中是牛顿坐在苹果树底下,苹果掉下打了他的头,他就发现了万有引力。我曾经到剑桥大学的三一学院那个苹果树下坐了一个下午,我自己拿个苹果往头上一砸也没砸出来什么道理。实际上,科学的发现不单靠灵感,更靠扎扎实实的实验。牛顿花了十多年的时间研究开普勒那三条定律。最后他发现他的数学工具不够,于是他发明了一种新的数学方法,从三个定律中导出了万有引力定律。那个数学方法就是后来的微积分。

有用的是技术,不是科学,不过技术都建立在科学发现上面。比如说我们要放人造卫星之前,必须先要了解万有引力,我们才能计算出各式各样的运行轨道,所以在那个情况之下,万有引力定律是非常有用的。没有万有引力定律的话,我们现在就没有所有卫星,科学是事后才有用,当初研究的时候不是因为它有用而研究的。换句话说就是有用、无用不是科学发展的驱力,但是最终一定是有用的。比如说我在20世纪70年代初期做粒子研究的时候,美国国家加速器实验室(后更名为费米国家加速器实验室)建造了第一个大的加速器。那个时候越战打得正厉害,造这个加速器花了两亿五千万美金,相当于三天越战的费用。美国政府内部辩论非常厉害,说造这个东西有什么用呢?对国防有什么帮助?最后实验室主任威尔逊(Wilson)教授被叫到国会去作证,国会议员问他,你这东西有什么用?威尔逊是一个大脸,像个爱尔兰人,他就揉他的大脸(我喜欢揉脸就是这个原因),一边揉一边想,想了半天。大家都瞪着他,物理学家希望他找出好理由来,那些国会议员也希望他搞个理由,大家通过就没事了。但是威尔逊让大家等得不耐烦,到底有没有用?他回答,我想不出任何用处。又有议员们问,这个实验对国防有什么帮助?他说,我想不出有任何帮助。可是呢,可能提供一些东西值得我们去捍卫。国防捍卫的不只是国土的完整、人民的安全,是捍卫我们的文化,捍卫我们的价值观。

## 当手段变成目的,就发生问题

我们中国人的这种探索的精神差多了,假如回到航海时代的话,西洋人是一而再、再而三的一圈圈地绕,到一个地方不够,还要往前去,去看看前面是什么。我们的郑和到了东非就回来了,来回走了七次,没有想要绕过好望角到西岸去,这个原动力很不一样,可以看出民族性。所以李约瑟问科学为什么在中国没有发生,我觉得好奇心是非常重要的,我们非常讲究实用,动不动就问有没有用!

这种实用主义今天到一个什么程度呢?我们上课时学生都问,老师这个考不考?不考,学生就不学了。而不是说,唉呀老师啊,我们探讨真理,原来宇宙是这么回事!如果话题说开一点的话,我就会想到,钱学森问,为何中国教育产生不出杰出人才?这个问题回答起来非常容易,因为我们被实用主义彻底绑架了。加上大家都是刷题背书,背是最有效的,立刻可以考高分,立刻可以提高升学率,各项效果都出来了。但要是我们一直被这种思想给控制住的话,我们的科学就不会发展出来。

我们现在所做的都是技术,都是来料加工。你看现在我们的论文发表数目全世界第一,我们已经是世界的论文工厂,别人做过的题目拿来照样做,把它扩大,做得比别人快,篇数比别人多,再互相引用,引用次数不断增加,就像我们的加工厂一样。可是我们即便是世界工子的能力跟兴趣在哪儿，帮他发展兴趣。我的经验是一个人智商到一百的话，够用了，做什么都不是问题。重点是你背后的动力，就是你想做些什么？比如说我的大儿子，他上大学什么课都选，一口气满足了物理系、数学系、化学系、生物系、电机系等好几个系的毕业要求，但他不追求文凭，因为我从来不告诉他什么能做什么不能做。我的小孩从小都是自己挑书看，一周看五十本，培养自己的判断力。我的原则是，他们不管做什么都要尊重，不过一定要有一个原动力，就是好奇心。但是一旦做了选择就要完成，不准半途而废。对待学生也是一样，最好是让学生自己动手，从中发展出自信心来，敢于面对世界。老师就是教些方法，另外就是帮学生把视野打开。课程是一种载体，通过课程把学生的视野打开，不管什么课都没关系。在这个过程里，你一定要很爱他们，让他们感到安全，不是说你考七十分就不爱你了。我对家长们演讲的时候说，每个小孩都是幼苗，只要有足够的阳光跟水就行，偶尔加点肥料，定时换个大一点的盆子，最后把他们放到郊野去。今天很多妈妈要小孩补习培训，就等于在做盆栽，这样放出去是不行的。这是我的基本理念，我教学生也是这样子。

教育的问题终究还是父母的责任。1971年我开始注意学生教育，到现在五十多年了，发现他们大部分的问题都是来自家长。我有个学生说谎，结果我发现他爸爸就说谎。所以我就对他说，可能要请你爸爸一起来。他想了一想，说可能也要找他爷爷来。他爷爷在"文革"的时候可能靠说谎以求生存，现在富了还继续说谎，变成常态。现在我们了解"文革"时期人性受到扭曲，影响了两三代。可能2000年后出生的孩子开始会好一点，社会安定二十年了，而且他们没有历史的包袱跟政治偏见。

## 只有费米这种水平的人才能教通识课

我去加州大学洛杉矶分校的时候是学校最年轻的助理教授,所以他们就把通识课教学工作交给了我,这非常难教,全校所有的学生都要跑来学物理。我班上有个篮球明星叫卢·阿尔辛德(Lew Alsinger,即 NBA 著名球星贾巴尔),他从不做功课,我只好每天考试。我觉得通识课应该让最资深的教授来教,因为他们有学问的宽度,而且有威势可以镇得住这批人。当时我找了几个助理教授一起去跟系主任谈。

系主任叫第谷,是一个捷克人,他帮我们写了一个报告,也把这件事跟其他资深教授提了一下。他是一个海港俱乐部的会员,周六便邀我去这个俱乐部吃饭,在游泳池旁边谈这些事。他说我们是对的。我就问他,那你为什么还不改?他说那时候他刚当系主任,传统就是这样。我又问他,你当大学生的时候是怎么样的,他说是诺贝尔物理奖(1938 年)得主费米教授教低年级。之所以后来变了是因为那时候科研经费太多了,大教授都跑去忙研究。他就说,以后教大一的课的人要特别表扬,因为低年级的课,只有费米这种水平的人才能教,但世界各国大学教大一新生的教师,都是用最弱势的年轻人。他说这个教学改革等于要颠覆整个体制,需要二十年的时间。他虽然觉得这有道理,但侵犯到很多人的既得利益。我说目的不是要帮年轻人,而是教育就应该这样。后来我到了霍普金斯大学教书,又过了十五年,美国才扭转这个现象——大教授开始教核心通识课。那时我就发誓,有朝一日我办学校,教学方面的规矩,我一定从头就要做对!

我当时是在物理系任教,那个时候大教授一般不教课,年轻的教员才教课。大教授若是教课都是由他们先挑,剩下来就是给年轻的。这些剩下来的课我们后来都叫通识课,那个时候通识这个名词还没出来。美国有个系列课程叫作 General Education(国内后来翻成通识教厂，也是可以一下被打趴的。因为最尖端的、最重要的技术没有掌握在我们手里。

从实用开始，它只是一个手段，可是我们现在把它变成目的了。就拿我们刚才说的高能物理来讲，我们为了要发现这个夸克，需要技术；技术不存在，我们就去创造。为了达到这个目的，我们需要一个大加速器；大加速器没造过，我们就去研究怎么样造，怎么样使它的能量达到更大更高，并且怎么样更省电。这些都是我们自己搞基础科学研究出来的，然后就变成技术，技术还可以用。我举一个例子，我们跟丁肇中共事的时候，做一个实验，用一大组大约七百多吨重的仪器，我们的探测器在最里面，我们需要做一个设备，把一个粒子束流打到那个靶子上去，由一米之外打到一个一毫米的靶子上，中间要经过磁场，我们自己就设计了这样的加速器。加速器通常是一个房子那么大的，多层楼高的。我们找到一个新的加速原理，使得那个加速器只有一米长，可以放在桌上。我们只是为了做基础研究需要这个工具，于是造出来，最后就变成一个实用技术了。

应用到什么方面的技术呢？举个例子，1986年前后，飞机场的安检都在忙着搜查各种塑料炸弹，塑料炸弹里面没有任何金属，但是有很多氮原子。所以一般的X光机是照不出来的。但若是用小加速器把中子束流打到行李上，如果里面有很多氮原子，它就会发出特定波长的光来。从这个光上面我们就晓得里面有大量的氮，有大量氮的话就可以确定行李有塑料炸弹了。于是我们的实验还没做完的时候，帮我们造第一架加速器的一个小工厂已经拿这个技术去给机场使用，然后它继续造小加速器去卖给其他地方。这就是科学为了研究，推进技术，把技术发明出来。

## 不赚钱就不研发的恶果

当然，技术进步有时候是为了赚钱，为了赚钱就要量产，把产品价钱压低。你可以做六十纳米的芯片，但你要做到二十纳米、三十纳米，都是为了赚钱。在中国的发展过程里，很多时候觉得不值得去发展基础的技术，用钱买就是了。原因是，若要自己把那个技术研究出来的话，大概要十年时间才能发展出来。比如做五纳米的芯片，中国可以做出来，但要十年时间，可是十年时间这些公司都已经上市了，股东要求每三个月股票得涨的，你搞十年，他们不答应。所以很简单，能从外国买的就买，买的话可以立刻赚钱。中国很多科技发展受到影响都是如此，包括九成的医疗仪器，和大部分的基础研究仪器，多半向国外买。

有人问，国家要发展要进步，样样技术等自己发展，十年过去，人家早就超越了我们的技术。但问题不是这么简单，为什么国外的科研做得那么好，因为它赚钱，赚钱以后再把四分之一的利润放到科研上。为什么我们做不了呢？我们的科研不赚钱，我们的东西没人买，不赚钱就要自己拿血本或者国家补贴！比如苹果手机，它是把研发放在很高的位置，所以全世界苹果电子产品销售额高，它把一成利润放在研发上。我们的产品卖得很少，所以研发始终跟不上。苹果手机每年有新的模式出品，大家不断买它，它的生意就越来越好，它研发经费越来越多，产品就越来越好，对它来讲是个良性循环，对我们而言是个恶性循环。

我就举一个例子，还记得联想公司当初把 IBM 买下来，刚开始做得非常好，每年有新产品出来，后来突然一下就没新产品了，原因是转去搞房地产了。因为搞房地产赚钱比电脑研发十年做出来的产品快得多。还有一个海尔公司，原来是全世界最好的家电公司，每个月有新的产品，后来突然一下也停下来了，现在，它的世界占有率也下来了。原因也是搞房地产去了，因为房地产赚钱。没有新的产品推出，联想、海尔的产品卖不出去了，更没有钱去搞研发，一个恶性循环就开始了。所以，有没有非常有远见的企业家是很重要的一件事，完全靠国家推动是不行的。我们社会主义制度的确有一个优势——国家投资，国家现在投资两千亿元要发展芯片，这下可能五年之内形势会扭转过来，不过我只怕这个扭转也是暂时性的。

我再举一个例子，最近大家在辩论高能物理能不能搞，觉得这个项目是大科学花大钱，一下子花六十亿造个加速器太贵了。改革开放四十年下来，我们所有的医学仪器和化学试剂都是进口的，基本上就是三个公司全包了：日本日立企业、美国韦瑞安公司，还有荷兰飞利浦公司。比如前面所提，1988年日立公司的人告诉我，一个长春市就买了日立十二架电子显微镜。这种高精仪器我们自己从来没造过，我们到今天四十年过去了还是没造，假如造的话，真是可以发财的！可是我们中国人就是短视，要赚快钱，所以这种土豪心态令人非常头疼。

我们的大学应该怎么办？每年高考全国几百个状元都去了北大、清华，他们选了什么专业？不是物理，不是数学，不是计算机，而是金融！凭他们，能做到"中国制造2035吗"？北大、清华该咋办？大学该咋办？

我们奴性太强了，就是喜欢听话。从小，爸爸去上班的时候回头跟孩子说，乖孩子好好听妈妈的话！妈妈送孩子到学校，说，好孩子乖乖听老师的话！所以等到机关做事的时候，是好干部乖乖听领导的话。到今天各个大学里的人花在学习的时间真是不得了，每周有两三个下午在学习，学习上面发下来的文件。我就常常跟那些行政干部讲，你们能不能让大家坐下来思考两个钟头，各自思考该怎么做！不行的，不能跟着思考！我们是个奴性的社会，不能让你独立思考！还有一点就是让大家思考也思考不出来。我有个理论——就像自来水龙头三十年不打开，一下子打开的话，水流不出来了，水管里面整个锈住了，思考是磨练出来的。

再回头讲我们的四大发明。我们有罗盘，但是我们从来没有发展出磁学，我们不知道这个针为什么指南？大家也没兴趣，只要做了罗盘就够用了，最后是风水师在用。我们发明了火药，但火药里并没有发展出化学。阿拉伯人把我们的黑色火药传到欧洲，在欧洲发展出来化学，它造出黄色火药，用黄色火药打垮了欧洲的城堡，欧洲的封建制度因此解体。我们发展出了勾股定理，和西方的毕达哥拉斯定理大致同一时期，可是毕氏定理出来以后，把几何公理化，接着大力发展几何学；我们中国的这个勾股弦就交给木匠去了，木匠可以画方画圆，如是而已。

这不是任何人的错。这是我们民族的本性。不是今天的问题，从三千年前已经是非常讲究实用了。比如说毕氏定理一出来，雅典的上层精英都在学几何，我们的勾股弦出来以后，没听说过孔子、曾子、孟子在研究勾股弦的，没有。这可能跟经世济民的思想传统有关系，这是我们的文化传统！一个新的大学能够为它的学生扭转这个现象吗？

我讲的是两种科学与实用的关系，一个是在中国，一个是在西方。这种关系在西方是一个良性的循环，使得它的科学发展一直不断前进。在中国，我们一直陷在实用的思维里，今天我们如果要去改善或者是要改变既有的趋势，其实应该是科学与实用齐头并进的。不是说我们今天就往西方的方向上走，不顾我们自己原来的这种实用的思维，毕竟后者还是需要的，举凡日用民生的需要和科技创新，还是会有一些策略性的发展模式，只是不能一直往这个方向固化单一发展趋势。今天做大科学或者是高能物理，不是唯一的一条路，也不能只有这一条路，但是你不走，你就没有自己原发的动力，或者是原发的基础可能性。

## 实验高能物理证明科学实用的辩证合一

我调查了一下，美国应用仪器制造和技术科学人才培养最多的是高能物理领域。为了达到实验的目的，研究人员要创造各式各样的仪器，实验做完以后，成员会到各行各业去，有人发展电子显微镜，有人造了 CT、PET、MRI 扫描仪，等等，美国这些医疗仪器都是从高能物理研究领域当中发展起来的。还有一些人到情报局去做事，他们不是去当间谍，而是各式各样的人造卫星收集出来的资料，他们能够判读或找出更好的判读方法去处理大数据。我们搞了几十年的高能物理，回过头来看，我们解决了宇宙里面很多基本的问题，比如现在我们知道宇宙的结构是怎么样的，我们知道宇宙是一百三十八亿年前演变而来的，我们知道了时间的奥秘，等等。如果问知道这些东西有什么用？今天是看不出来的。可是在我们研究的过程里，为了解决那些问题，我们培养出一大批人才，这些人才充满了好奇心。有仪器我们就买，没仪器我们就造！我计算过我们高能物理培养出的人才，大概只有一成留在高能物理研究领域，其他的九成都到各个行业去了。按照中国的传统说法，是人才流失了，是损失！但是我觉得毕业生离开专业投入另一行业，不是人才流失，是对社会创新贡献，这些人有探讨精神，有好奇心，能够开始去探索各式各样问题。一流大学培养的人才应该如此！

我培养的学生里面，有一位叫罗伯特·卡森（Robert Carson）的学生就研发了今天大家常用的 CT 扫描软件技术，他先学物理，后来决定学医了。学医以后，他说我不是要研究医学，我觉得医学的诊查技术太不合理，CT扫描已经问世，可是它的软件不行。他抓到这个问题，申请到美国的卫生研究院NIH的研究项目经费来解决这个问题。还有一个例子，当年美国的F16战斗机研制出来了，但是它的通讯问题始终解决不了，他们雇了上百位电机博士都解决不了这个问题。后来我们加州大学洛杉矶分校的一个高能物理博士后到那里，从最基本的电磁学开始，做了两三个月把这问题解决了。所以休斯飞机公司（波音的前身）的经理就问这位博士后有没有其他同学，可以一起请来。一般人印象中F16战斗机的通讯问题跟高能物理完全没关系，但是七八个高能物理的博士后一起把问题解决了。只要彻底掌握了基本知识，常常可以解决新的技术问题。

为什么我们高能物理背景的人，能够搞出上面所说的CT、PET、MRI扫描软件，以及各式各样机器呢？因为这些机器需要几个基础的条件，都是我们做研究和实验中常见的。首先这些机器需要探头（Detector），而我们全天候都在找各式各样的探头，紫外线、红外线、阿尔法、贝塔、伽马等等；还有就是需要处理电磁场，所有的显微镜、CT都有电磁场呜呜地在转，我们都知道怎么处理这个问题；再有就是都需要处理大数据，我们高能物理实验做出来的数据一直是全世界最多的数据，多到什么程度？我们一个实验数据，就超过了当年美国国防部存储的好几倍，就多到这个程度，因为数据越多，越精准。比如说我们要在二十一亿个数据里面找出一个是对的，就是要这种本事！这种是非常非常扎实的训练才会拥有的本事。

## 基础科学是培养人才最好的方法

物理是一个非常好的培养人才的基础学科，将来需要什么样的人才，在物理学领域都可以培养出来。像语言、历史、数学，这些全世界最有用的学科（因为我们做什么事情都超越不过这些学科的范围）的人才都可以培养出来。我说物理学可以培养历史学生，不是说他将来要去做历史学科这个或那个项目的研究，而是说他一旦有自我学习的能力，有质疑、敢于探险的精神的话，什么样的问题都会去解决。

基础科学是培养人才最好的方法，这是我的信念，也是我的经验。是美国科技界的共识，也是华为任正非的卓见。原因是我们抓到一个问题，让自己的好奇心一直往前冲，不管这个问题是不是属于这个行业的，反正为了达到目的必须解决这个问题，这种不懈的精神是基础科学才有的。我从我自己五六十年的经验体会到基础科学是应用科学的基础，基础科学是训练人才的最好办法。未来需要什么人才我们不知道，但是有这种探索精神的人、有这种自信的人，并且具有一定基本知识的人，可以成为探索的先锋。所以我觉得任正非这个人真是不简单，他是所有企业家里唯一一个觉得基础学科很重要的人，他养了两三万基础学科的人才在他的企业里，这是很不容易的一件事情。

## 在美国国家科学基金会的工作经验

1986年开始，我在美国国家科学基金会工作了一年半。美国国科会有个物理学和数学科学组，大概有二十多个人，每个项目的管理有一个人是全职的，有一个是轮换科学家（rotator）。不同于美国太空总署或是其他国家实验室，科学家或研究员全部被纳入公务员的系统，而跟大学逐渐脱节，美国国家科学基金会有一半的成员来自大学的轮换科学家，一般是两年为一个任期，不得超过三年，避免成立山头，影响审核研究项目的公平公正。

当时他们要求我作为轮换科学家去两年，因为我要学习一年再工作一年他们才觉得翻本。我说我可以一个月之内把工作流程学下来，但我在此只工作一年，我是要回学校继续我的实验工作的。我和另外一个员工一起管理了一亿美金的经费，其中有四成给了康奈尔大学，他们那时候在造一个加速器，剩下的六成分给其他三十五个学校共三十五组研究项目。我们有权力问任何问题，做任何事，也可以去观察查访。不过大家一般都懒得去，查访是很累的。但我觉得确实很有用处，并且发挥了很大效果。

我负责接受申请，找外部专家匿名评审。根据评审意见，决定经费给与不给，给多少。为了了解实际情况，我有权去大学或实验室访问任何人，也经常参加国际会议，从世界角度看学术潮流，及我所支持的人的学术地位。为了保证我的决定公平，每两年要安排外部专家来检验我的决定的精确程度。

政府机关存在各式各样不合理的问题。我去国科会工作的那一年（1986）刚好是国会通过削减联邦政府预算5%。所以各个机构都很简单粗暴地把每个人的预算削减5%。我坚决反对国科委这么不合理的一刀切，有些科研项目早就该关掉，有些科研项目还应该加大预算，这是我的基本原则。

一般人行礼如仪按照惯例都会说，噢，这个项目的预算去年是多少，今年加百分之多少或减百分之多少，可真搞基础研究的话是不能这么做的，如果这个项目已经失去重要性的话，我觉得就应该百分之百地砍掉。但是假如这项研究真是重要的话，我会把砍掉项目的经费挪到这项来。这样的处理思路跟我做实验的经验有关系，一切问题从数据出发，把数据好好分析一下，找出解决方案。若是解决方案找不出来的话，那只是因为我不知道问题的基本原因在哪里。一般的书呆子觉得找到方案问题就解决了，不是的，我要给每个人都有出路，同时，我把每个人的退路都堵掉，他们就会好好努力做，这就是我总结的解决问题四部曲（见第三章）。我把这个定律应用在我的实验上，应用在美国国科委会的工作经验上,也应用在创办学校上,其实应用到任何地方都是如此,到企业界也是这样。

针对这次缩减预算的危机,我建议做零基预算(Zero-base budgeting)。

什么是零基预算呢?比如,我有七个教员,十个学生,去年预算是一百万;今年我有二十个教员,五十个学生,今年预算应该是多少呢?你不能说加10%或20%,这个预算报告就要从头做起,写清楚为什么每一项要这么多人,每一项为什么需要这么多钱。申报人会说,我去年就是这样。我说,以前年年都是同样做法,时间久了,常常经费失衡,有的人声音大,就能多拿点钱。去年的不算,今年我们要重新做预算。今年总预算砍了5%,我认为这是我们仔细考虑经费重新分配的一个机会,有些项目不行或执行不力,就要考虑把它关掉了,做得好的我们应该给它加钱,所以有的可能加了10%或5%,有的可能就整个去掉了。

我们的处长说,你这样做的话压力会非常大。我说是的,所以我先告诉你,这些计划的主持人来抗议的话,要扛第一关的就是你。他说,"C'est la vie"(法文,大意是好吧)。他是个法国人,常常法文脱口而出。他同意按照我的建议做了,还希望别的组也都这么做。

我管理的项目中有一位很有名的大佬,曾经获得诺贝尔奖,他的组的人员规模越来越大,要的钱也越来越多,那一年他说他要做个新的实验,另外要三百万美元,而且旧的实验预算又不准我们砍。我说,好,现在就把预算全部重新做,并且我要求他把每一个人在这个项目上花多少时间,在那个项目上花多少时间,都写出来。我说每个项目组过几年都应该重新盘点一次,否则常常是过气的人拿到很多钱,年轻人就冒不出来了。后来他说他很赞成这么做。他80%的时间花在新项目上,全部时间不能超过100%吧?那就表态取舍到底哪个是最重要的了。这个是管理的"法条",但是要能顶得住压力。在港科大我可以那么做,是因为家玮跟我完全有共识。

我在国科会任职期间,密歇根州立大学有一些年轻人连续两年的研究都做得很好,我们内行人都知道,可是他们的经费始终上不去。那一年他们想做一个大的项目,想多要一些钱,大约五十万美金。我说,不行,我们今年的预算要砍5%。我告诉他们应该跟他们的校长要钱,要买电脑,就跟校长谈,把电脑的经费加大50%,交由他们来运转。因为我从另外一个项目负责人那里了解到,这个学校化学系要开始搞计算化学,也要置办电脑,这样的话也可以把化学系的问题解决了。他说校长不理他,我就说,你给我安排,我去见他。我就跟他们的校长谈,我说,今年我们的预算被减了5%,所以今年的三十多个项目组里我要关掉三个组,剩下的组有的预算在增加,有的在减少。关停项目的一个标准是它表现不好,但有一点,即使它表现差一点,可如果学校很支持的话,我们也应该负点责任。因为国家科学基金会有一个责任就是培养人才。人才都是从学校里出来的,可是单靠国家科学基金会的钱是不够的,学校需要各式各样的权宜措施来支持,比如免费停车等等。我说,比如这个项目置办电脑要一百万,我代表国科会拿十万出来,学校化学系也拿一点钱,剩下学校出。这样做好处在哪里呢?第一就是,学校把两个项目给抢救过来了,否则的话,很可能我将你们的预算砍10%(两个项目加起来),因为钱不够。假如我发现学校的支持很强的话,这个组的项目希望就大了,我代表国科会也就陪着一起投入。校长于是答应,他拿出来八十万,化学系出了十万,我在国科会这边出了十万。最终保住了这两个项目。

## 估算的道理与本事

一般人一碰到数字问题，最先反应是头大，但我们搞基础科学的人遇到数字问题，即使不懂，我们也要把它弄明白。比如说一般人有几根头发，我们从宏观出发，我可以估算出来。

这个估算是几句话概括。第一步，先不要说我不知道，做一个模型：一个头大致是圆的，对不对？把它做一个模型出来，左边跟右边头发差不多的，前后也差不多，所以我可以假设头发生长的密度是固定的。第二步是化整为零，所以头发的根数就是密度乘面积。下面就是游击战术，用任何手头有的数据去估计你的问题。密度是什么呢？就一平方厘米里面有几根头发先不要数，我就假想我在你头上画一根一厘米这么长的线，大概会碰到几根头发？那我假设是十根，一平方厘米的话就是一百根，头皮的面积稍微估计一下，大概几百平方厘米左右，所以这么一算就是六七万根，这是一个思维方法。这种估算在应用科学里没有，我们基础科学则是一切从头来起。在街上看见一辆装甲车在运钞票，我跟我孩子做过这个题目，我会问他们估计车里面装有多少钱，你就看它体积有多少，一张钞票占多少体积，如此这般下去。所以基础科学在这方面是非常有帮助的。

我曾经到中国最好的工学院去演讲，校长把那些最好的工学院的教授都找来了，我就问他们一个问题，校长头上几根头发，让他们选：几千根？几万根？几十万根？几百万根？一直到几十亿。五十多个教授答案都不一样，最少猜几千根，最多的是几十亿根，差了一百万倍。我问猜最少的那一位：你怎么觉得是几千根的？他回答说，三千烦恼丝呀！我说三千烦恼丝跟头发没有关系呀！我问那位回答几十亿根的教授，他说我觉得头发很多啊！所以几十亿差不多。这位是一位有名的长江学者。

我要强调一下，实验高能物理是培养人才的好地方，高能物理实验都在探讨前所未见的现象，就需要前所未有的设备，这就逼着他们动手从头设计，建造需要的仪器，而不是从仪器公司的目录买设备。实验逼着我们动手。我在实验室工作了将近三十年的时间，我穿着高统皮靴，靴子是铁头的，在实验场所经常会踢到东西，有时一个铅砖就掉下来，砸在我脚上我也不会受伤。虽然我早就是正教授了，还经常在实验室现场，跟研究生、博士后一起爬高爬低、转来钻去，解决问题，这个精神我觉得非常重要。假如很多院士、长江学者已经好久不在实验室里动手了，那是个人创造生活的休止，也是社会的损失。

## 何谓大师

20世纪五六十年代，美国哥伦比亚大学是核物理的重镇。那时，哥大物理系高手云集，每两三年就有突破性的发现，那是一群一流实验核物理学家带着年轻人多年累积的结果，所以很多年轻人趋之若鹜，即使系里研究生淘汰得厉害（第一年50%），学生还是拼了命考进去。我没有在哥伦比亚大学工作过，但我常常去长岛做实验，我们有个传说，哥大的研究生，远远就可以闻出来，因为他们日夜泡在实验室里，难得洗澡。我们经过纽约市的时候常顺道去看看。有很多哥大教授的故事。譬如哥大有一位得过诺贝尔奖的物理学者伊西多·艾萨克·拉比（Isidor Isaac Rabi），有一天早晨3点钟做完实验坐地铁回家，他坐在车上一直傻笑。坐他对面的老头子刚下夜班，累得要命，看拉比不停地傻笑，就火了，骂拉比："3点钟了，你这老骨头笑什么？"拉比一开口就得意地说："氯35，有十八个中子。"他讲的是原子核里有电子跟中子，这是非常重要的实验，这种人活在他们自己的世界。我想重要的是，你要给他们相当宽松的环境，而且要物以类聚、互相激发。

任何一个奔向一流的大学,都要如此!

我在耶鲁读书的时候,导师叫布莱特(Gregory Breit),"二战"的时候罗斯福总统怀疑德国正在造原子弹,是他判断美国也一定能做出原子弹,要赶快追上,因而启动了有名的"曼哈顿计划"。他在学校里权威很大,大家都不敢直呼名字,而是恭敬地叫他布莱特教授。那时候耶鲁大学从哥大挖了一个诺贝尔奖得主威利斯·兰姆(Willis Lamb)来,这位新来的兰姆不买布莱特的账,就直呼他的名字。所以每逢新来的诺奖得主演讲,布莱特教授就坐在第一排中间问这问那,这两个人显然是在斗法。大师也会斗气的。

有一次我去听低温物理学,挪威裔物理学者拉斯·昂萨格(Lars Onsager)常常晚到,坐在课堂的第一排正中睡觉。结果讲课的老师讲到昂萨格的发现,不知道是在1933年还是1935年?他在底下醒来,揉揉脸,笑笑地回答"1933年"。然后继续睡觉。我们在课堂上,看到老师们过招非常过瘾,都是真枪实弹地你来我往。所以钱穆说:"大学非大楼也,乃大师也!"我们做得到吗?钱穆并且劝学生,不要忙着学知识,先和他们学做人。

我觉得中国知识分子谈论得较多,实践得较少。我们遇到机会应该拿得起、放得下,多尝试、多实践,会使我们生活更丰富,久而久之,会影响我们的视野和格局,做起事来可以更顺畅一些。

## 1990 年的家庭会议

1990 年对我们家是一个多重变化的年份。我们五个人在五个地方,各忙各的,度过了一年。那年圣诞节,我们开了一个家庭会议,互相了解一下每个人的变化,展望一下未来。

我先报告,在香港为科大忙了两年,学术建构的理念和架构,都已完成，基建、教学和科研设备都已大致有头绪，科大开学的倒计时，也进入以日计，可以预期1991年的最后冲刺。君玮报告她在喜马拉雅山里忙了五年，他们所提议的珠穆朗玛峰自然保护区已经正式批准，从珠峰到雅鲁藏布江三万四千平方公里的北麓，海拔四千四百米到八千八百四十九米全都纳入保护之中，未来几年要忙充实和扩张的工作，并且把它建设成一个国家公园。

三个孩子也都在三个学校毕业，各自筹划下一步。老三其安，在普林斯顿艺术史本科毕业，准备开始工作；老二其凯从加州大学洛杉矶分校硕士毕业，准备念博士；老大其斌，加州理工博士毕业，要做博士后。

他们知道科大1991年就要开学。在年初的时候，三个孩子分别写信给我，听说科大已经在筹备招生、聘人，他们婉转地问，我在不在意他们没有申请科大，因为他们想各自出去闯闯，既不想靠父母的庇荫，也不想给别人错误印象说他们需要父母帮忙。我和君玮告诉他们，我们很高兴他们自己出去闯的志气，无论他们去哪里、做什么，我们都赞成，都会去看他们。当时我们不觉得这有什么，多年后一位好友让他的子媳到他的大学去任教，闹得满城风雨，久久不息，我才感谢我的三位孩子的智慧和体贴。

接着他们各自报告计划：老大其斌（二十五岁），在加州理工完成了他的神经生物学博士论文，送了我一本，并且告诉我们，他去加大圣地亚哥分校做博士后，导师请他吃饭，他才知道是冯元桢。他问："爸爸，冯教授比你大二十岁，你们怎么变成好朋友的呢？"

老二其凯（二十二岁），决定转去加大尔湾分校念计算机学博士，他已定好了博士论文题目，说他也会送我一本他的博士论文，不过还要等两年。他预期他的研究项目对设计世界上最快的芯片将很重要。

老三其安（十九岁），在普林斯顿大学毕业，念了艺术史，为了躲开我们在东岸的众多朋友，她选择独自去旧金山。她认为艺术行业，经验比文凭重要，所以决定不考研，已经在旧金山艺术馆的版画部门工作。

孩子们要自己出去闯了，他们成人了。我和君玮可以开始筹划我们的下半生了。君玮从喜马拉雅山带回她为我们清水湾科大宿舍窗子订做的藏式窗帘，非常朴素、雅致又大方。其凯曾经去清水湾看过我们的工地和我们的设计蓝图，还从蓝图上可以指出我们家分到的宿舍，所以他问我们什么时候搬家。我说我们要讨论什么时候结束我们在珠峰、海港城和马里兰的家到清水湾去。孩子们说，不论我们什么时候搬，如何搬，他们希望我们暂时保留巴尔的摩的家园，一个一点六公顷土地、三千多棵大树的庄园，很难再找到了。

至于我和君玮的未来计划，她问我，现在你能相信吴家玮他们吗？1988 年我抛下所有事物去香港时，家人问了我几个问题：你有把握三年能做成吗？对那些人你了解多少，那过程中会有问题吗？完成后能共安乐吗？从 1966 年我们搬到南加州开始，君玮就见过家玮多次，知道他很能干，物理很棒，和我不一样的是，他有商业头脑和兴趣，并且喜欢当校长，所以有此一问，女性的直觉有时是很惊人的。

那时我的答案是，我有把握三年内办好一个一流的理学院。那期间，吴家玮需要我，所以不会有问题。至于完成后能否共安乐，就要到时候看了。不过一所一流大学要成熟，需要很多年的稳定发展，只要共事的人都有足够的智慧，应该可以继续共事的。她说，开始时你是院长，中间隔一个学术副校长，不用担心。现在你是二把手，和一把手的关系就可能很微妙了，如果他觉得你是一个威胁，就移交给他，我们就别去了。你我忙了这么久，完成两件别人做不到的事情，我们对社会责任已了，应该可以退出做些自己想做的事了。

我说，我不只办成了理学院，还带着大家把整个大学办起来了，并且各方面都达到高标准，这是我决定贡献给香港社会的礼物。这一点明年开学就可以完成，我的心愿已了，其他事都是次要的。这是一件大事业，功劳足够大家分沾，应该可以让大家都开心的。不过家玮花了两年半的时间全力去向香港富豪捐款，原来信心满满，但是最后分文未得，还是靠我去募款，加上获准让家玮去"变卖祖产"以小额命名捐款。虽然还是如期开学，却把我和他的关系弄复杂了。希望他不要觉得面子下不了台，或者觉得受到威胁，否则就麻烦了。

至于对未来的考虑，从前我见过百来位大学校长，就知道那不是人做的职务。看到家玮做校长的辛苦，我对校长的职位更不感兴趣了，所以留与不留，对我关系都不大，主要看怎么开心。美国花十五年才能办成的事，我一天三班工作、三年限期里就带着大家办成开学了，所以从今以后，即使天天睡觉不起床，也不会感到汗颜！

## 校长觉得受到挑战

其实吴家玮和项武忠原本可以成为很好的朋友。吴家玮一向注意出身，看重出身名校和有成就的人。项武忠出身名门，一家有四位名教授。他1957年从台大数学系毕业，1962年获普林斯顿大学数学博士，是世界拓扑学名家，执教于耶鲁大学、普林斯顿大学至退休，1982—1985年主持过普林斯顿大学数学系。项武忠曾经访问过的阿姆斯特丹大学、波恩大学、斯坦福大学、加州大学伯克利分校，也都是家玮佩服的世界一流的研究型大学。

吴家玮在理论物理方面著述很多，同时主张华裔学者应多从事大学行政工作。项武忠在1980年、1989年获任台湾"中研院"和美国科学院院士。吴家玮在那期间离开研究型大学到以教学为主的旧金山州立大学当校长，不久去香港当科大校长。保钓运动时，家玮在芝加哥参加了活动，遇到一些他后来津津乐道"老保钓"；武忠在1971年华盛顿大游行时是大会三位演讲人之一，他的讲话振聋发聩、旗帜分明。吴家玮和项武忠是很有意思的对比。

可是有一点使得他们很不一样。项武忠反对权威，尤其是针对掌权而作为不多的人，他会义正词严毫不留情地替天下人进行批判，希望世界变得更好。吴家玮基本上是喜欢当校长，服从权威。所以他在受命校长时，并没有和董事会厘清什么是研究型大学，没有提出研究经费的要求，没有提出实验室的要求，而听由建筑师按照理工学院方式设计，几乎酿成大错。在当初董事会只设通识教育中心而不设文学院时，也没有坚持。在考虑本科三年制还是四年制时，他也建议顺从"主流的"三年制。最后他发动三亿六千亿元的捐款时，也没有坚持董事会的参与和支持，以致两年后空手而归。很多事情当校长对当局或董事会不坚持时，工作就会困难多了，我们俩的关系，也受到影响。原来各忙各的和谐无间，但后来两人做的事成功率不同，关系就复杂了。虽然是不必要的，也是人情之常。

当谢定裕（那时他是数学系主任，代理理学院院长）告诉我，项武忠愿意来科大时，我俩都高兴，大家都佩服项武忠的学术成就，觉得不论他能来几任，他都可以作为科研的榜样，带动科大学术研究的风气，向高水平进军。我告诉了家玮，他也很兴奋。我提醒他武忠聪明绝顶，喜欢批评看不惯的事，对他多听多做，不要"硬杠"，家玮说没问题。

天有不测风云，人有旦夕祸福，科大开开心心开学的那年，也是如此。

有一天家玮气急败坏地告诉我，项武忠挑战他，要和他一起上电视台，公开辩论如何治校，我觉得很奇怪，他们平常并没有交集，怎么会闹到那个地步的？我担心他们对权威不同的态度会有麻烦，但是大家都是为科大好，应该不至于失控。那时孔宪铎已经到校担任理学院院长，并且和武忠走得很近，所以我邀请孔宪铎和谢定裕一起讨论了一下，他们都觉得家玮如果和武忠杠上，就难解了。这是学术方面的事，在美国的话，校长都会聪明地避开，由负责对内的常务副校长交由院长、系主任去处理。他们俩都觉得这没什么大事，由他们去解决。我告诉了家玮我们的看法，要求避免情绪化，建议由系主任和院长去处理。如果有好的意见学校自然应该采纳，如果已经试过，或行不通，也可以解释。家玮不以为然地说，我都解决不了，他们行吗？

后来宪铎告诉我，家玮为了和教授们联络感情，发起周末和教授们打篮球的活动。有的人参加了，有的人说不会就躲开了。所以现在教员分成两派，打球的和不打球的。也有人说，打球的是支持校长的，不打球的是支持常务副校长的，这令人非常震撼。在此之前一个月家玮就拉我周末去打球，"反正周末没事，和教授亲近亲近"。这真是强人所难，我一辈子没时间打球，现在哪里有时间呢？我已经三年多没有周末或假日，即使周末挤出时间，也要和君玮规划如何把刚成立的珠穆朗玛峰自然保护区向前推进一步，设立珠穆朗玛峰国家公园。所以就向家玮求饶，敬谢不敏。

我说，在香港，作为校长，还想和教授亲近亲近，是否有些天真？香港对大学校长的礼遇，是殖民统治时代留下的遗迹，教授们都住宿舍公寓里，蛮开心的；校长有花园洋房、泳池汽车、厨子司机，社会上已经在谈论校长薪水比教授高几百万。这些都是现实，大家也接受了，现在你要和他们去打球亲近亲近，称兄道弟，是否有点矫情了？真要亲民的话，可以学一些美国校长，不如放弃校园里的官邸，放弃厨子司机，在教员餐厅中间放一张大长桌，任何教员都可以坐下加入一起午餐。经常看到人，自然就亲了。

我对家玮说，现在疯狂的创校工作告一段落，打完天下，难免有人想坐天下，打地盘，那都是人情之常，但是不宜造成校长在拉帮结派的错误印象。这三四年来，大家同心合力把科大建立起来，不能在壮大站稳之前，就开始有派系，并且还是由校长造成的，那将会非常不幸。

做过大项目的人知道，成败都在细节，所以很多人都有微观管理的习惯，只怕小事出错，坏了大事。不过盯住小事、忽略大事的例子也比比皆是，这是一个困难的平衡问题。吴家玮就有微观管理的嗜好。

最初一年，我们各自都忙得厉害，不时用电话及短信告诉他我的工作进展，问问他的意见，他也不时告诉我他的富豪数据库的建立和募款计划。第二年开始，募款仍无着落，我开始觉察到他的焦虑。同时他就常常半夜打电话来问一些学术方面的细节。他有惊人的好奇心和悟性，并且有打破砂锅问到底的本事，所以问答都是连珠炮，很有挑战性。比如有一次我告诉他，装备一个实验室非常复杂，他就问，为什么管道很复杂？因为管道就一大堆……有什么复杂？不过就是冷水和热水……还有污水，电解水……哦，那么多啊？还有压缩空气，有人还要求有液态氮……很贵吗？尽量省吧。家玮就像打乒乓球似的，乒乒乓乓地不停。当你能对答如流时，他就放心了，否则就一路问下去。

有的同人觉得这是浪费时间，我都劝他们尽量解释回答。当他觉得你能回答所有问题时，他就放心了，不再烦你。当他觉得凡事他都了解时，就不会觉得受到威胁，大家日子都好过一些。

有时谈到两三点钟，他还问题不断。影响当天我和加州朋友请教通话的时间。我说，快去睡，不要打扰伊冯（Yvonne，他夫人）睡觉，他总是说，没关系，我们在床上看电影。有一次他问，你太辛苦了，为什么你不叫你老婆来香港天天陪着你？我说，君玮不喜欢床上看电影。现在她在喜马拉雅山上教十五岁的藏族女孩识字和做手工，要我去帮她忙。如果她来了，我还能晚上2点陪你聊天吗？其实那时候，我们俩都蛮开心的，总相信明天一定好。

第二年末，当富豪团募款开始绝望时，情况开始有变化。校长时间多了，要求我和麦法诚以及两个院长，我的两位副手，每礼拜开一次会讨论工作进展，原来还要系主任和四大服务中心主任参加的，我婉拒了，说我的副手——协理副校长刘信德可以传达给他们会议内容，让他们腾出时间做点事。按照议程，每次应该中午结束，但是有时到下午五六点时，议程第一条还没谈完，或者还没开始。那时我们体会到，每次召开完一个会议，一定要使与会的人有成就感，否则就会造成士气低落的问题。有一次我们问麦法诚英国制度如何处理？他静静地笑了半天，不好意思地说，在英国制度下，我不需要知道细节。怪不得校长很少问麦法诚问题。大英帝国有一套！

有一次我们私下讨论为什么开会变得这样冗长时，孔宪铎问我校长什么时候放弃募款工作，改为"变卖祖产"了？募款和应付媒体是校长给自己定下的主要任务，偏偏两件事都出了问题。从时间上看，可能募款失败，对他自尊心打击很大，所以要到学术部门来找存在感；项武忠的公开挑战，使他觉得受到威胁，所以要在教授里找人打球结伴。若然，以后工作将会很不好做。

我多次找他谈，告诉他那么下去对他不好，也使大家不安宁。这样也没必要，因为我对校长职位、英帝国的勋章（MBE）或能不能进政协等一律从一开始不感兴趣，看到他做校长所承受的巨大压力，更不想做了，他没有理由觉得受到威胁，因为我随时可以辞职离开，我们应该讨论一下。我何时、以什么方式离开，才能做到无缝接轨，对他最方便，对同人冲击最小。

不过他似乎不相信，如孔宪铎说的，居然有人打下江山不想坐江山！

## 要加快制度化，不能人亡政息

那时候我告诉谢定裕，我觉得科大创校已经完成，我的任务已了，可以问心无愧地离开，并且各部门已经启动，各路人马也已经聚集，一个个坚强的系也开始建立，不论谁当家，都倒不了，所以开学后，我就可以放心离去。谢定裕也没料到局势的变化，但是他的反应很迅速强烈，说："不能走，至少现在不能走。你现在一走，换了新人，人亡政息，新官来了三把火，我们努力的结果都将化为乌有，我们的三年就白忙了！所以不管你留不留，都要立刻开始把我们一切努力的结果都制度化。我们很多系的运转的确相当强壮了，但是要有一个制度，才能长治久安，稳定发展！再待久一点，我们会帮你努力制度化。"

定裕的一席话，又激发了我的责任感：不能让同人的努力付诸东流，必须留下来负责制度化的工作。然后就打电话给霍普金斯大学的穆勒校长，他已经在美国的《高等教育纪事报》（*Higher Education Chronicle*）看到香港科大顺利开学的奇迹报道，劈头就问，你回来吗？还要几年才回来？我告诉他我需要再待一年，把努力的结果都典章制度化，免得人亡政息。他说他需要和校董会谈一下。过了一天，他回复说没问题，校董会同意援用当年英国女王写信给霍大的一个先例：她要求霍大准许一位经济学教授在英国多待一年，帮助撒切尔夫人完成她的经济政策改革。穆勒说："董事会问你会不会回来？我说，难说。他这样的人才到处需要。如果回来，他就会永远为霍大所用；如果不回来，霍大在亚洲就有了一个合作的桥头堡。"他又说："我希望你早点回来，帮我把霍大很多东西也整理一下，以便规划学校21世纪的发展。"

刚好我的副手协理副校长农唐诺也到任几个月，对科大情况已经熟悉，他创办过好几个工学院，对典章制度是老手，并且也熟悉英国和美国的大学制度。他的第一件工作，就是在短短三个月内，把我们久悬未决的《科大手册》编辑完成了，举凡科大一切关于学术方面的法则规矩，和已有的行政委员会，全都定下，压缩细载在近三百页的手册里。完工后，科大第一年得以招生选课。我们立刻总结经验，再编更加完善的第二册（1992—1993），近四百页。也责成各中心，花时间把他们的操作程序（SOP）整理出来，一方面有规可循，另一方面可以有纪律地不断微调改进。所以突然间，开学典礼完了，刚忙完一个葬礼，又开始高速赶工了。一直忙完学校最高治理机构"校务议会"（The Senate）在1992年3月1日成立。

## 功成身退，该走了

君玮对我决定多留一些时日把我们的成果制度化，很不以为然。她觉得，1990年底以后的发展，证明了家玮是难以共安乐的，那也是人情之常，但是她很高兴去年没有搬去。她认为多留无益，人一旦觉得受到威胁，会越来越麻烦的，不如尽早离开，免得节外生枝。这使我回想到前一年（1991）加州大学校长加德纳（David Gardner）对我的劝告（见第十章），是该走的时候了。

一旦决定离开，就有很多事情要办。科大之所以能够三年之内奇迹般地开学，是几十个家庭努力的结果，他们信任我们，来了清水湾。这三年来我们为未来科大的教员，创造出一个理想的环境，让他们能够在清水湾发展学术，安身立命。不论上层如何变动，我们一定要保证前后任能无缝接轨，不要辜负了团队的努力和牺牲。那时校长第一届五年任期即将到期，吴家玮将面临很大的考验。为了他、为了科大，他必须连任下去。我的离去如何宣布，可以有很大的影响，我愿意充分配合他。可惜的是，他只是一直说，你不能走，你不能走！他拒绝相信我会走。谈到董事会最近如何，他不断地摇头说："Blood on the floor, blood on the floor!"（血雨腥风！）。显然董事会、常委会上有些事很不顺利。三年全力募款目标三亿六千万港币只完成了10%，自然会有人担心。

我说，三年前我答应董事会第二天就来，是因为我想给香港一所一流大学。现在做到了，礼物也送给香港了，我决定离开，这可能是唯一你不觉得有威胁的办法。科大初创，需要安定和谐的气氛，折腾不起。我已没有待下去的必要，这样可以减轻你的压力，让你静下心来熟悉科大的情况，把科大办好。你想怎么做？我愿意尽量配合，使你顺利连任；也希望你安心以后，校园能恢复平静，刚刚建成的科大需要十年的安定。

他终于相信我要走了，不过突然又失去联络。看来这些事对他压力太大了，干脆避开。这也是很自然的，以前就发生过两次了。

他开始第三次神隐。1月，我们虽然都在学校，但我一直联络不上他。谣言开始满天飞。当消息被封锁，人们总是往最坏处想。我曾考虑写一封告科大同人书，稳定人心，可是觉得那会对家玮很不利，并且一定有人会来劝留，更加困扰。所以我决定用最简单的办法，写了一份辞呈给董事会，说三年半前我在他们的承诺下来到香港，与一百位同人日夜努力，我们奇迹性地完成了这个不可能的任务，并且把三年来的行动都制度化，以确保科大的稳定发展。现在任务已了，如果能按现有的计划在已经建立的基础上持续发展下去，相信二十年后科大将是亚洲最好的学校，值得我们所有人骄傲。我打算一个月后（1992年3月1日）辞去科大副校长职务，回归教研工作。

我在2月1日发信前，打电话告诉张鉴泉，他说，致榕，你和吴家玮应该立刻好好谈谈。我说，他又神隐了，已经快一个月联络不上他了。张鉴泉沉默了一阵子，说，他很失望，我说我也是。我谢谢他三年多来的支持，这段共同努力的日子，造就了科大，是人生难忘的经验。他说，我也是。我俩都很激动。

那年春节是2月4日，2月1日放寒假。我发了辞职信之后，立刻离开学校，避免纷扰。从此再度遨游四海！

正是：进一步山穷水尽，退一步海阔天空。

## 人生没什么不能放下

那之前两三年，谈到中国经济，大家都在谈"温州模式"，国家科委的副主任吴明瑜几次建议我去当地体会一下，可是由于日夜在忙科大，始终未能去实地考察，现在终于自由了，就联络那时杭州大学的薛艳庄书记。她安排我到温州师范学院院长家过年，大年初二、初三再由温州体改委带我到各地看看。院长夫妇请我在家吃温州海味年夜饭，一共是六种不同的蛤和血蚶，都是按温州习俗生吃的。虽然我们素昧平生，初次见面，但是一旦谈到中国教育，就像故友重逢一般。开放以后十多年温州的快速发展，彻底改变了基础教育的情况。一般农民和工人，都是夫妻出去打工，孩子托养在老师家，父母赚钱了，孩子有了"家教"，老师生活也改善了。

在温州的考察使我深刻感受到从80年代到90年代这十年中国的变化，何其巨大！说穿了，还是科技和人才问题。这让我感慨，我们花了三四年的时间，尽毕生所学，在清水湾创办了一所国际一流的大学，是我们这一群知识分子为社会提供的一件礼物，三十年之内，会看到结果，所有的辛苦和牺牲，都值了！现在做完这件事，我又可以回到广大的世界了。

之后朋友邀我去参加一个纪念弘一大师圆寂五十周年的座谈会。我一向佩服弘一大师干一行像一行的本事，还有说放就放的豁达，一直想从当地人角度多了解他一些,所以接下来就去泉州参加活动。

我一生都在理工科教书、研究、工作,在科大三年的一大收获就是与文科的朋友接触很多,碰撞到不同的思维,常有茅塞顿开的感觉。那次去泉州就是怀着那样的心情。当泉州的朋友们知道我在香港遇到黄永玉,并且不久我就要离开香港时,就告诉我两个关于弘一大师的故事。一是黄永玉由于家贫,十二岁时就开始出门闯荡。1942年他十八岁,数次到开元寺采摘树上的花,遇到了当时的住持、六十二岁的弘一大师,结为忘年交。第二个故事是,弘一大师一到漳州,就种了好几亩菊花,结果没到秋天花开,他又离开漳州回到泉州开元寺。当友人为花未开而人已去惋惜时,弘一大师作了一首诗以明心志:

　　我到为植种,我行花未开,
　　岂无佳色在,留待后人来。

朋友们知道科大刚开学我就要远离时,都觉得惋惜,我就仿弘一大师,作诗一首:

　　我来为种树,我去花未开;
　　谁曰无佳卉,留待后人来。

是的,四年前放下一切,来到清水湾,就是要为后人种树,现在树已成林,日后必然叶茂果实。我常劝学生,知识分子要过得写意,就必须拿得起,放得下,才能不断开辟新章。能做的都做了,其他就放下由它去了。

再回到清水湾,内心就很宁静。接着的工作就是跟三四年来一起并肩作战的战友一一告别,感谢他们放下一切来到清水湾打造我们共同的梦想。愿他们二十年之内把科大发展成世界一流的大学。

1992年2月21日，全校教职员四十三人共同为我举办了一个欢送会，校长也应邀出席，他前来和我握手，说："舍不得你走，你走了我怎么办？没有你，科大不会有今天。我不会允许科大忘掉你的功劳。"我有些无语，说："实话实说就好。待人踏实厚道些，大事坚持原则，政治不要再反复，同人会帮你忙的。"末了，他拥抱我呜咽地说："请你三个月之内，不要发表谈话好不好？"我说："别担心，我知道你的任期快到了，我三年之内都不讲话，让你好好应付。请好好公平对待我们的同人，不要破坏了我们校园忠厚待人的气氛。这种和谐气氛，对学术发展非常重要。"

当我告诉黄苗子、郁风夫妇我将离去时，他们立刻拉我去和黄永玉告别。苗子是笔名，会让人错把他当成湘西苗人，而永玉是土家人，祖籍湘西凤凰县，苗子比永玉大十四岁，交情很深；永玉比我这吴越后代又大十一岁，三人在香港成了好朋友。1989年刚和永玉初见时，谈到我对科大的理想和未来的期望，苗子也谈到他和郁风任科大驻校艺术家的愉快经验，他建议永玉也去科大体会一下。黄永玉说他一时抽不出一个月的时间，我说你就先为科大做一个创作好了，启发大家的思想。苗子紧接着说，要做就做大一点的，扩展师生的胸襟。永玉问，二十米怎么样？我说我得去找一个长廊。苗子解释说，永玉是指户外雕塑，我说那太好了。苗子提醒说，树大招风，大了容易有争议。我说艺术应该激发思想，在多元化的一流大学里，不怕争议，只怕死水一潭。永玉很开心。这么大的创作，需要讨论、准备。可惜后来科大意外事情不断，就搁了下来。

当黄永玉知道我要走时，他的创作还没开始。他说既然你走了，就算了吧，不要做吃力不讨好的事。当时他正在打国际电话，说，我送你一幅画吧。接着他就一边打电话，一边和我们聊天，一边画了一幅画给我，还题了一些感言：

> 上国随缘住，来途若梦行。
> 浮天沧海远，去世法舟轻。
> 水月通禅寂，鱼龙听梵声。
> 唯怜一灯影，万里眼中明。

> 致榕兄来了又走，友朋怆然，书钱家大诗人起送僧归日本诗寄意

> 壬辰春初　湘西黄永玉于香港

黄永玉是位才气纵横的艺术家，从那天他的即席之作，可以看出他对中国诗词的造诣。他引的是唐代"大历十子"之一——我们钱家诗人钱起当年送日本僧人回家的诗。大学生如果能和这样多才多艺的人经常相处，或者看到他们的作品，会多美啊！

# 第十章　和中外大学校长们交流的心得

由于兴趣、缘分和工作，一生中，我有机会先后和世界上很多一流大学的校长们讨论大学教育的一些问题。耶鲁、哈佛、霍普金斯、普林斯顿、康奈尔、麻省理工、加州理工、加州大学及它的几个分校等二十来所美国学校；牛津、剑桥、曼彻斯特、利物浦、格拉斯哥、汉堡等十来所欧洲大学；中国台湾的台大、台湾清华、交大、阳明、中正、中山、政大、东海、元智等顶尖大学；以及中国内地三四十所一流大学，我都有机会和这些大学校长深度讨论大学教育的问题，对我影响很大。在这里，我大致按时间顺序回忆一下，把对我影响最大的几位简述一下。

### 耶鲁校长格里斯沃：
### "基础学科是培养一流人才的唯一办法"

1961年10月，我到耶鲁大学攻读物理博士学位的第一个月，系里通知我学校在研究生院举办一个特别欢迎外国研究生的酒会，鼓励我们去参加。到那里我遇到一位个子矮矮的五十来岁的先生，看样子身体有些单薄，显然不是学生，他一个人走进来，我就去跟他聊天。这才发现他就是耶鲁大学的校长格里斯沃（Alfred Whitney Griswold）。

有人告诉我，他是耶鲁非常出色的一位校长。那时候他已经做了十二年，在他手上募到了很多经费，壮大了很多院系，建造了很多有名的建筑，式样大胆又有气派。比如溜冰场，看起来像拿破仑的帽子（也有人说像一条鲸鱼），里面没有柱子，完全靠屋顶钢索的张力来支撑；后来的善本书图书馆像一个珠宝盒似的；设计学院虽然只有七层楼高，里面却有三十多层高低不同的楼层。校园内这些建筑设计都很超前，从殖民地时代一直到超现代的建筑特色一应俱全。我那时候就了解到，学校的建筑不需要全都一个样，可以各样都有，大家可以议论纷纷，讨论不断，所以校园应该是一个可以有争论的地方。为政治争论的话有时候很麻烦，可是为建筑争论的话是非常有启发性的。

我跟格里斯沃校长说耶鲁的建筑很特别，他问我对哪几栋印象最深。我说我转了好几圈，特别进溜冰场去看了一遍，想解决一个力学的问题，看它的屋顶是怎么可以支撑的。他说，是啊，建筑师给我解释了好几遍，我也不懂，你给我讲讲看。我说完全是靠屋脊的张力，靠上面拉的，不需要柱子支撑。他问我学什么的，我说学物理，他笑着说，看来物理还真有用的。

接着我顺便问他，我在校园走过好几圈，看到理学院里好多像城堡似的系馆，可是工学院好像很小，并且没找到教育学院，也没找到管理学院，这是为什么？他说，是的，这些我们都没有。教育不重要吗？他说，教育当然重要，实际上学校花了十年的时间讨论要不要设立教育学院，最后决定了不要设立，因为美国需要一流的教育家，但不是教育学家。时代在变，教育跟着要变，需要像杜威这样伟大的教育家，不断地有新的理念来引导我们。

他说，如果耶鲁想成立一个一流的教育学院，培养一流的教育家，那必须要有一流的学者。教育学院需要有一流的心理学家、历史学家、文学家、数学家等等。学校曾经想找这些方面的学者，可是发现一流的历史学家要去历史系，一流的数学家要去数学系，一流的心理学家要去心理系，都不肯到教育学院。后来他们估计，二流的心理学家、数学家、历史学家,都很容易聘到。但是二流的学者来办教育学院,只能是二流的学院,培养出的学生顶多是二流的,很难培养出一流的教育家,所以他们决定不设教育学院。对教育真正感兴趣的学生,可以到基础学科(如历史、心理、物理、数学等)去接受一流的基础科学的训练,再选教育课程。他说大学主要从事基础学科教育,基础学科是培养一流人才的最好的办法,也是唯一的办法。

我问,若是如此,为什么还有工学院?而工学院看起来破破旧旧的。他说,对了,因为我们正打算取消工学院。我说,啊?我从前就是从电机系来的,你要取消工学院?他说,是啊,你看你在电机系里一年级选什么课?选微积分、物理、化学等等。他说那分明是数学系、物理系、化学系的课程,所以工学院要培养出一流学生,里面必须要有一流的物理学家、一流的数学家,但这非常难,所以不如物理系、数学系多收一些学生将来从事工科的研究。所以他们就要把工学院取消了,工学院紧缩成一个应用科学系,同时把物理系、数学系都扩大了。那一场谈话对我的冲击很大,让我晓得基础学科是很重要的。

现在回想,那年我二十二岁,跟耶鲁校长那次的谈话收获真大,运气也真好!那天的酒会有将近一百个人的样子,有的人跟他喝点酒就走了。但那天我一下就挖到他心上的痛楚,他跟我谈了许多。他说不是我们不重视教育,我们也试了十年了。最重要的是,第一,请到一流的教授;第二,他们必须是把心放在教学上的。假如一流的学者不想教书的话,那就到研究所去,不要来大学,否则把学校搞乱了。

## 耶鲁学院院长塔夫脱:
## "不懂人文就不是人"

我在耶鲁的论文导师是塔夫脱(Horace Dwight Taft)教授,后来我才晓得他的来头不小，是一位"官三代"。他的祖父是美国第二十七任总统，他的父执辈都是美国参议员、州长、部长之类的，相当显赫，只有他坚决不愿意从政，在耶鲁教书。他是耶鲁学院（Yale College）的院长。后来我才知道，在耶鲁大学校长是一把手，常务副校长（Provost）是二把手，底下有一二十个学院。耶鲁学院院长是三把手，在校董会里的地位极其重要，有人说在校董们眼里和校长一样重要。为什么？因为耶鲁的传统是重点在本科生培养，他作为耶鲁学院的院长，下管十四个书院，也就是说所有的本科生的孕育培养是由他负责的，对耶鲁大学而言，远比研究生重要。

耶鲁学生有个专称叫"雅礼"（Yalie，耶鲁人）。我问，我打算四年拿到博士学位，毕业时我算不算耶鲁人？他说不算，你永远不会是耶鲁人。我问为什么，他说耶鲁人必须要经过耶鲁学院的熏陶，从大学一年级二年级的课选起。在耶鲁，本科生一年级学生就分成十四个书院，他们把校园最古老的一部分"老校园"（Old Campus）留给属于新生的耶鲁书院。所有十四个书院在那里都有一区宿舍，新生一进来分别属于各个书院，但一年级新生都住在"老校园"里，集中管理，集中授课，以便铸造耶鲁精神。二年级的时候，学生有了耶鲁味，再捞出来送到各自所属的书院去。

塔夫脱教授跟我说，你选完专业课以后，假如有时间的话，可以考虑到耶鲁学院去选一两门人文课。我说，你有没有搞错，我是来念物理的，是博士生，叫我去跟大一的学生念人文课？你是什么意思？他说，我是这么想，人文就是 Humanities，源自人（Human），所以不选人文课，不懂人文精神的话，就不是人（"If you don't know humanities, you ain't human!"）。这句话他讲得非常严肃，让我印象非常深刻。

他问我将来要做什么，我说，我打算一念完就回台湾去的，但是那里目前没有研究所，没有科学，我要去开创这些工作。他说，若是这样的话，你可以不选了。但是如果你要在美国待下来的话，在西方世界，你一定要选这些人文课。它代表美国立国的精神，文明的精华，你没有那些修养的话，就不是美国人，在美国社会里是难以发展的。你不学美国文化，就不是美国人。这件事情影响我到今天，"不学中国文化，就不是中国人！"爱国教育固然重要，但是更重要的是我们中国学生要熟悉中国文化，这是更深层的东西。

我曾经问格里斯沃校长为什么有法学院呢？他说法学非常重要，从前的大学都是培养律师跟牧师，现在牧师由神学院去培养了。作为一个民主国家，法治很重要，法律里面有很多学问，是一个基础学科。

的确是这样，耶鲁不重视培养律师而重视培养法官，所以美国大法官出得最多的学校就是耶鲁大学。耶鲁相对吃亏的是没有很好的商学院，所以当公司老板的校友就很少，每逢捐款，耶鲁就比哈佛要少很多。不过办教育，钱也不是决定性因素。塞翁失马，焉知非福。耶鲁还有一点就是有兼容性，中国高等教育，从蔡元培起就提倡"兼容并包"。但是怎样才能使师生都实践"兼容并包"？在格里斯沃当耶鲁校长的时候所缔造的校园，什么样的建筑都有，就是一个兼容并包的熔炉吧。

格里斯沃校长身体不好，我到耶鲁两年后他就过世了，享寿五十六岁，对耶鲁是很大的一个损失。我的导师塔夫脱教授过了二十年也走了，终年也才五十七岁。其他的老师大概都蛮长寿，活到八九十岁。格里斯沃和塔夫脱都很特别。我从他们身上了解到，一流大学每一个院系都必须聘请一流教授；如果聘不到，就不要办！且他们认为对本科生教育必须重视，大学培养人才最重要的是学习基础学科，而人文教育尤其重要。以后三十年里，我遇到更多的名校校长，发现这两点是名校校长们的共识。校园是教育的熔炉，兼容并包等理念，不是口号，要在学校的政策甚至校园建筑上反映出来。事后回想我很幸运，二十二岁出国最初一个月里面，就开始接触到这些大学教育的理念。

## 工学院训练工程师还是总工程师

当时耶鲁大学取消工学院有特定的时代背景，20世纪60年代到70年代之间，很多美国的私立大学都取消了工学院。但州立大学是不能取消工学院的，他们要负责训练大量的工程师。早先的工学院训练学生当总工程师，到后来我们创建港科大在审查工学院的时候，还是问他们是在培养总设计师、总工程师还是工程师。工程师就是技术人员，要他做什么就做什么，总工程师有前瞻性，要能做决策，两者的训练方法不一样。总工程师需要多了解一些基础的知识，比如他需要知道数学、经济学、心理学等很多基础知识，而不只是技术，因为技术过时得很快。美国到80年代的时候，大学基本上变成大众化的教育，变成职业训练所了，用人机构都希望职工到任后可以立刻上手。从前不是这样，每个公司自己要训练员工的。我们现在就掉进这个漩涡了，觉得公司训练做法荒唐了。我在这里特别提出来，想让大家反思一下，我们是不是太过实用主义了。

说实话我们没有把学生当人才在看，像清华那种万中挑一的学生，照理说可以放开一点，多信任他们一点，少管一点，可是好像也没有。印象最深的是刚刚改革开放的时候，清华大学还是五年制的大学，我跟当时的教育部长何东昌谈过（他曾是清华的副校长），我发现清华的学生都有六个月的工厂实习期，每一个工科学生都要经过这个阶段，里面有铸工，有锻工，有钳工，有车工，等等。铸工学完以后，所学所铸的东西就扔到一边，到车工学习的时候另外搞个工具来练习车床。

这几段是分开当技工训练的。何部长问我要怎么做，我说我要做的话，我会先花两个月教他们基本的设计原理，然后让他们自定一个目标，是要做一把剪刀或者锅子，然后自己打出来，自己做。形成从头到尾一个系统观念。前面那个训练方法只是训练铸工、车工等车间工人的办法，而不是训练总工程师的做法，所以对清华这么精彩的学生而言是人才的浪费。我想从那时开始他们大概花了快十年时间慢慢改过来了。

我发现美国好的工学院都着重设计，这个设计不是说选一两门课就完了，而是毕业时候修满的一百二十个学分里，其中一半以上必须有设计的含量，是设计性的课，不是完全停留在书本知识或者完全的技术性的设计，而是就每一门课里你都要想到设计。工程师最重要的就是设计，怎么样保护环境，改造世界，给人类谋取更大的幸福，这个是总工程师应该做的。

1989年，我去见了麻省理工学院的学术副校长，我请他带我看看他们最精彩的课，他带我观摩"机械工程201"，就是二年级选的第一门课，那是机械系的设计课。课程一上来先阐释一个设计原理，然后整个学期就是设计项目。我看的设计项目是什么呢？是个一米宽、两米长的平台，上面放了大概二十个球。同学们需要各自设计一个器械，抢着把球捡起来放到自己袋子里，谁能抢到的球最多谁赢。一切都要自己选择、设计、装配。材料到器材室去买，总价不准超过五十块钱。买橡皮筋就便宜一点，买个电马达就贵很多，让同学们自己去设计就是了。最后到冠军赛打擂台那天，看到学生们用各式各样的办法尽快把所有的球捡起来，有的是用推土机的方式把球推到一起，有的是用轻巧的机器臂一个一个地拣。最后那个冠军机器设计却非常简单，他一上来把对方的机器全打到台下，等没有对手竞争的时候，再把球慢慢地一个个地捡起来。这的确是创新的思维啊，是总工程师人才。

## 哈佛校长博克：
## "真理不靠死记硬背，靠越辩越明"

1973 年，我三十四岁，副教授，刚拿到最佳教学奖，受邀去圣路易市参加了一个全美国的教育工作会议。丹佛基金会（Danforth Foundation）邀请全国各地约有五百位教授参加，讨论当时美国大学的问题和努力方向。那一次的主题演讲者是哈佛大学校长德里克·博克（Derek Bok），那一年他四十多岁，刚升任校长不久。他原来是哈佛法学院的院长，做得很成功，后来一直当了十二年的哈佛校长。

当时的背景是，水门事件已经闹了两年，终于水落石出：尼克松总统说谎，他的政府团队道德沦丧。开会那天早晨，《华盛顿邮报》头版刊发了七个人的照片，报道这七个人因水门事件被联邦检察官起诉，其中六个都是有名的法学院毕业的成功律师，他们官至司法部长和白宫幕僚长，这消息震动了全美国。

针对此项时事，博克当天的演讲认为，美国社会道德沦丧，大学应该教授伦理学，学生应该修习伦理课，这点我们都很赞成。可是他接着说应该由法学院来教伦理课，我就火了，当场问他是否看了当天的《华盛顿邮报》头版？他说看了，我问他是不是这七个人有六个是名校毕业受过严谨法律训练的成功律师，并且官至政府高位？他的脸整个都红了，他说对的。我接着问，那你还提议由法学院来教伦理课？他一时语塞，想了很久，说，这问题比较复杂，并且中间有误会，是否可以会后再谈？我说，既然你公开提出这个问题，我想这是一个重要的公共议题，我们能不能现在就解决？他想了很久，最后说："我代表哈佛大学和哈佛法学院，向你道歉。"我没吭声，他想了一下，又加了一句，"同时向美国人民道歉！"

我觉得他真是一位知识分子。我站在知识分子立场上争论这件事，他站在知识分子立场上回答，并且居然向美国人民公开道歉！当时我感触很深，谢谢他之后就坐下了。在中国，无论大陆还是台湾，有没有任何一位大学校长有这种格局和勇气？我们教育失败就应该向社会公开道歉！虽然哈佛大学是一个私立学校，可是它代表的是社会的道德标准，它对不住美国人民，就该公开道歉，而不是推卸责任。这个例子我在国内演讲的时候经常提到，我觉得每个人都应该反省这个问题。

事后博克校长找到我继续讨论，他说当时没把话讲清楚。他的意思是在这件事上，伦理课用一般文理学院的教法是不行的：老师讲、学生记，老师考、学生背，考完了大家都忘光了，无法改变社会，所以这样教法没用。他觉得应该用法学院的方法，双方辩论，通过辩论，真理越辩越明，最后就变成我们的价值体系的一部分，这样伦理课才能发生效果。这个想法我同意，我们文理科都是背书，实在没有用，就像一般的政治课都缺乏效果，原因就在这里。后来我说，看来哈佛有些东西还是值得学的。他却说："不管你做什么，看在老天的面上，千万不要学哈佛！"他这一说我气又来了，我问，为什么，你瞧不起别的学校吗？他说，假如学哈佛的话，你一定失败，你注定要失败！我问为什么，他说，其实哈佛有很多地方该改的，当哈佛改革的时候，有一半的时候是因为哈佛过去犯了错误，走进死胡同走不下去了，所以只有倒退出来，要改。假如你没犯这个错误的话，改它做什么？还有一半的时候哈佛为改革而改革，大部分都失败了，而你们都是去问哈佛做了什么改革，但失败、成功你都不知道。我说，那么当哈佛失败时，应该告诉大家。他说，我们试过告诉记者我们做错了，结果没有记者要报道，记者只愿意报道成功的事情。有很多校长也觉得哈佛不能失败，假如让人知道失败了，捐款会受影响，那问题就大了。

他问我想学哈佛什么。我说哈佛有些通识课开得很好。他说想到那些课就让他经常失眠，因为很快那几位教课的老教授都要退休，他们一退休那些课就没了！他说，你们没有那些教授你们学校怎么仿效？他觉得我不应该妄想去学别人成功的地方。我同意这一点，因为成功常常是一连串的巧合，那些因素缺一个就成功不了。他说其实每个人应该做的就是分析自己的问题在哪里，看看自己有什么资源，然后决定要往哪个方向走，一步一步往前走，不要妄想学别人。

他还加了一句："其实哈佛之所以有今天，是因为很多地方我们学了你的学校——约翰斯·霍普金斯大学。"我说我知道，约翰斯·霍普金斯大学是美国第一个设立的大学，两年之后哈佛学院改成哈佛大学。他说，对的，那就代表哈佛大学也开始做研究工作了。过了两年约翰斯·霍普金斯大学成立第一个现代医学院，哈佛就把医学院也改制了；后来霍大成立国际关系学院、公共卫生学院，哈佛都学了。所以他常常告诉别人，你不必来看哈佛，去看看约翰斯·霍普金斯。他说其实你们的改制都做对了，原因也不是你们比我们聪明多少，而是别人不盯住你们，所以你们没有负担，改起来比较轻松。哈佛大学每次要改的时候都担心，因为我们一改全国跟着改，然后一起失败，都来骂我们。所以我们只好悄悄地做，做失败的话没人知道，做成功的话大家来学。

我想把这个经验送给国内的大学，不要再想学别人了，分析一下自己优势在哪里，问题在哪里，想往哪个方向走，自己去做就好了，我想每个学校都该这么做。一般越是有名的学校，改起来越难。每个大学都有很多优势，也有不少短板。小的、年轻的学校包袱较少，所以有优势。重要的是一定要把问题看清楚，看准目标，稳定向前。

与博克校长的这一席谈话，影响到我后来做的很多事情。我到香港办科大的时候，我告诉每个人，我们不学任何学校，我们只是立足香港，检视香港未来的需要在哪里，香港的资源在哪里，拟定目标和方案，一步步去做。我希望我们很快会超越那些学校，不要妄想学任何学校，因为一定学得四不像。反过来，我遇到大学校长时都请教他们失败的经验，只要我们能避免别人一半的失败，我们就领先了！至于别人肯不肯坦白他们的失败，就要看我们自己的本事和目标了。一般来说，当人们觉得我们的目标很高尚，对高教情况又非常了解时，他们都乐于倾囊相助。因为大家都乐于交换经验，喜见明天越来越好。这一点在香港科技大学我们做到了，我们拒绝抄袭任何学校，或者试图抄捷径。教育是百年大计，没有近路可走，一切都要自己分析思考。我们把香港的问题和机遇分析得比其他学校清楚一点。有人问你哪来那么多时间分析的，我说很简单，我把学别人的时间都省下来了，而花在解决问题上。比如现在学生学习时，整天花在刷题上，他们如果把那薄薄的教科书从头到尾看通吃透的话，就不需要去刷题了。

## 逼退约翰斯·霍普金斯大学校长事件

1971 年是充满变化的一年，那时我刚到约翰斯·霍普金斯大学一年多，却经历了三个校长。先是第九任高登校长突然辞职（和我还有一点关系，详见后面），校董会急忙召回退休的第八任老校长艾森豪威尔（他是艾森豪威尔总统的弟弟）回来临时接任第十任校长。1972 年 1 月第十一任穆勒校长接任（我和他在中国事务上合作了二十年）。在动荡的时期，最容易看出个人的特质，我和他们都有交集，对大学的目的及治理了解了很多。

霍普金斯大学有一个传统，在别的学校少见，就是每一个学期校长要到文理学院的教授会议上担任主席主持会议，所有的教员都要参加。校长太忙时，偶尔想派常务副校长代理主持，教员就会延期，一定要等他亲自参加主持。这个制度非常好，我去的第一年就见识到了。

那个时候的校长林肯·高登（Lincoln Gordon）原来是驻巴西的大使，一位职业外交家到霍普金斯当校长，当然不坏的。那时校长都住在校园一角的校长官邸里，我曾见到，有一晚一堆学生涌进他官邸的前花园里，高声喊口号，抗议某一件事。他含着烟斗漫步到前门的台阶上，和学生谈了一阵子，同学就散了。

1971年经济不太景气，学校预算短缺了10%。我们的文理学院那时预算是五千万美元，因此也短缺了五百万。其实这个数目在那时也不是一件大事，努力去募捐五百万就行了。可是高登却采取了一个对他来说最省事的办法：要求每一个单位预算减掉10%，于是学校内部就闹起来了。他来主持会议时，教员要求他解释为什么预算短缺，他解释了一大堆理由，说那时股票市场不太理想，收入少了，还有我们的行政大楼完工，需要迁入，因而需要换家具，所以预算要减10%。当时我就起立问他，买新的家具要多少预算？他说五百万。我又问搬了以后那个旧的办公空间是不是立刻要租出去的，他说不会租出去，大概空一年再说。我就建议他们，既然旧楼不会租出去，能不能延迟一年搬进新楼去，这样开销就可以挪后一年，学校就有时间再去捐款弥补预算，因为削减10%的预算后果相当严重。

当时会议已经开了一个半钟头，我问完问题，他立刻回答说，这是我治理我的大学的方法，如果你不喜欢我的做法，你可以来做校长。我那时候傻不拉几的，跟他说，不，我不要你的工作，我只要确保我们的学校在合理地运转。明明可以延期搬家就没有预算问题，你要砍10%，那就要砍人的，影响很大。我说完，他一时无语，就宣布散会。这一散会就麻烦了，其他那些正教授都纷纷来怪我说，你这笨蛋，他向你辞职，你怎么不接受。我们花了两年时间想赶他走，最后他向你辞职了，你又不接受！天地良心，我哪知道他是向我辞职呀，我那时候是最年轻的一个助理教授，三十岁吧。我觉得好难过啊，那天我真是觉得好窝囊,刚来一个新的学校,就辜负了所有资深教授的期望!

那天我很抑郁,所以奋力骑了一个钟头脚踏车才回家。因为我有个习惯,就是在外面遇到的挫折和沮丧,绝不带回家里,一定处理完才回去。那天晚上我太太问怎么回事儿,我越想越气,我说这些王八蛋,他们都有铁饭碗,他们为什么不把这位校长赶走。你看校长讲那句话,里面没有说辞职的意思,原文是"This is the way I run my university, if you don't like it, you can have it."没有提"job",也没有提"resign"。我就没想到他是向我辞职,并且我并不想他辞职,因为下个校长可能更烂。后来我想通了:好,我明天把那些老教授都骂一顿。然后就开心睡觉去了。

第二天,我一到学校就找到犹太老同事莫丹斯基,问他英文怎么骂人法。他说,啊,你不是会英文吗?我说我学过英文,不过从来没学用英文骂过人,他问用中文怎么骂呢,我说用中文骂的话,一定扯到对方的母亲。他说,你要骂我,为什么把我母亲扯进去?我说,没办法,中文就是这样的。他想了半天,讲了很多英文骂人的字句,我都觉得不到位。但有一句"son of a bitch",翻成中文就是"狗娘养的",有点意思,有骂人的味道了,可是我觉得这很重了,并且太长,不好重复。他说可以用简写 SOB,问题终于解决!

那时候我们系里有个规矩,每个礼拜四中午全系教员一起在教员俱乐部吃午饭,吃完饭以后系主任或任何一个教员都可以要求开系务会议。假如没事儿的话就散会,如果有人要开会,二十二个人就留下一起讨论。那天我就告诉系主任,要求当天开会。他说你有什么大事儿,我说我今天想骂人。他说,哦,你要骂谁呀?我说就骂你们这些老家伙,昨天开会把我气昏了。大家到齐以后,系主任就宣布开会,他说钱教授要骂人,可是不知道他要骂谁。我说我要谴责你们这些有铁饭碗的,"You SOB, you SOB, you, you..."我把十多个正教授一个一个数落了一遍。他们就问为什么，我说你们都是有铁饭碗的，现在每个系预算砍10%，我们的预算85%都在薪水上面，砍笔墨纸砚的话砍不到10%，所以你只有砍人，砍人的话一定是把助理教授全砍掉了，我们薪水低，又没铁饭碗！你们这两年为什么没有逼他辞职，我一个助理教授站出来了，你们还怪我没接受他辞职，是不是该骂？他们听得面面相觑，我终于出气了！

接着大家开始讨论，最后那位教我骂人的莫丹斯基教授提出两个动议：第一，系主任该出手了，应该发动各系主任很严肃地调查真相，如果实在无救，只有请校长辞职；第二，假如预算真是要砍10%的话，我们绝对不能辞退我们的助理教授，我们的三位年轻教员如果被辞退的话，我们系就没了前途！假如预算真要砍10%的话，他建议全系每个人减薪10%，当时就一致通过了。这个决议买了我四十五年的忠诚，它让我觉得，我们的系是个命运共同体，凡事要一起努力。

接着，我们物理系主任，发动全院系主任们开始活动，联络其他学院的系主任们，一起举行预算公听会，请各行政部门主管解释预算的情况。3月的一天早晨，医学院、公共卫生学院，还有我们文理学院的三位资深教授，一起到校长办公室很恭敬地跟他说："先生，我们建议你考虑辞职。"说完就离开，各自回系。校长打电话到各个学院询问，发现大势已去。两个钟头后发布新闻，他向校董会辞职了。后来大家就开玩笑说，他向我辞职，我没接受，我把系里同事骂了一顿，他们采取行动，校长就向董事会辞职了。

当晚校董会开紧急会议，决定接受第九任高登校长的辞职，任命已退休的第八任校长艾森豪威尔校长即日回来再当第十任校长，直到他找到接任的第十一任校长为止。艾森豪威尔校长接手校务后，立刻开始三件工作：稳定人心，积极募款，及任命了一个遴选委员会找新校长。艾森豪威尔校长很会识才并且能用人，他发现前任高登校长从康乃尔大学找来的执行副校长史蒂文·穆勒很有才华,所以他请穆勒留任执行副校长,并且积极训练他当校长。十个月后,他们觉得时间成熟,1972年1月,艾森豪威尔校长再度辞职退休,穆勒校长接任第十一任校长。由于艾森豪威尔校长的开明睿智,学校平安地度过一次换帅危机,并且开始突飞猛进。

霍普金斯大学有一个传统,教员每天都到教员俱乐部去午餐,当时九毛五分美金就可以吃到一份套餐,其中包括汤、正餐和饮料,还有一份冰激淋。所以我们常和其他系的老师一起午餐。餐厅的主厅里有一张大长桌可以坐二十多人。主厅四周散置着四到六人的小圆桌。艾森豪威尔校长每天就坐在长桌一头,任何教员都可以去那桌坐下和他一起午餐。我也去坐过几次,发现大家都在谈学校及教育的问题,没人提私事。每周他还定下两段时间,任何学生都可以去他办公室加入讨论。这两个措施使得大家都觉得很亲近,他也随时掌握校园的脉动。这种亲民个性使他在社会上也极受欢迎,所以每次募款他都很成功。加上他有远见又能干,使得他成为校史上最受欢迎的两位校长之一(另一位是两百年前创校的吉尔门校长)。

常常有人问我,你怎么胆子那么大,别人没想到的事你都想到,不敢说的你都敢说。可能我从小就是这样,我二十岁服兵役的时候到军部报到,就跟军长冲突起来(见第九章)。十年后到大学赴任报到教书的第一年,就把校长搞辞职了。其实这不是我搞的,是资深同事们觉得那个校长无能,他们只私下埋怨而不行动,后来因为我引发出来的。不过这中间有个很重要的因素,就是系里大家互相信任,并且很睿智地爱护年轻人。老教授们说,如果真是要砍10%预算的话,我们大家一起减薪,不能把这些没铁饭碗的年轻人辞退掉,否则我们这系就没前途了。这是很忠实的一句话,也是很有远见的,反观今天中国,很多资深教授都缺乏这个气度。那时因为系里的老教授们那么做了,所以物理系在学校里就很不一样。物理系连助理教授都敢讲话，系主任们就把失能的校长逼退了，赢得了全校的尊重，所以当物理系的教授讲话时，大家都当回事儿。这个小故事绝对不表示全美国都是这样，不过至少有一个学校曾经是这样的，这种理想状况是可以发生的。

## 约翰斯·霍普金斯大学校长穆勒：
## "了解学校，要掌握预算"

穆勒在当执行副校长的时候，我就跟他有交集，他后来当了二十年的校长。他刚上任时分批跟教员们会谈，先是跟所有的系主任、院长谈，然后跟资深教授谈，最后他找刚进校的助理教授谈。我当时觉得他这么费劲很奇怪，后来发现这个谈话方式非常重要，因为如果你把所有教授找来一起谈的话，根本轮不到助理教授讲话，但是当谈话对象只有助理教授的时候，他们的感觉不一样，就敢说话了。有一天他找我们这些没铁饭碗的年轻教授一起谈话，我就问，只有三十五岁以上的人学校才开始支付退休储备金，为什么？我觉得很不公平，我们都在工作，年轻人更需要这个保障。他听了以后说不知道有这么个规定，他同意这不合理，需要改，不过多半是需要时间的。我说，我提出这个问题不是为我自己而已，我相信等到你改的时候，我已经不需要这一条了。两年以后他们改成了，他特地告诉我说，我晓得你已经拿到铁饭碗，所以这项改革对你已经没用，不过我很感激你，那个时候即使对你自己没用，你还是提了出来。因为这是一个不公平的事情。一个学校要办得好的话，必须要公平正义，让我们一起努力。

后来他聘我做校长特别助理一起合作了二十年，变成很好的朋友。我们深信一流大学应该是有前瞻性的，应该预见人类社会未来的问题，并且针对它们，培养未来的社会中坚分子。我们一起做了好多事情，如举办中美大学校长论坛，和南京大学合作创立中美文化研究中心，等等。这些共事的经验对我关于高校治理有很大的启发。校长一定要亲近师生，有远见，能识才，能用人。健康运作的科系是一流大学的基石，它需要一群学问、人格都受尊敬的资深教授，爱惜年轻人，时时为系和大学的前途着想。

我是穆勒校长的特别助理，有关中国的所有事务由我负责，美国方面的事情他负责，这是我们分工的方法。在那之前他要我先了解一下我们学校，我以为他会请我吃饭，谈个三天三夜的，没有，我们谈了一个半钟头。他把一本一厘米厚的本子拿了出来，大概两百多页，每一页是我们大学里一个预算单位的预算。什么叫预算单位呢？每个系是一个预算单位，每个院也是一个预算单位，只要有人事权、财权的部门就是一个预算单位。预算主要是列出那个单位那年的各项开销：教员薪水、学生奖学金、技工薪水、材料开销、差旅费……一一列下来，最后总预算多少钱，花了多少钱，最底下右下角还剩多少钱，看完这个资料以后就可以真正了解一个学校，这令我印象非常深刻。

比如，之前我提到，那时我就看到霍大化学系的经费比物理系大概少了三分之一，一般化学、物理都是平行的，我就问校长为什么不照顾化学系？他说，每个系不是钱一样就是公平的。有的系没钱的时候还天下太平，一旦有钱以后可以争吵得血流成河，你会后悔给他们钱。你们物理系从来不问我要人，只是说你想发展一个新的学科，愿意把自己的名额拿出来建立一个新的学科，我给你们加一些经费，你们都当做种子钱，然后用这个钱雇了新的人拿到新的项目。所以你们系里经费越来越多，并且问题都自己解决。比如说你们建议系主任的时候，都是一致通过建议的，我不需要考虑，也不敢拒绝。化学系送上来的人选常常是11:9或者13:8，然后底下有人就来写黑函，说坏话。所以我常常被迫否决他们原先的决定，而自己决定。等他们系里能够和谐团结时，再增加投入，以免内斗、浪费。

从这个讨论慢慢看出来校长希望什么，他希望每个系都很强，每个系可以自理，每次建议报上来都是一致通过的，他只要很开心地签名就完事；如果碰到需要校长去劝架的时候，这个系一定已经很糟糕了。所以我就想到学校曾经有两个系被取消，一个是教育系，一个是社会系，因为他们内部的资深教授长期不能达成共识，吵得一塌糊涂，把年轻的助理教授的前途都断送掉了。最后学校被迫出手，撤销那两个系，助理教授完全辞退，正教授不能辞退，就让他们到各个相关的系去教课，过了两三年以后这些正教授也都走了，然后再从头找人。学校这个决定不是校长做的，因为那一定会引起争议。它是由一个教务会议反复讨论了两年，最后决定把系取消。这代表了全校教授代表的集体智慧，就不太容易有争议。

那时候我在中国访问了几十所学校，没有一位校长能知道自己学校的预算。所以后来我办学校，就决定一定先把预算建立起来。到香港第一件事，还没开学，人都还没到的时候，我就先把账号都建立了，并且把软件都准备好，便利每一位院长、系主任随时掌握。任何一个大的创业工作，都必须控制品质、控制预算。港科大开学后不久，全世界高能物理学家忙了十年、在美国德州建造的超大超导对撞机，在花了二十亿美金后，被迫停建，令人扼腕。很大一个原因就是该所长未能控制预算。我很庆幸在科大1988年创校最初两个月，我们就建立全校记账软件，使我掌握每一位院长、系主任每周的经费使用情况。

## 从麻省理工到加州理工：为人文教育取经

我初到香港的时候，董事会对我坚持要设文学院很是犹豫。因为他们是最高权力机构，我觉得我自己心里要有100%的把握才能坚持自己的意见,所以就花了时间访问了两个学校,一个是加州理工学院,一个是麻省理工学院。

麻省理工的常务副校长叫法兰西斯·娄(Francis Low),他跟我都是搞高能物理的同行,不过他做理论,我做实验。我们从前就认识,所以可以直率地谈。我直接问他,你觉得麻省理工怎么样,他说,你这个奇怪问题,你觉得怎么样?我说,我觉得很可惜,虽然一般都说从获得联邦研究经费的总数来看,霍普金斯大学是第一,麻省理工第二,但是霍大的经费还包括了搞国防研究的应用物理实验所。如果麻省理工的预算包括另列的林肯实验室,那经费就比霍大多多了。可是我相信霍普金斯大学办得比麻省理工好,因为霍大的文科办得好多了。霍大的法文系是全美国第一,英文系全美国第二,等等。他就说,这是我们的痛。我问,是不是因为麻省理工认为文科不重要?他说,恰恰相反,我们都觉得文学院非常重要,可是我们花了这一两百年时间就是没有把文科办得和工科一样出色。当然我们也有一些成就,比如说语言学上有世界闻名的学者乔姆斯基(Noam Chomsky)。我们的斯隆管理学院是从数学出发的,其他方面仍乏善可陈,不过麻省理工还是不断地在试。我说你们会不会只是说说而已,他说文科对麻省理工绝对重要,培养人才一定要有人文精神,没有人文精神就不是人。这跟耶鲁的另一位物理学家塔夫脱院长说的是一样的,显然这是他们办大学一个很根本的理念。可是这么多年来就是搞不起来,非常不容易。为什么?

他说,因为学者都喜欢一窝一窝地聚在一起,可是文科的学者特别难聚在一起,原因就是任何两个文科的人都自认不同。他们要和同行聚集,却又要和别人不一样的,好像一样就可能抢饭吃。不知道什么原因,文人相轻,古今中外都一样,所以每请一个人都要单独给他搞设备。我说,文科的设备不就是买几本书吗,他说,你不知道,不是买几本书，是买几千本书。如果你要找个物理教授来，他想走的话，仪器都留下来了，别人都还可以用。文科不然，比如说做上古两河流域的考古研究的那些文献资料，换一个做印度文明研究的人来，之前的投资就都没用了。所以长期来人文学科建设总是不够成功，我们就得不断地试。学生需要人文的学问，如果我们完全没有文学院的课程的话，教育出来的学生就完全不对了。

我又到加州理工学院（Caltech）去拜访，校长叫歌德哈伯（Maurice Goldhaber），原来是在长岛的布鲁克海文国家实验所的所长，我做研究生时就在那里做实验，所以跟他也很熟，他和我讲的也是同样的事情。我恭喜他最近把李中清教授（李政道之子）请到加州理工了，他说，是啊，你知道我花了多少钱？请一个文科教授能花多少钱？我以为是几十万，他说是过百万。他说，我不是心痛这个钱，我只是不知道他会待多久。因为文科分得太细，如果他走了，我为他投资的这些东西就没用了。理科搞基础研究都是一片一片的，人走的话设备剩下还有用的。我问他万一李中清走了怎么办，他说，那我们就不断地试，希望文学院迟早能成气候。不过幸运的是，虽然我们文科还不够强，但我们的学生还比较像样。他这句话值得所有中国的工科大学校长反思一下，什么是人才？人才不是得到一些专有知识就行，他必须得有人文精神，有人文的思考能力、探索能力、追究问题的能力，才能是人，才能成人才。我们真要思考思考。

## 加州大学校长的忠告：
## "校长工作是个压力锅，需要有舒压之道"

前面讲的都是美国私立大学校长的办学经验，我再讲两个州立大学的校长经验。美国州立学校跟私立学校是两码事，私立学校需要应付董事会，要去捐钱、应付富翁，州立学校则是应付州议会，因为拨款是州议会决定的。

美国州立大学的人数多，比如说加州大学伯克利分校、洛杉矶分校都各有三四万学生。我讲一下洛杉矶分校的杨校长的故事。我在加州大学洛杉矶分校教书的时候，学术副校长是杨（Chuck Young），后来他当了校长，又做了二十九年，可能是州立大学当校长最久的。一般大学校长做上十年左右，面子都用完了，体力也耗费得差不多时就该走了，所以能够当二三十年校长的话很不容易。我问他是怎么撑下来的，他说，校长辞职有时候不是被赶走的，是殚精竭虑，太累了。他说，很多事情没有办法跟人谈，需要多花点时间反思，所以他上午不进办公室，过了中午才去。我说这么多文件需要签字怎么办，需要决定怎么办，他说要充分授权，尽量授权出去。该做事没做的人就换掉，逼着每人负责任。很多东西需要签字，就发掘出一个程序，一切都是线上作业，他们三十年前就做到了。所以一流大学要充分利用现代设备和软件，能够做到充分授权，把每个人的能力发挥出来。

我在办香港科大的时候，加州大学的总校长加德纳（David Gardner）是香港科技大学的四位外国董事之一。他每次来开会之余，我们常常聊到大学治理，我觉得他很特别。我发现美国的大学校长初期都是做基础学科研究的，要么是历史、文学，要么是物理、数学、化学的，大致文理各半。到了80年代以后，大学校长们大概有一半都是出身于基础学科研究领域的，工学院、林业学院或者管理学院的人也开始当校长了，后来就多起来。从前管理学院、商学院之类的职业学院出来的人很少当上大学校长，他们太现实了，要有理想主义的人才能当校长。

加德纳校长是学教育的，是位摩门教徒。他很有远见，并且做得非常好。他曾经花了十年的时间，邀集了十多个美国最有名的学校，募集了数亿美元的经费，在夏威夷毛纳基亚岛（Mauna Kea）的四公里高的火山顶上造了两座当时最前沿、最大的天文望远镜。1991 年初第一座望远镜落成了，这是当时世界学术界一件大事，所以我恭喜他，希望他继续带领加州大学向前去。他却安静地说，我辞职了，就是今天早上辞职的。他那天早晨在旅馆里接到电话知道他夫人去世了，他就在旅馆里拿了张小便条纸写了辞职书。我很吃惊，问他为什么这样。他说大学校长是一个压力锅，这是两个人的工作，每天回去都要跟太太谈的。我问，你在学校为什么不谈？他说不能谈的，你是一把手，你只是想跟人家交换意见，可是一旦把私下的意见泄露出去，就会弄得满城风雨。大的决定没有办法跟别人商量，真正重要的决定常常是一个人自己决定的。这点我从来没想过，后来我一想的确是这样。临别时他说，科大的外部董事们都在惊讶，你已经一个人在香港日夜工作三年多了，居然还没发疯。你还是早点回去吧，别出事儿。

## 访问牛津和剑桥：难以复制的精英教育制度

1988 年我到香港以后，英国文化协会（British Council）一再邀请我到英国去参观一下他们的大学。其实我对英国的学校相当熟悉，因为我在日内瓦高能物理欧洲中心（CERN）做了十几年的实验，那时我们经常和很多欧洲的大学合作，包括英国的牛津、剑桥、帝国学院、利物浦、曼彻斯特、格拉斯哥等大学，合作久了就了解这些学校。在香港最初两年日夜忙碌，实在走不开，所以一直婉谢了。1990 年，有几个原因使我决定挤出一周时间访问这些学校。因为我虽然了解英国大学，但是从来没有和他们校领导们接触过，所以看得当然不全面。其次，作为中国人，关于牛津跟剑桥的神话我们听了很多了，很好奇真相如何，我觉得应该直接向他们的校领导了解实际情况。还有一点，我们创办港科大的人，都是美国回来的教授，到香港这么一个被英国殖民统治的皇冠之地上办一个大学，英国人很不放心，为了增进相互的了解，应该和他们直接接触，为未来的合作铺路。于是我就回应英国文化协会，请他们为我安排一个一周的行程，单枪匹马去参观英国的大学。

当时英国保守党的"铁娘子"撒切尔夫人已经做了十一年的首相，她在初进唐宁街十号时曾说：

> 哪里有不和，愿我们带来和谐；
> 哪里有错误，愿我们带来真理；
> 哪里有疑虑，愿我们带来信心；
> 哪里有绝望，愿我们带来希望。

这段谈话，给我印象很深。她上任后和美国的里根总统同时大力推动小政府和自由经济，给世界带来了巨大的变化。英国的高教界也正面临一场巨大的变动，要把大学教育从6%推向16%的英国人，我也很想知道他们的想法。

一般飞到欧洲的航班都是清早到，那天早上飞机5:30就到了伦敦。花了快一个钟头才出海关，效率不高。我远远看到有位男士戴了一顶黑帽子，穿了一套黑西装，一看就是公务员的样子。我就向他走去，他问我是不是钱教授，我说是的，他就开车进城带我去旅馆。到旅馆大厅坐下来，他把公文包打开，拿出整套的行程安排，他安排了六个学校：牛津大学、剑桥大学、伦敦帝国学院、曼彻斯特大学、利物浦大学，以及格拉斯哥大学，和我预料的很相近。然后他给了我到各地的车票及一些现钞，并说明每天各地生活费用是多少英镑多少先令，当面点清以后就全都给我。那个时候已经7点半了，他说第一站送我去牛津，请我休息一下，8点来接我出发。看他做事儿中规中矩，非常有效率。难怪有人说英国文化协会是英国政府的外交软实力。

到了牛津大学，校长在办公室接待我。他开门见山地说，听说你们要创办一个研究型大学，在全世界找人？我说是的。他在桌上推给我一张单子，上面写上了二十多个名字，还有专业。他说这些人对你可能会有用，也许你愿意考虑这些人。我问他这些人里面有哪些是牛津的教授、博士后之类，有哪些是他们可能会聘的，他说没有。我说，那这些就不是我们需要的人，我把单子推回给他。他很惊讶地问，你要找什么样的人？我说我们要找的是一流的人才，我们对各个系主任的要求就是开学时，我们每一个系的平均学术水平不能低于牛津、剑桥。他说，这是不是有一点点不太现实？我们到底是有三四百年历史的沉淀累积在这里，你们才挣扎起步。我说，的确如此，不过正如其他老校一样，你们也有三百年沉淀的朽木（deadwood），那些老先生多了，会把你的平均水平给拉下来的。我们现在刚刚创办，所以还没有朽木，每一位都是我们从全球各地挖来的精英，风华正茂。所以真要是和你们比系里最好的教授，我们比不过，但是比平均水平，我相信必须要比得过，否则我们还没开学就完了。他说这倒也是，又加了一句，所以你们不只是说说而已，真是决心要做到世界一流。我说我们别无选择，不能辜负这百年难遇的机遇，希望他看到适当的人才时，推荐给我们，一定会得到我们慎重的考虑。通过他们，我们也可以展开未来两校的合作。

他带我逛了一圈，问我对牛津的印象如何。我说，当然佩服了，大家都说英国一半的首相是牛津大学培养出来的，这好像归因于你们的书院制度。他大笑说，我们有三十九个书院，加上五个类书院。我们培养的首相一半都从基督堂书院毕业，剩下的一半来自七八个书院，其他的三十几个书院没出过首相。我问，为什么不把其他书院都拉到基督堂一样的水平呢。他大笑回答说：第一，英国不需要那么多首相；第二，各书院都是靠各自几百年历史的累积，外力影响不了太多。

我向他请教了一个问题，就是我在日内瓦合作的那些牛津大学的教授、博士后和研究生，知识面都非常广博，可是我看牛津各系的课程设置却非常狭窄。比如说物理系的本科生进了牛津，三年里每年每门课只考一次，没有周考月考，只在5月里考一次，一年级的成绩只占15%，二年级占35%，50%的成绩都来自三年级，那些课都是物理系的课，既然课程那么狭窄，为什么训练出来的学生知识面那么博？他很严肃地说了一句令人难忘的话：不是因为我们博了他们才博的，而是虽然我们很窄，他们还是博！（They are broad despite of us, not because of us!）

我问，学生为什么来的时候就博？他说大概有四成学生来自伊顿公学（Eaton College），还有三四成来自伊顿型的学校（Eaton-like school），只有两成是普通中学来的。我接着问他伊顿型学校有什么特色，特征在哪里？他说，也没什么特色，就是课程特别，我们教育学生主要靠课程。这类学校从小学五年级就学拉丁文，六年级开始用拉丁文学罗马史，就是用原文学历史。六年级的时候开始学古希腊文，到初二、初三的时候就用古希腊文学柏拉图、亚里士多德原著等希腊经典。我说用英文翻译本不就方便多了？他说用英文学你们的《论语》怎么样？学《论语》当然一定要用中文的文言文，一层层翻译下来就变形了。他问我，你们的大学怎么研究亚里士多德的著作？我说据我晓得是用中文版，是从英文翻过来的。他说，是啊，英文版是从拉丁文翻过去的，拉丁文是从阿拉伯文翻过去的，阿拉伯文是从希腊文翻的。这一路翻下去，失去原汁原味，所以必须由原来的语言读原文。还有一点，我们教的不是只有这种语言，还有真正经典里古人的思考方法。所以当这种学生从中学毕业到我们牛津来时，怎么可能窄呢？虽然我们每个人没有强调博这件事情，他们自然就博，因为他们准备得好，因为他们想法对。

接着我问他，今天如果你的孩子十九岁要进大学，你建议他到哪儿去。他说，Oxbridge，就是牛津或剑桥的意思。我问伦敦帝国学院如何？他说，可能。我问伦敦政治经济学院如何？他就说，那是什么？再问他要读研究所怎么办，他说，要送到美国去，在英国三年就拿博士是不行的。

接着我去访问剑桥大学，校长没给我推荐人，不过告诉我他们很多学生也是从伊顿来的。他对孩子念大学和研究院的建议，和牛津大学校长的想法一样，只是问他对是否会建议自己孩子去念伦敦政治经济学院时，他直截了当用俄语说不会（нет）。我问，你现在担心什么？他说，一直到最近，英国都只有6%的人有机会念大学，可是1990年英国政府经过长期研究后，决定要把6%增加到16%。这样的话，学生素质就会变，教育得跟着变，当学生增加三倍时，质量如何保持，是他们担心的一件事情。

几十年来，国内流传了很多关于牛津和剑桥的传说。譬如传说在一篇陈纪滢写的文章里称赞剑桥的书院制度，说学生每周和抽烟斗的导师喝茶聊天，导师喷两口烟，学生就"博"了。我看到校长桌上有一包烟丝，由于我对烟草过敏，他没有抽烟斗，只是不断地刮烟斗。我忍不住问他抽什么牌子的烟草，他好奇地问我，既然远离烟草，为什么还问什么牌子？我告诉他在中国国内关于剑桥书院制度的传说。他哈哈大笑地把那袋烟草卷好递给我说，这包烟草就送你好了，不过我保证喷两口是不够的。他说，像伊顿公学和剑桥的书院这种教育，是很难复制的。基本上学生知识面要广博就得从小培养，要认真，并且要学习一般认为没有用却需要深思的东西。

中国学生从小要学"有用"的东西，我们从小学三年级就开始学英文，对很多人来说这一辈子学英文的时间远超过学中文的时间，我们的教育出了大问题。我们不是在学思考，学思想体系、文学架构，而是在死背、刷题、准备考试，然后考完忘光光。这可能也解释了为什么这一百多年我们在文学、在思想上的贡献乏善可陈。我不相信中国人比别人笨，可是我们很多方向和价值观都搞错了，而且错得相当厉害。

看完牛津、剑桥以后，第三天我访问伦敦帝国学院。在英国，它是一所非常年轻的大学，1907年由英国王室下令合并了当时的几个学院而成立的，有很强的科学和技术专业。1988年加了医学院，2004年又由女王下令加了商学院。虽然理医方面很强，但是缺乏文科，可以了解为什么牛津、剑桥的校长不太愿意送自己的孩子来这里念大学。

## 与其他大学的交流带来的启发

1966年我从耶鲁博士毕业的时候，先到加州大学洛杉矶分校教书，觉得他们当时对教员的工作分配不合理。那时大班的低年级课都是由最年轻、最没经验的教员去教，我那时候教物理科学那门课，一班两百人，里面有好几个篮球明星。这种人全校都捧他们，他们毕业以后也马上加入美国职业篮球联盟（NBA），年轻教授拿他们没办法。所以我们就跟系主任讨论这个问题，系主任又把我们带去跟院长谈（这个院长后来当了学术副校长）。当时刚好遇到美国学生运动兴起，抗议课程没用、白人种族色彩太重，要求设立多一些美国非裔、亚裔研究的课程。因为当时学生认为开课应该反映当前社会潮流，而那时的通识课大多是以基督教文明、希腊文明为主。跟我谈话的教学副校长叫沙克孙（David Saxon），他在麻省理工学院毕业后不久就到加州大学洛杉矶分校教书，赶上了麦卡锡时代。因为他拒绝宣誓效忠并且宣称不是共产党员，所以被停职了两年。麦卡锡倒台之后，他才回来。我很佩服沙克孙，例如他就曾经找过非裔学生跟教员讨论相关课程怎么教，亚裔研究的课他就找亚裔的学生跟老师谈。他当时的态度就很开放，希望这些课能给美国未来几十年的发展做基础。他后来当了加州大学的总校长。他和我的系主任第谷对教育都有一种特殊的情怀，就算学生造反也会跟对方对话。他们的办学理念非常清晰并且现实。

1973和1974年，我还代表霍普金斯大学参加过两次教育会议。当时刚好遇到美国经济不景气，《纽约时报》报道，有物理学博士在纽约开出租车，一时哗然。美国物理学会物理与社会分会就在年会上检讨这个现象，因为这些学生是我们一起培养出来的。如果他们不能满足社会需要，就浪费了社会资源，而且这样的现象可能会导致没人敢来念物理学博士。美国物理学会专门为此开了一个会议，找了几个大学校长，还有一些资深的教授跟助理教授，而且还请了劳工部的统计专家跟美国五大公司代表。那个会议一开始就是劳工部的人演讲，讲了一堆统计数字，我就觉得很奇怪。我问他能不能告诉我，五年后最热门的职业是什么？他说不知道，并且说政府跟民间之前做的预测都错了。但是他可以告诉我，到2000年的时候美国不会生产任何产品。我问这是什么意思？他说他不知道，因为这是我们做老师的该研究和回答的问题。我问他如果所有东西都要进口，而没有东西出口，贸易如何平衡？他说很简单，将来美国的资本家都会转到国外投资，把工厂都搬出去，再把在国外赚的利润拿回美国来保持贸易平衡。

那时候学生整天上街游行反越战，因为怕他们跟军队打起来，所以有时候我也跟着去。这期间美国一天花几亿美金在战争上，示威的人希望停止越战，把省下的军费作为"和平红利"挪到教育和社会福利上去。如果劳工部的预测是对的，即便越战停止，美国还是要不断地造航空母舰和远程轰炸机以保护美国在海外的投资，就不可能有"和平红利"了！

我觉得劳工部的演讲无法回答要不要培养物理学博士的问题，就转问五大公司的研发副总裁，他们需不需要物理学博士？他们说需要，因为进行研发的时候不知道问题出在哪里，就需要物理学博士了。我说那干脆就别写论文了，让博士生花三年时间在六个领域各待半年，获得宽广的知识。他说那不行，因为博士的价值不在知识，而在发现问题和解决问题的能力。所以博士训练是方法的训练而不是内容的训练。我又问通用汽车公司的总裁，如果要找三十年后的接班人的话，要找什么领域的？他想了半天说，可能会去找研究莎士比亚出身的人，因为三十年后的社会会怎样我们都不知道，连内燃机引擎是否还合法我们都不知道，但莎士比亚研究人性，不管政治经济怎么演变都离不开人性的斗争。

五十年前的这些讨论使我大开眼界。当时从没想到，用油汽车居然可能被禁止！过了五十年，烧油的汽车果然开始被禁止了，那位通用汽车公司的老总果然说中了。看来通用并没重用莎士比亚专家，所以被变化打得措手不及，没有在电动汽车上领先，而是被四十年后的比亚迪领先了！人才决定未来，我们办教育，必须有前瞻性！

## 和南京大学校长们难忘的交流与合作

我从1975年开始访问中国的大学，后来由于兴趣和工作，跑遍了中国的各个省市，访问了三十多个教育部直属大学，及很多各部委直属的专业学院，和很多校长们讨论高等教育的问题和机会。其中包括：中国科学技术大学的杨海波、管惟炎、滕藤、谷超豪，清华大学的何东昌、刘达、高景德、张孝文，北京大学的周培源、张龙翔、丁石孙，北京工业学院（后来的北京理工大学）的谢筱、朱鹤孙、王越，南京大学的章德、匡亚明、徐福基、郭令智、曲钦岳、陈懿、蒋树声、陈骏，复旦大学的谢希德、华中一、杨福家、杨玉良，华中科技大学的朱九思、黄树槐，兰州大学的徐躬耦、胡之德、李发伸、周绪红，杭州大学的薛艳庄、沈善洪，浙江大学的韩祯祥、路甬祥、潘云鹤，等等，和他们进行了多方面的交流。还访问了很多20世纪50年代各个部委办的专业学院，如煤炭、石油、钢铁、纺织学院及各省办的师范学院等等。

20世纪80年代正值国内拨乱反正，百废待举，也是国家经济在起飞前由计划经济转向市场经济最困难的时候，他们那时候的努力，为最近二十年经济腾飞需要的人才打下了基础。但是由于诸多原因，使得他们很难施展，经常为了教师住房、工资奖金的筹募等问题，绞尽脑汁。比如每位校长都担心教师队伍的重建及引进，可是每一位教员的引进都要牵涉到所有的副校长：如果想引进一位来自国外的物理教师，就要牵涉到主管外事、人事、总务（住房）、科研、教学及理科的各位副校长，再加上系主任、总支书记等等，权力分散各处，极其繁杂。但是在那个困难的年代，仍然有很多人大刀阔斧、努力不懈地去提高高校教育的质量，今天很多人很难了解当时高校教育困难的程度。这里我只稍微谈一点当时和匡亚明、朱九思、何东昌以及曲钦岳校长的交往互动，作为代表。

匡亚明是把我从欧洲转到中国的引路人，那时他是南京大学的校长。1979年11月，他率领中国第一个大学代表团，带领了十位校长访问美国，第一站是霍普金斯大学。那天是感恩节，师生都回家了，由穆勒校长和我接待他们。当晚为了帮助他们多了解一些美国高校教育的情况，我临时邀请代表团二十人和二十位巴尔的摩地区的华人教授到我家便餐，由于那次聚会对所有人都是第一次，所以印象都很深。

那时我已经跑遍了美国的五十个州，打算80年代去瑞士做实验，准备花十年时间了解欧洲的情况。当晚匡老却坚持我们应该尽快到南大访问几个月，他语重心长地说，经过十年动乱，现在百废待举，中国已经决定改革开放，常常不知道从何着手。虽然我是马克思的信徒，你在资本主义社会长大，我们有很多的不同，但是我们都想中国人民生活更好，以后不再受气！在这个共同基础上，我们一定可以合作。来，一定有你可以尽力的事情。带全家来，因为这将是一个长期的努力，没有他们的支持，你撑不久的。

这一晚改变了我们后来十年的计划，及以后数十年的人生轨迹。

就这样，我们一家五口在1980年5月，排除万难到南大访问了三个半月，帮助我们了解那时的中国。为了彻底了解那时大学的运作，他同意我到各个单位去蹲点，我不只访问每一个教研室（从核物理教研室到马列教研室），还到每个行政单位（教务处、设备处、总务处、基建处、师资科等）蹲点两到三天，实际了解十年动乱以后大学的实际情况，及教师与干部能力、心态及矛盾。

匡亚明那时担心干部权力太大，以至于影响到学术难以正常运转。当时大家最关心的就是分房和评职称。由于四十年"先工作再生活"的倡导，学校宿舍严重缺乏，教师和干部之间矛盾很大。他认为大学应以教师的工作为主体，大学教育才可能上轨道。所以他在一个大会上宣布：教员住房没有完全解决之前，干部先不分房；干部住房没有解决之前，校长继续住在学生宿舍里面。校长和书记由此冲突了起来，但是教职工住房问题终于彻底解决，稳定了教师，教学科研工作得以迅速发展。他说他别无选择，因为如果干部权力继续膨胀下去，教研工作难上轨道，会毁掉中国的高校。

匡校长1982年卸任南大校长后，正是改革开放初期，经费紧张，百废待举，大学也不例外，再加上大学的领导制度在转型，更加深了那时的挑战。由郭令智代理校长两年后，1984年终于由曲钦岳接任，然后是陈懿、蒋树声。书记先是陆渝蓉，后来是韩星臣。我和他们有二十年难忘的合作，眼看南大一步一步地走出来，由百废待举，到建立了稳定的领导制度，由一个文理学院，发展成一个学科较完整、国内前五名的学校，并且国际知名。

曲钦岳是国际知名的天文学家，也是中科院的第一批院士。其他的校长们，也都是有名的学者，他们日夜思考如何提升南大的学术地位，可是经常为经费问题所困。不过他们有一个难得的优势，连着几届的党校领导班子，都合作无间，竭尽全力把南大推向全国前三名之内。那时我是南大顾问，每年去南大两次，每次曲校长都邀请我和十一人的领导班子坐下，检讨一下过去半年出现的问题及处理的情况。尤其注意当时未能解决的问题。那时经费真是困难，同时又要力争上游，经常需要去教育部要经费或要政策。

1982年前后，中央无力调整工资，但是允许各校以各种方式自行创收，以奖金方式舒缓教员生活问题。很多学校都纷纷把校墙推了，由各系去经营商店，解决他们教员的奖金问题。可是南大领导觉得这样会坏了学术风气，引起各种的后遗症，那是很沉重的一场讨论。最后决定继续要求各系集中精力提升教学和科研水平，不要分心，由学校集中设法创收。那时学校办了一个工厂，每天收集南京居民的尿液，提炼各种激酶经过粗加工卖到日本去。尽管如此收入已经到了极限，最后只有破墙开店经营商业，但是仍然坚持北苑教学区不能动，妥协在南苑（宿舍区）办理。最后是把南苑大门的警卫亭租给一家复印店，用租金投入奖金的用途，并且租期只订三年，期望很快经费问题能够解决，就不必再经营副业，以免影响校园学术氛围。这类工作，是当时国内大学领导很大的负担，不过即使在这种压力下，他们还是能够坚持提升学术的艰巨工作。

匡校长在任时，就体认到经费问题的严重性，所以联合了几位他的同辈建议教育部挑选五个学校做重点投资，以免中国高校的学术因为经费问题而离世界水平越来越远。教育部同意了，并且增加名额到十所大学，所以南大老师都兴奋地等好消息。结果落差很大的是最终南大根本没在名单上。前面我说过，后来悲愤中奋起的南大采纳了我的建议，向国际进军，论文拿到国际学报去发表，两年后南大就拿到 SCI 第三名的惊人成绩，再过一年后南大 SCI 数目超过北大，跃居全国第一。这提高了南大的学术声誉，引起了轰动。南大老师自信心大振，视野突然拓宽，格局也大了。这就是 SCI 体系的由来，后来各高校一味追求在国际期刊发表论文的数量，又引起很多诟病，这是后话了（见第二章）。

## 佩服华中工学院朱九思院长的高瞻远瞩，未雨绸缪

80 年代，朱九思是华中工学院（1988 年更名为华中理工大学，2000 年改为华中科技大学）的老校长。他打电话到南大，邀请我去他们那里访问几天。我说我的专业是高能物理实验，他们那时还没有物理系，我不想浪费彼此的时间。他说经过十年动乱，他们已经难以厘清问题所在，但总是陷在旧的条条框框里，抓不到问题核心，事倍功半，所以希望我去看看。匡校长极力怂恿我到他老朋友那里去帮忙，他说朱九思有胆量逆势而行。"文革"时，全国都在猛打"臭老九"，他却甘冒大不韪，收留了四五百个全国各地的知识分子，这些人就成了振兴华中理工的人才资本。当各校奉命收工农兵学员时，他坚决不收，避免了许多的后遗症。

到了武汉以后，我还了解到当年全国各校都忙着日夜学习时，他命令大家劳动实践，把石灰墙刮去石灰刷上油漆，把水泥地铺上碎石

磨成滑石地，户外也撒上草籽种植草地，彻底解决了校园内外灰尘的问题，使得所有实验室免去当时普遍的灰尘之害。所以后来开放后学校买到大量现代仪器时，不必再改造实验室环境。这种高瞻远瞩、未雨绸缪的精神，使得华中工学院在动乱后恢复得很快。朱九思说校长除了带领大家往前冲之外，也要做教员的后勤司令，教研工作才有希望迅速展开。这给我很深的印象。"文革"结束后，由于这些有前瞻性、有勇气的做法，华中理工飞速成长。教育是百年大计，不能随波逐流，必须要有前瞻性，看准方向，敢为天下先。

## 教育部长何东昌：教育办不好，国家怎么办

1980年，我第一次去清华大学拜访刘达校长时，初次遇到了何东昌，以后十几年我们每年都要见面，每次谈的都是中美大学教育的问题，他使我了解了中国教育工作的艰巨。那时何东昌是清华副校长，他带我参观清华园。当我们走到餐厅时，看到一堵高度及腰由麻袋堆起来的墙，我过去检查了一下，发现是米，他笑笑对我说，清华吃饭问题解决了。我那天问了很多有关清华的实际问题，他都用数字一一回答。例如，他说他们离退休的职工，超过在职的职工，他们的生活都由清华负责，预期将成为清华一个沉重的负担。

1982年，时任国务院常务副总理的万里在大会堂找我谈教育问题，他给我介绍何东昌（那时他刚刚上任教育部部长），还有劳动人事部的赵守一部长。他解释说，在中国，中学教育的指挥棒在高考，高等教育的指挥棒在就业。所以他找劳动人事部来，想彻底讨论高教的问题。那天，万里讲了很多，显示出他对教育的焦虑。我记得他走到何东昌的沙发前说："你要记住，教育部不是只管北京，更不是只管清华、北大；教育是十亿中国人的教育，包括他们每一个人的小学、中学、大

学教育。不能只想到北京，只想到北大、清华！"后来，他又说："我真担心现在的师范教育，办得比国民党时期还糟了！你们一定要彻底解决，否则将来老师从哪里来？"

那天，赵部长也回应了不少，何东昌反而没有机会讲太多。我们教书匠都是从个人角度看教育，也想到过社会需求，及"以天下为己任"一类的话，但都是抽象的，都是推理得到的想当然耳。那天，我第一次从一个国家副总理和负责劳动就业的部长的角度，了解社会对教育的期望和焦虑。当时听了，并没有完全消化，现在回想起来，六七年后当我受邀去香港参加创办科大时，这些互动影响了我的决定及后来办学的做法。

最后，万里问我有没有问题，我说，我想知道何部长这任的施政目标是什么。何部长和我约了第二天到教育部单独谈。

次日，何东昌派车接我去位于大木仓巷的教育部。刚坐下，他很平静地说，作为中国的教育部长，我这一任的目标是，三年后，清华、北大每一位老师有保姆，宿舍每一层楼可以供一个电冰箱。我们相视很久，静默了半晌，然后他说，现在老师们上面有老的，下面有小的，都需要照顾，还要买菜、洗衣、寅吃卯粮……我接着说，知识分子生活问题不解决，教研育人、理想计划，都是空谈？他点点头。然后我们开始谈教育问题。那天我们谈了很多实际情况，他也问了很多我在安徽、甘肃、新疆看到的问题。临别相约，以后我到北京，一定给打他电话，他只要不开会，一定见面谈谈。同时约好，他如果去美国，一定给我打电话，我设法带他四处走走，了解实际问题。

过了几个月，他真去了华盛顿开会，我接他到我们学校在校园里边走边谈。他叹口气说，我真不懂，你们有的，我们都有，为什么我们的大学赶不上你们的？他接着说，你看，你们有物理系、电机系，我们也有物理系、电机系，你们物理系有半栋楼，我们物理系有两栋楼……为什么？我说，原因不在我有你没有，而是在你有我们没有。他不解地瞪着我，我说，你看，你们有教育部管各个大学，美国没有。他说，不对啊，我昨天刚去过美国教育部啊！我说，我敢打赌他们没有和你谈大学教育合作。他说，是啊，他们只谈了美国中小学校的统计数字。

我解释说，美国建国两百年，一直没有设立教育部，因为他们认为那是各州各县的事情，联邦政府不必过问。几年前各州县认为联邦政府设个教育部不会危害他们了，才成立教育部，不过立法规定，教育部只管统计各州中小学的教育情况，保证各州居民教育机会均等。我接着说，美国首都几乎没有大学，各州省会也没有好大学。最好的大学都在小镇里，远离政治中心和经济中心。所以各个大学才有机会各显其能，发展出多彩多姿的大学教育。他们有校董会监督他们，政府不管。各国制度不同，做法不一样。但是如果希望大学教育办得有声有色，百花齐放，教育部必须避免过分干预，这样大学校长才能根据他们的问题和条件，找到最合适的办学方法，而不是变成低层的教育官僚，专听教育部指挥办学。

## 台湾清华大学的校长们

从1978年冲破了灰名单以后，我每年暑假就常回台湾去访问，那时很多朋友都已在大学教书多年，有的开始主持院务或校务，所以和很多校长都有机会讨论大学教育的问题。我在前后四十年的时间里遇到很多校长，如台湾大学的孙震、陈维昭、李嗣涔、杨泮池、张庆瑞、管中闵等，台湾清华大学的毛高文、李家同、沈君山、刘兆玄、刘炯朗、徐遐生、陈文村、陈力俊等；成功大学的马哲儒、吴京、赖明诏等，台湾中央大学的刘兆汉，刘全生，李罗权，蒋伟宁；中正大学的林清江、罗仁权、冯展华；东海大学的曾约农、王亢沛、程海东、汤铭哲等；东吴大学的端木恺、刘源俊；元智的彭宗平；政大的郑丁旺、郑瑞城、吴思华、周行一、郭明政、李蔡彦等。他们历经台湾经济起飞、政治转型及族群撕裂，以及20世纪80年代开始的"教授治校"运动。他们经历的挑战和努力，就是七十年来台湾的政经以及文化的变迁史，值得有人另外专门讨论，并且值得把两岸高教对应地讨论。

早期台湾的大学校长，清一色的是学者型人物，他们大都是从大学毕业后，争取到美欧名校奖学金留学，获得博士后教书或研究多年后，带着他们的理想回台湾执教，对欧美大学制度相当熟悉。他们也有时代的责任感，凭着他们的能力和理想，不少校长都很有一番建树。后来由于政治环境及校园情况开始改变，工作的展开就越来越困难。所以我和早期的几位校长的交往，印象较深。这里我就以台湾清华大学为例，谈一下我所遇到的几位校长，他们将新竹清华从一个原子能研究所办起，短短三十年里就成为可以和台湾大学里的龙头老大台大平起平坐的名校。

在台湾的大学校长中，我较早接触的是毛高文。在师大附中时他比我高一个年级，后来一起进台大，他在化工系，我在电机系。毕业后，他去了加州大学伯克利分校，我去了耶鲁大学。后来他回到新竹台湾清华大学，我去了约翰斯·霍普金斯大学。我第一次回台湾时，他是新竹台湾清华工学院院长，正在研究电动汽车项目。那时台湾推动汽车工业已经快二十年，成效不佳，他认为电动汽车在机械方面简单很多，可是高储能电池是一个问题。没想到四十年后的现在电池问题解决，在福建投产了。1981年我再去时，毛高文已经是校长，他谈到技职教育对经济建设的重要，以及如何舒缓应试教育的问题。他也谈到，新竹台湾清华理工科的建设已经上路，要推动建立人文社会学院，追求文理兼备的教育。这在两岸的大学里是个创举。所以七年后我开始创立香港科大时，特地去台湾清华人文社会科学院拜访了李亦园院长，请教他们的经验。六年后，毛高文出任台湾"教育部"部长，我们还是每年见面，他告诉我他决心面对应试教育的祸害。他的结论是一方面在大学努力，推动大学有关规定制定，改革课程；一方面要从根解决制度问题，比如，推动每一县有大学，使得学生不必都往台北挤；另一方面，推动兵役有关规定的改革，把兵役年龄，从二十岁提前到十八岁。因为定在二十岁的话，高中毕业学生如果没有考取大学，一两年后就要被征召当兵，难以就业，所以就不断准备考大学，使得每年高考人数是应届高中毕业生的三倍。他推动的这些事，后来都陆续办到了，那时的大学校长，除了办好自己的学校以外，对社会也常有推动的能力。

后来沈君山接任台湾清华校长，他是台湾第一位非官派、通过遴选出来的大学校长。他在台大物理系比我高五届，我到耶鲁大学不久，他就从马里兰大学拿到博士开始工作，我们在物理学会开会时经常见面，也一起为台湾中华书局译出第一套科普书籍。他家学渊源，父亲沈宗瀚是有名的农学家，主持当时"农复会"所有科技的工作，对台湾当年农业的复兴贡献很大。他自己是才气纵横的翩翩才子，除了物理的成就以外，还是世界级的桥牌和围棋高手，兴趣极广。我们谈了很多关于通识教育的问题，他说好消息是，毛高文成功地在"大学法"里规定，每个本科生必须修三十二学分以上的通识课（毕业总学分是一百二十学分），但是他觉得通识教育虽然已经有了生存空间，但是还会落到"三没现象"：没人教、没人选、没人管。关键是培养一代博雅师资和重视本科生尤其是大一、大二的教育。四十年了，通识教育的问题，不幸被他言中。

1987年刘兆玄接任台湾清华校长，他是另一位才子，有非常好的家庭教育。初中时，他和两个哥哥就用上官鼎的笔名撰写武侠小说，和当时的金庸、古龙齐名，风靡社会，深受读者欢迎。据说他们初中时稿费的收入就够后来赴美留学之用。所以他虽然主攻化学，对文科也非常注重，积极推动文理兼备的教育。他有传统读书人严谨不阿的性格。那时正值"解严"初期，法制尚未完全建立，有一次检调人员清晨闯入校园宿舍，带走台湾清华学生，要依"惩治叛乱条例"起诉，要求判以死刑。台湾清华及其他学校严重抗议，最后推动民意机构废除有关规定中过时的条文。所以台湾清华作为台湾的一流大学，对当时的民主化做出了他们的贡献。

1993年，我听说当局要征召他出任"交通"部长，我还特地赶去台湾清华，想劝他不要插足政坛。我问他，交通你懂什么？不如专心把学校办好，培养更多的尖端人才。他很冷静地站在黑板前，边写边说，台湾经济如果要更上一层楼，必须发展成亚太营运中心，不但要建高铁、高速公路，还要有现代的通信系统，并且引进国际物流快递系统。我说那些需要几百亿元的经费，台湾刚发生了好多工程投标舞弊案件。他很自信地说，主事人必须有好的数理头脑，对相关科技有透彻的了解，才能阻止舞弊案的发生。后来果然他推动了划时代的电信自由化，并且引进了最大的空运物流 UPS 及联邦快递来台营运。虽然后来"戒急用忍"的政策，阻碍了他计划的进行，使得"亚太营运中心"的梦想落空，但是他的从政的确为台湾的现代通信奠定了基础。

后来台湾清华的校长如刘炯朗、徐遐生、陈文村、陈力俊等，对学术、教育和社会也都有类似的抱负，但是由于政治、社会和经济的变化，使大学的工作更加艰巨，他们仍然能砥砺前行，稳定推动科研，并且继续推动教育改革，譬如陈文村校长任内设立了台湾清华学院，是台湾书院的先行者。

回想起来，有些问题（如通识教育）校长们在四十年前已经看清，大家也不断地努力，但是至今仍未能满意解决。四十年前他们已经看出生率下降，不宜设立太多大学，但是台湾始终未能抵抗各方压力，而不断设立新的大学，两三倍数地增加到今天的一百六十多所大学，以至于十年前开始很多学校因招生不满陆续面临退场关闭，目前这现象也扩展到硕博士教育。他们的经历、挑战和努力，与五十年来台湾的政经变迁密不可分。下面几位相关人物如李国鼎、何志钦和吴京可以补充台湾政治与学术建设的互涉视野。

## "台湾经济奇迹的重要推手"——李国鼎的雄心

李国鼎一向被科技界公认为"台湾经济奇迹的重要推手"和"台湾的科技教父"，这些美誉，他的确受之无愧。80、90年代，在香港和内地的校园里，经常看到邵逸夫捐的"逸夫楼"，而在台湾重要的几个大学里，经常看到企业界为纪念李国鼎的贡献而捐赠的"李国鼎楼"。那里是很多尖端大学培养科技人才发展尖端科技的中心。我们创建港科大时，引起李国鼎多次的关注。

1990年岁末，科大在清水湾的大楼将要完工时，一天我突然接到李国鼎的随同从酒店打来的电话，说他们到香港来几天，想和我见见面。我去酒店和他会面以后，两位随同出门购物，留下我们两人。我们虽然初次见面，但是一谈到教育和科技就非常投入。我们从他在"二战"前念书的剑桥大学的卡文迪什实验室（Cavendish Lab）谈到台湾的科技发展、台湾光电学的发展，以及孙运璿的健康情况——孙先生在30年代刚从哈尔滨工学院毕业时，分配到连云港电厂，那时家父正带着几个年轻人，在日军的轰炸下建造连云港电厂和码头。

后来话锋一转，他说想去清水湾看看，我们边走边谈。他从科大的创建渊源及建设情况问起，我们的三期建校计划，以及经费来源，都一一问到。由于我们都学物理专业，又长期接触工程建设，所以谈得很细。最后他问我们人才从哪里来，因为他多年倾当局的力量找人，都困难重重，他也问到我们哪里来的信心，等等。临别他跟我说，致榕，看来科大建校计划已经顺利进行，交给你的副手去完成吧，台湾需要你！回台湾来，和我在我们努力了几十年的台湾，按照你们的理想，再办一个大学。愕然少顷后，我说我不可能半途放手的。在开学前，我不会考虑其他计划。离开前，他约我们组团去台湾看看。不久，我们组了一个小团去台湾参观，并且考察未来合作关系。

台湾的接待规格很高，晚宴由蒋彦士做东，邀请了台湾"教育部"领导及最有名的几个大学校长毛高文、刘兆汉、刘兆玄等附中和台大的老同学作陪，这帮助了港科大对台湾的科技和高教有了宏观的了解，看到当局、科技界和高校之间的互动，也开始建立科大在台湾的声誉。凡此种种，对后来港科大在香港的发展提供了经验，也对师资的招聘很有帮助。

1991年10月2日，科大顺利开学，并且我们把一切创校措施及理念制度化，成立了大学学术委员会（The Senate），大功告成，我就放心辞去副校长职务，1992年2月底回到美国巴尔的摩的家中，重拾自己教研的工作，并且和家人团聚。

不久，又接到李国鼎从台北打来电话，要我赴约立刻去台湾一趟。他说台湾"六年国建"计划已经启动，它的成败关系台湾两千万人的未来，要我去看看。他当天请台湾的华盛顿办事处送了一套（约四本）计划书来。我花了一个周末，把它看完。那真是一部雄伟的计划。它以"重建经济社会秩序，谋求全面平衡发展"为总目标，并辅以"提高国民所得""厚植产业潜力""均衡区域建设"及"提升生活品质"四项政策目标。由"中央政府"二十五个部门加上省市政府共同研究提出，由"行政院"经济建设委员会予以汇总、整合。包括了海陆空运输系统、捷运、高铁、环保、医保的建设，及北中南西部各建一所综合性大学，等等。

次周，他就安排我去台湾，从南港"中研院"，一直到高雄西子湾的台湾中山大学，把所有的高校、科研机构以及基建工程都看了一遍。也考察了刚开工的西滨公路及刚刚完工的中正大学。可以看出各地的兴奋，都在急忙动工。周末回到台北，他约我到金华街的宿舍细谈。那天非常热，我们坐在他的前院大门内，一人一个小竹凳，一把蒲扇，边扇边谈。他问了我在每一站的所见所闻，还有我是否还担心GDP成长的问题。[1] 那时"立法院"已经开始质询预算，反对党民意代表和当时的"行政院"长郝柏村冲突得很厉害。我说关于经济问题我是外行，但是这么大的六年计划，未知因素难免，必须有应变的计划，免得到时太被动。四个大学的创建或者可以一个一个来，而不是同时动工，因为建设一半的大学，很难运转。大学一旦动工，可以要求教研设施必须得先造，以便利学校开学。

他特别询问了中正大学的情况，因为它比港科大早两年开始建设，同时完工。我们算了一下建筑费用，大致相同。中正的各院大楼、行政大楼、体育馆，都已完工。还要盖通识教学楼、生命科学馆、大礼堂及扩建体育馆成亚洲第一。我认为前两类应该先造，因为那将影响教学及研究的进行，后两类可以稍缓。（可是学校决定先造大礼堂和体育馆，后来经费紧缩，教学楼及生命科学馆晚了十年，严重影响了教学及生命科学院系的建立。）

他听了沉思很久，开口说，好，港科大完工了，我们要办四所大学，你回来办一所吧。他说他看过港科大的经费，台湾付得起。我告

---

[1] 1993年2月，"行政院"院长郝柏村辞职，时任台湾省政府主席连战继任"行政院"院长，连战内阁紧急检讨改进台湾的GDP由1991年每年成长8.37%，一路下落，到1998年的5%以下。"六年国建"基本停止。

诉他：其实办一流大学，经费固然重要，但是更重要的是体制和文化。我们创办科大，花了数十亿元经费，聘了两百多位教员，从来没有人说情送红包，所以我们可以六亲不认，一切学术挂帅，才能充分利用资源，做高学术标准。好多校长告诉我，这在台湾很难。

我们都陷入一阵沉默，然后他说，可惜我们晚了十年结识，否则我可以帮你在科学园区里，跳过所有法条和文化的限制，办一所理想的大学。其实那时台湾已经有七八十所大学，有些如台、清、交、成已经开始上路，我问他多一所、少一所有多大分别？他说，重要的是显示给同胞们看，在我们自己的土地上，用自己的资源，也可以找到足够的一流人才，办一所世界一流的大学。这对当局可以是一个警觉，对教育界的人，可以是一个激励，那就意义重大了。

这席谈话，使我了解台湾电子企业的幸运，刚好在关键的时候，有李国鼎、孙运璿这样有卓见、有魄力的官员得到当时当局的重用，让他们放手开创出电子企业的新天地。教育何尝不如此？百年大计的教育事业就更需要有卓见、有远见的推手，而不是一个教育部门，把大学校长绑得紧紧的，使很多大学校长们，变成无奈的教育官僚。

## 希望培养高阶文官人才的何志钦

很多校长都是书生型的学者，有丰富的理念、理想，但是缺乏实战经验，缺少把理念变成可行方案付诸实施的能力。不过何志钦校长是个例外。我第一次注意到他是2008年，那时陈水扁任期八年已近尾声，他任"财政部"部长期间，为了维护政务官的尊严，愤而辞职。在那个混乱的时代，谈人格、尊严是一股清流。后来有人告诉我，他实在很特别。他从台大教授出任"财政部"部长时，不像一般人用借调方式，可以随时返校，而是坚持辞去教职、转任部长，他认为这是政务官应有的操守。幸亏在他从"财政部长"职位上辞职后，工科的翘楚成功大学把他抢去主持社会科学院，经历很不平凡。

几年后，他担任成功大学执行副校长时，我在一个通识教育会议上听到他主张文理兼备的教育，深有共鸣，所以我就亲自上前自我介绍，请他到我的书院演讲。他说，你就是指出台湾社会"滥情又理盲"的钱致榕，我知道你！于是我们就成了好朋友。我问他为什么和一般社会科学学者不同。他告诉我，当年他在密歇根大学攻读经济学博士时，他的恩师王作荣勉励他深入观察、学习美国文官体制与政策运作之奥妙关键，以期日后报效国家，贡献乡土。于是他先后任职美国联邦政府司法部及财政部，实地参与美国租税改革、建置租税遵从系统，精研稽征实务，制定租税政策，这段期间几经历练，获益良多，造就日后他务实的作风。在台湾"财政部"部长任内，连续两年充实财政盈余，创下百年仅有的先例！

后来他获选为台北大学校长，他决心"以热诚、决心与经验，与全体师生共同努力，将台北大学打造成一个可以增进知识、拓展视野与追求梦想的大学校园与智慧殿堂"。要打造"国际化、跨领域、软实力之高阶文官人才研训暨智库联合发展基地"。可惜天不假年，过了一年，他就积劳病故了。希望他的培养高阶文官的理想得到实施，那就是台湾社会之福了。

## 思想活跃、很有创见的成大校长吴京

台湾在20世纪90年代初期开始由各大学自己遴选校长，那段时间，有不少大学向全世界招聘，引进不少人才。1994年，成功大学就从美国特拉华大学罗致了他们第一位遴选的校长吴京。吴京是一位有名的流体力学专家，也是"中央研究院"院士。他是一位思想活跃、非常有创见的校长。他担任成功大学校长才十八个月，就被李登辉任命为"教育部"长。他登上了更大的舞台后充分发挥了他的长处，推行了大量的新政策，获得了"点子部长"的声誉，反而掩盖了他在成大的成就。他重视男女平权，所以提倡"女生上成功岭"接受军训，轰动了媒体。在台湾教育改革方面，吴京提出多项措施，成了教改尖兵，例如鼓励大学生进入研究所深造、升级技职教育至研究等级及开放进修教育的"三条国道"；允许男学生出外游学等政策。他也不顾当时政治气氛，主张承认大陆七十二所大学的学位授予，不幸他上任十八个月就卸任，使得很多点子都未能变成方案得以实施。

海峡两岸的学校，都经常被人情世故所困，背后的文化背景类似，并且常受到教育部门很多限制、以及意识形态的影响。所以后来创办香港科大，当我们可以杜绝人情搅和，跳出意识形态，教育部门又干预不多，我们可以按照我们的见解和理想，办一所一流大学贡献给香港居民，我们都很珍惜这样难得的机会，觉得有义务抓住这百年难遇的机会，考验一下自己呼吁了多年的主张，通过持续的努力，实际显示一个一流的大学。同时在那之前二十年里我从两岸的大学得到经验，也学到很多教训，知道校长如何在困难的情况下，带领教授们奋斗前进。

# 第十一章 我的反思与结论

近三十年来，在亚洲创立的新大学，有好几千所，中国光台湾就增加到一百六十二所，香港从三所增加到十所，内地增加到二千七百五十六所，再加上亚洲其他急速发展的国家也创立了不少。各地政府大量投资，目标都是世界一流。但是三十多年来，大多数学校仍然在摸索前进中。为什么港科大能在短短三年之内完成创校工作，突然崛起，并且在后来三十多年的激烈竞争中，越战越强，在各种指标及排名中都稳定前进？这个奇迹，是科大创校团队共同日夜努力三年的结果，这都是当初创校的团队每一个人的功劳，更是一大群中国知识分子团结合作的结果。港科大的经验对其他力争一流或者正在创建的学校，有什么可以借镜之处，是个值得探讨的问题。我希望本书呈现的创校过程，可以提供一些线索。它成功的原因很多，几乎缺一不可，现在尝试总结如下。

**不可复制的创校大环境**

港科大在短短三年里创建成功，自然是创校时近一百位学者日夜努力的结果，以及后来数百位海外学者不断回归，在创校建立的基础及制度上，稳步前进的结果。但是当时的大环境所提供的一些独特条件，使得这奇迹可以在20世纪的香港变得可能。再早三十年，或晚三十年，都不太可能。

1840—1842年的鸦片战争后，清朝政府被迫将香港、九龙和新界分三次割让、租借给英国，开始了一个世纪中国人挥之不去的记忆。1984年，英国首相撒切尔夫人和中国领导人邓小平签订协议，决定港九在1997年7月1日回归中国实行一国两制，改写了一百多年来的历史，也激起了中国人的觉醒，使得大量非香港出生的中国人都有了共同的家国情怀。这个背景，使得很多不论是否生在香港的中国知识分子，愿意考虑放弃二三十年来各自建立的教研环境，到香港来一砖一瓦地建立起一个新的大学。1997年的回归，更为这大学提供了迫切感。

港英当局治理方式的口头禅是"laissez-faire"，这是一句法文，意思是"自由放任"，凡事当局尽量不干涉。实际上并不完全如此，很多事当年都是靠"英王诰令"授权独占，其他人不得染指，如香港马会、大东电报局（香港电讯）、中华电力等等。但是平常运作，当局不常干预。对于港科大的建立，各项预算按香港高校标准订立以后，如院系的建立、师资的聘请、学生的分配、三年制还是四年制，以及教学语言的选择等，虽然要不断按期报告，但大致由学校自行决定。当然成败也由学校负全责。这给我们很大的选择空间。同时我们的预算是一次三年，也有利于较长期的发展规划。使得各项资源的运用能够充分发挥效用。

另外，香港廉政公署的制度彻底杜绝了红包说项的活动，使我们每一项决定都可以坚持以学术挂帅，当我们面临聘任教员的审查和选择科研设备仪器时，可以完全从学术水平及发展需要着眼，不需要担心任何其他因素。这使得学校的每一项决定都充分透明，都回归到学术考量，提高了决定的素质和对自己的要求。

## 掌握时代变化契机，拥有共识的团队

当时，这些时代条件为大家所共有，但是并没有受到太多重视。这时候英国统治的香港正经历信心危机，人才大量外流。科大创校的团队，抱着理想和信念，逆向而行。他们说服了港英当局及其他大学，改变了当时的高教生态。他们找到正确的办学方向，说服一群一流学者同时回到国内，合作无间披荆斩棘，长期共同努力，在三年中将六十公顷的荒地，建设成一个研究型大学。他们的大格局和能力得到了香港在地院校的信任，携手在转型中的香港创建一个合理的、支撑大学科研的结构和制度，提供了日后持续发展的科研环境。港科大的创校团队，充分掌握了时代变化的契机、香港治理方式提供的优势，使得创校工作能在短短三年完成。这让我想起从前常听的一句话，"时代创造英雄，英雄创造时代"。在创校的时代，港科大创校的团队的确是一群抓住时代的英雄。

当初的创校团队抱着强烈的家国情怀，想在中国的土地上，按照自己的理想，办一所世界一流的大学，为未来的香港乃至于中国，培养出文理兼备、独立思考、能够解决未来问题的人才。他们蕴育出一个科大办学的理念，订下正确的办学方向及学术风气。靠这个理念，他们建立起坚强的队伍，不断吸引更多的拔尖人才。

每个学校都有理念，科大与众不同之处，是不说空话、务实务本、有高度的前瞻性和勇气。他们不急功近利，不想走近路模仿这个学校、抄那个学校；也不贪图近利，不妄想借用名人效应，而是脚踏实地按照香港社会三十年后的需要及能力去策划。他们办学的理念，是吸收了与近百位海外名校校长讨论的实际的宝贵办学经验，结合了创校团队在海外各名校积累的丰富教研经验，以及在校内不断的讨论，拟出的一套办学理念。这理念和梦想把他们聚集在一起，每个人都有"建设科大，责任在我"的气概。

同时，学校担起了科研后勤司令的任务，为教研工作成立四个世界一流的服务中心（图书、电脑网络、教育技术及实验室），在开学前就完成了建设非常前沿的科研环境，帮助教员在到任一两个月内就能启动工作，使他们对港科大的前途更有信心。这种理念、信心和气概使他们能够披荆斩棘，很快地开始工作。由于第一批教员在很短的时间内就能展开他们的教研工作，科大得以不断地从世界各地吸收新血，继续成长。

## 校董会授权明确

一个大学的校董会是大学的最高权力机构，它任命校长、审查预算，也可以撤销校长。它的前身是筹备委员会，最初校长、副校长及各院院长都还没有正式任命，所以事无巨细，都由筹委会决定。我们先后上任后，筹委会改组成校董会，有几件事我们对原来的提议表示了不同的意见，譬如我建议学生宿舍房间应该预留空调的位置及单独的电表，那时香港的宿舍都还没有用空调的，钟士元主席很担心外界会认为我们奢侈，耗费公帑。后来他们同意了，当生活水平不断提高，几年内普遍会有空调的需求，所以应该预留位置以求整齐美观。另外，我坚持作为一流大学必须注重基础学科，除了强大的理学院以外，还要有一流的人文学院，否则等于一个大学没有灵魂。两件事都讨论了很久，在那个讨论的过程中，建立了互信，也得到了他们的同意。以后他们定期听取季度报告，很少再过问细节。

但他们还是不断地提供必要的支持，譬如马会的华金斯将军，及香港电讯的迈克尔·盖尔都兑现了当初他们在延聘我时的承诺，提供了香港史无前例的巨额捐赠，使得初期的研究工作得以展开。另外当他们知道他们在初期聘任的通识教育中心主任不足以担任文学院院长时,立即决定停止他的职务,并且要求我立刻接管文学院,全力招聘师资,使学校在半年后得以顺利开学。这种方式的监督和支持对我们的建校工作产生了建设性的趋力。

## 默契合作、分工明确、彻底授权

作为校长和副校长,最重要的工作是尽快对大学的未来有一个共同的理念,因为我们需要这个理念来凝聚一大群同人,规划创校的工作,这一点我和吴家玮有一段终生难忘的共事经验。虽然我们的成长环境非常不同,他在国家观念淡薄的香港长大,念完培正中学,到美国念大学,最后在华盛顿大学得到凝聚态理论物理博士。我在战火中的重庆启蒙,在有强烈家国情怀的台湾长大,在台北师大附中完成中学教育,台大四年,先念电机,再念物理,然后去耶鲁大学念完实验高能物理博士。但是在谈到办大学的理念时,我们却是惊人的相似。这种非常默契的奇妙经验,人生难得遇到。所以很快我们之间就有了共识,随着更多人的参与,这共识就不断地修正、扩大、成长成科大的共识。这种高度的共识和信赖,鼓励我克服万难放手一搏。当一个大学的教员有一个共同的理念时,众志成城,无坚不摧,再难的事也变成可能了。当大学的一把手和二把手能心灵相通,合作无间,对周围的人就有感染作用,形成一种开诚布公、共同努力的建设性风气。

吴家玮和我有一点不同,我的行政经验是从不断组合、完成一连串大的国际高能物理实验工作中得到的,而他一开始教书就面向系主任、院长、校长的方向走,所以是美国高教系统的科班出身。我们在建校制度上都采取务实的态度,坚持办学理念,集中力量实现我们的理想,先上马再说,以后慢慢调,不浪费能量在无谓的争端上。

任命学术副校长时，吴家玮建议我们采取美国大学的管理制度，就是每个职位都有实责实权（那时英国高教已经遇到困难，经过多年的讨论后决定采用美国式治理制度）。校内的工作，分成三块：除了教务、行政总务之外，为了加强技术转移，专门设立一位副校长负责，三位副校长向校长负责。在此之外，凡是和教学科研有关的事务都由学术副校长负责，相当于美国大学的 Provost，或叫常务副校长。吴家玮和我之间，采取内外分工制。他负责校外一切工作：校董、企业界、社会、当局、媒体等等。校内的教研工作的规划管理由我负责。我们经常联系沟通我们彼此的工作。这种相互信任的彻底授权，使得效率大大提高。这种职权的分工，为后来香港很多高校提供了新的模式。

学校分为四个学院，系主任和院长都有人事权、财权，他们各有聘任名额以及协调后的独立预算，向上一级负责。系主任负责按学校规则及规划延聘教员和设计系内研究设备，工作繁重。所以创系的系主任，常常需要牺牲一两年自己研究的时间，为年轻同事创造条件。这在我们延聘系主任时，成了一个重要的考虑和限制。我们的目标是尽快建立强壮、和谐的系，每一个系从头拟定十年发展计划，由学院协调院内各系的工作，这样当上层人事又变化时，院系还能顺利运转，这是所有比较成功的大学的经验和希望。

## 形成联合阵线，改进科研生态

1988年9月我初到香港时，朋友方明带我去浸会学院（后来改为浸会大学）拜访理学院院长吴清辉。我向他请教香港高校的"风土人情"。他指出当时香港高校经费条件差，难以大幅度改善，听到当局突然提出要办一个研究型大学，都很困惑，加以当初科大有人访问时，非常高调，所以当地人士有些反感。他建议我采取武林拜山（拜码头）

的规矩，主动拜山请益，让香港同人相信，我们只是想为香港做些事，不是竞争对手。通过对港大校长王赓武、中大校长高锟等人的拜访，收获非常大。

高校长那时和我同时到香港，所以对香港了解不多，不过他建议我试用光纤，建立世界第一个全光纤校园，所以我抓住机会采用了，并且做到了。后来我们和中大发展出很密切的合作关系。王赓武校长负责港大多年，告诉我香港的高校面临的挑战：聘人难、研究经费少。由于我们的共同合作，我们最终说服香港当局面对科技世纪，增加研发经费，在大学拨款委员会（UPGC）之外，成立了研究经费拨款局（RGC），改变了香港高校研究的生态，于是所有高校都受益。

## 高度的责任感和做好后勤司令的服务精神

清初大思想家顾炎武强调做学问必须先立人格："礼义廉耻，是谓四维。"他的治学，以"明学术，正人心，拨乱世，以兴太平之事"为宗旨。他在《日知录·正始》里提出，"保国者，其君其臣肉食者谋之；保天下者，匹夫之贱，与有责焉"。过了二百五十年到清末时，梁启超把它引述简化为"天下兴亡，匹夫有责"八个字，言简意赅，当时中国正面临鸦片战争以来连续不断的国耻，这八个字深深触动人心，很快就流传全国，抗战期间，发挥了激励人心的效果。我在台湾念初中时，老师总以这句话勉励我们，负起天下兴亡的责任。不过当时我觉得我只是全中国五亿匹夫的一员，只有五亿分之一责任，所以没有太多感觉。没想到再过四十年，在香港创建科大时，突然有了感觉。"匹夫有责"太消极了。应该鼓励加入中国读书人"舍我其谁，敢为天下先"的气概，也就是说，"天下兴亡，责任在我"。

1989年初，决定了院系的设置以后，我发现建筑公司对科大校园的设计完全错误，不符合一个研究型大学的需求时，校长把修正设计的重担交给了我，在我想拒绝的时候校长说，现在科大只有你我，想想看如果现在你我不管，等三年后，校舍能用吗？科大能办吗？

这让我突然了解到，"科大设计责任在我"，当天我就决定挑起这担子。然后还要动员每一位系主任，每一位中心主任，"科大设计责任在我"，这样层层负责，才可能满足每一位老师的教学和研究的需要。很幸运地，我们没把它当个口号来喊，但是这种普遍的醒觉和责任感，使我们能在短短三年之内完工开学。

除此之外，创校还需要服务科研、为教员做好后勤工作的精神。科大从荒地创校，更需要一位教学研究的"后勤司令"，负责规划成立一流的图书馆、计算机中心、教育技术中心，和实验仪器中心，为科大老师提供充分的科研条件，使他们的工作能够顺利展开，因为一个一流大学最重要的资产就是老师们的智慧和时间。做好教研后勤工作，能帮助建立一个宽松的校园教研工作环境，使老师们的能力得以发挥，理想得以实现，才能把一所大学推向一流。

仪器设备的问题一直是困扰研究型大学的瓶颈，一方面经费不足，一方面零零碎碎，难以规划；再有设备买了以后，通常锁在各个教员的实验室中，造成应用效率极低，还有维修更新的问题。我从自己做科研三十年的经验，深感其痛。既然一切从头做起，我们必须从根上解决这个问题，否则一切都是空谈。所以我们说服当局，把创校所需的仪器经费，一次批准后再分四年给我们，这个计划，由国际专家审核批准，约四亿港币。有了这笔经费，我们和世界三大仪器公司分别谈判得到非常优惠的条件（约对折），使得我们可以多买一倍的设备。这批经费一半拨到系里，保持教授的独立自主性，一半通过股份制由学校购买、维护仪器，教授们按自己需求购买股份安排时间，日夜使用，这样保证仪器是大家所需要的，杜绝了闲置浪费，并且大大提高了使用效率，促进了不同院系的科研合作。科大创校的很多教授，都有二三十年的实验工作经验，都切身感受到这问题，我这提案很自然地就得到大家的赞同，有了这个底气，港科大在规划学科发展时更有信心，对新教员的引进及长留更具说服力。这些精神及措施，在创校时建立一个安定宽松的学术环境，使教授们的能力能够发挥出来，孕育出一个学术风气，为学校三十年来稳定成长奠下基础。

另外，复印文件在20世纪80年代一直是所有学校一件头痛的事。为了给教职员创造一个更好的工作环境，我们希望全校光纤网络可以大大减少复印的需要，同时设立教育技术服务中心，以节省财力、人力。这样可以使学校经费及人力做更有效的分工。

如华中科大校长朱九思所说，大学经费永远不够，如果要在有限的经费下，迅速提升教研工作，校长必须以教研工作后勤司令自居，并且放大格局，打破一切思维上的限制，才能统筹规划充分利用有限资源，提高设备应用效率，带动科研起步，使他们能累积成果，到校外争取经费，造成良性循环。

## 有远见地设计一个21世纪的校园

1988年正是信息革命起飞的时候，个人电脑、光纤、电邮、互联网都已发明，但是一般学校都还没有醒觉。由于有数十年国际高能物理合作的经验，我了解一场科技革命已在萌芽，一个新的大学如果要超越千百个已有几十年或几百年历史的学校，不能紧跟已有的做法，必须抓住从头设计一个校园的机会，充分利用科技发展，打破一切视野上的阻碍，跳跃式设计一个21世纪的校园。这种格局，使我们一开始就定下目标，布置全校光纤网路，废弃中英文打字机及纸面档案，责成计算机中心为每一位教职员按工作需要提供不同的个人电脑

(286、386、486……），并负责硬件中英文软件的更新。这一决定，改变了既有工作方式，大大提高了同人的工作效率，并且从根本解决——用不同的预算、各自购买电脑所引起的时间和经费上的浪费。当同人面对方便的现代设备，自然有更上一层楼的动力。这比一般领导们不断呼吁教师合作共赢、努力创新有效得多。

同样的精神，也应用到教学和研究环境上。那时，教室里用投影及放幻灯片和短片的设备已经存在，但是碍于申请规定，每次需要教员去系里借用设备、使用完又要搬回系办公室，大大打击了积极性，以至于当时大部分教学还停留在黑板板书的阶段，令人扼腕。所以我们决心设立一个教育技术服务中心（Education Technology Center, ETC），招聘了一位有经验、有野心的主任，责成他设计一个21世纪的教学环境：每一大小教室配备透明胶片投影仪及单枪投影机，由于全校都已光纤连接，教师可临时要求ETC放映某一短片，ETC除了自己教学软件的收藏以外，还可以透过光纤调用图书馆数字化收藏。

图书馆一向是大学重要的一部分，也是任何研究工作不可或缺的一部分。但是随着科技的发展，教员对图书馆的需求发生了变化。书籍的撰写及发表，已经赶不上科技的发展速度，所以理工教授越来越依赖各类新式期刊，文科教授除了需要历来出版的书籍，还要与时剧增的新书及新刊物。同时专业越分越细，图书期刊的种类以指数型地增加，所以每年图书馆不但需要大量经费购买书籍及期刊，还要租赁仓库存放旧书，腾出校园的书库存放每年的新书。同时教员的满意度不断下降，因为他们可以在网上看到大部分真正新的东西。大家都知道要往数字图书馆方向改造，但是转型的启动经费惊人，同时那时这方面的经验很少，所以迟迟没人大规模地尝试。

由于我长期在霍普金斯大学参加图书馆的顾问会，知道要掌握新趋势，在建立一个新的大学的同时，把图书、通信及电脑三方面的工作及经费结合起来，使得每位教授和学生都通过电脑和宽频光纤联网，连接到图书馆的馆藏及大量的数字化期刊图书，改变当时的困境，为21世纪的大学图书馆，摸索出一条新路。同时我们牢牢把握图书馆一次性会购买几百万册书的谈判机会，成功地帮助软件公司开发出世界第一个汉字编目软件，让书商同意提供汉字编目。这些事情我们一一做成了，使得港科大图书馆创建成世界第一个高度数字化、采取汉字编目检索中文书籍的图书馆。我们充分利用原有的经费、人力和行动克服所有困难，再一次显示科大尊重教授、重视教研的决心。

## 一切从培养学生出发

大学的目的是为社会培养未来的栋梁人才，所以科大一切都从培养学生出发。这不是空话，必须反映在实际行动中。比如，我们在设计学生宿舍时，就为未来空调的需要预留空间，为每一间宿舍预装电表；既然学生四人一间，我们预装四条光纤网线，使每一位学生都能从宿舍通过宽频光纤接上图书馆数字化的图书期刊资料，提高他们的学习效率。

我们必须面对未来多变的世界培养人才，所以我们决定培养通才，培养文理兼备能够独立思考、终生自学的优秀人才。这个原则反映在学生选课的要求上：专业课不能超过二分之一，本院的课不能超过四分之一，四分之一的课来自院外，每人每学期至少选一门通识课。更重要的是既然学校以培养人才为主，而本科生教育主要通过教学，所以学校资源按照人学分分配。这就强调了教学的重要，并且纠正了常常由最年轻、缺乏宽度及经验的年轻教授去教最难的大一或通识课程的老问题。当最资深的教授重视本科教育及大一课程时，各系对本科教育的重视就大大提高。这个措施提高了科大学生成才的机会。

...年轻人

...来在年轻教师，如果他们能尽快地超越资深的老师，这个学校才有希望。反之，如果一切都论资排辈，在学术强烈竞争的时代，这学校迟早要落后。所以科大从创校时，就注意年轻教师。这种重视在各方面都以行动呈现出来。

比如，在教师薪资总经费不变的限制下，我们修改了香港原有的"教授—高级讲师—资深讲师—讲师"的制度，改用"正教授—副教授—助理教授"的制度。在谈话时，我们都以"教授"称呼。学校为每一位教授提供同样的办公室及相关权利和福利。原来持中国内地、香港、台湾证件的年轻讲师没有宿舍，我们争取到所有科大教授不论国籍、年资都享有同样权利和福利。每一位教授都可以带研究生、都有实验室，显示科大对年轻教授的信任及信心。这种尊重平等的作风，给年轻教授提供了机会，也造成建设性的压力，帮助、促使他们成长，不断为科大带来新希望。

譬如，当年一位年轻的助理教授叶玉如，七年后升任生化系主任，再十年后成国际知名的分子神经科学家，任理学院院长，2022年被任命为港科大校长。由于科大注重年轻人的成长，三十年来，不断冒出新人。由于不断有科大人到各大学去当校长，这些风气也被带到很多学校去。

## 教育是百年大计，规定必须制度化

教育是百年大计，最怕朝令夕改，人亡政息。所有学校规定都经过充分讨论，以实现科大的教育理念。教授是大学的灵魂，所以在开学前一年，我们就开始反复讨论如何参与治校，开学后第一年，就成立大学教务议会，除了校长、院长、系主任以外，还有大量遴选的教授代表，将所有规章——举凡教学、教师聘任及职称评定等规定都形成文字，并且制度化，明确规定修改程序。使大学的工作方针透明化、稳定化，为大学的稳定发展提供了基础。

三十年过去了，现在香港科大已经迈上世界一流之路，我对当年并肩作战的创校团队的信任和努力，由衷地感谢。与他们共事真是令人终生难忘的经验，感谢他们当年的信任和努力。三十年前的设计心思，今天看起来并非新奇，但是能够使得港科大三十年后不落伍，实在是当时同人们的前瞻性思维，为未来着眼的视野所致。香港有幸，吸引了他们，他们有幸，抓住了时代的机遇，造就了科大，造福了香港社会。

# 致谢

　　此书终于能够成书付梓，首先要感谢老友董秀玉先生和其他老友们的激励与推动，以及中国海洋大学于志刚校长和很多高教界朋友的督促。部分口访稿转成文字稿的工作，要谢谢南方科技大学的赵可和杨再勇老师，台湾阳明交通大学的张筱梅博士，中国海洋大学行远书院的路越老师和陈润堃同学的帮忙和支持。另外，感谢服务于香港科技大学图书馆和香港中文大学图书馆的曾柳欢女士，提供部分港科大档案馆的照片和相关信息。最后，感谢刘净植女士两年来孜孜不倦耐心细致的努力，使书稿得以成书。